GUIDE VAGNON N° 10
DE TOURISME FLUVIAL

99F

CW01604322

JEAN MORLOT

BRETAGNE et LOIRE ATLANTIQUE

3e édition

les éditions du plaisancier
B.P. 27 - 100, avenue Général Leclerc - 69641 CALUIRE CEDEX - FRANCE
Tel. 04 78 23 31 14 / Fax 04 78 23 48 16 / 36 15 VAGNON

LES CANAUX DE BRETAGNE

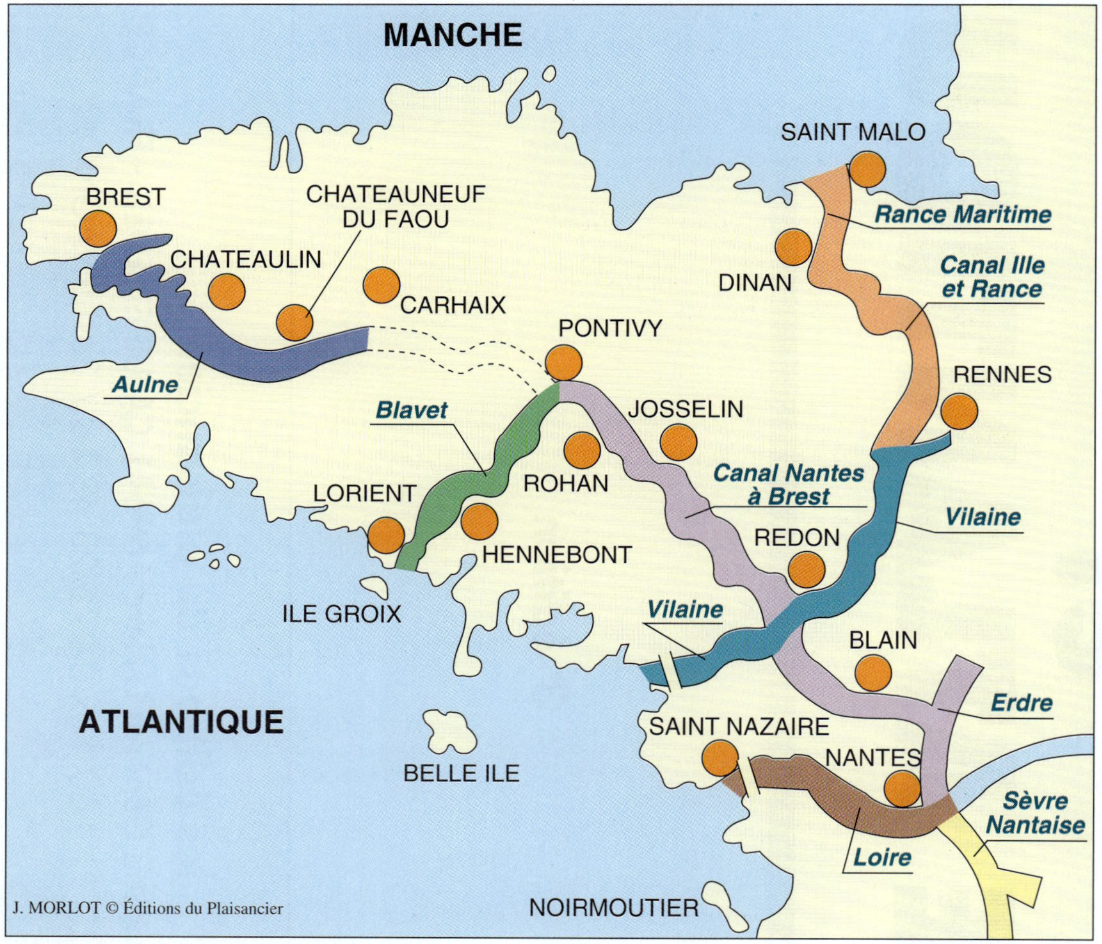

J. MORLOT © Éditions du Plaisancier

Ce guide décrit les itinéraires dans le sens :

LIAISON MANCHE-OCÉAN

1re partie (page 6 à page 23) : Rance Maritime et Canal d'Ille et Rance
2e partie (page 24 à page 51) : la Vilaine

LE PARCOURS EST-OUEST

3e partie (page 52 à page 57) : Petite Maine - Sèvre Nantaise
4e partie (page 58 à page 107) : Erdre - Canal de Nantes à Brest
5e partie (page 108 à page 119) : le Blavet
6e partie (page 120 à page 129) : l'Hyères et l'Aulne
7e partie (page 130 à page 135) : la Loire Maritime

Le navigateur pratiquant en sens inverse n'aura aucune difficulté à lire les cartes car celles-ci sont présentées « à l'horizontale » donc indifféremment lisibles de droite à gauche ou de gauche à droite (plus d'indications à lire à l'envers !).
Le plaisancier désirant poursuivre sa croisière en Loire trouvera une suite logique dans notre guide N° 11 « Pays de Loire - Cher ».
L'auteur a rassemblé dans le présent guide tous les détails pratiques utiles au navigateur : ressources d'avitaillement, restaurants, téléphone, amarrage, etc.

Cet ouvrage et ses cartes ont été établis avec le plus grand soin. Néanmoins, l'auteur et l'éditeur déclinent toute responsabilité quant aux inexactitudes qui auraient pu s'y glisser et à leurs conséquences éventuelles.

This guide gives a description of the itineraries in the directions :
English Channel-Atlantic Ocean - The route East to West.

The yachtsman going in the opposite direction will have no difficulty in reading the maps, as these are laid out horizontally; they are therefore as easy to read from right to left as they are from left to right. (No more having to read texts upside-down!).

Holiday-makers wishing to continue their cruise on the Loire will find a seamless follow-on in the Vagnon Guide N° 11 "Pays de Loire - Cher".

The author has gathered in this guide all practical details useful to yachtsmen: sources of supply, restaurants, telephones, moorings, etc...

This book and the navigation maps that it contains have been produced with the greatest care. Nevertheless, their author and publisher decline all responsibility concerning any inaccuracies which may have been overlooked and any ensuing consequences.

Die Strecke wird in der Richtung Ärmelkanal - Atlantik, d.h. von Ost nach West beschrieben.

Schiffsführer, die die hier beschriebene Route in entgegengesetzter Richtung befahren, werden mit Freude feststellen, daß die Karten genauso gut von rechts nach links wie von links nach rechts zu lesen sind, da das Fahrwasser «waagerecht» dargestellt wurde (Texte und Kartenhinweise stehen nun immer so zueinander, daß sie mit einem Blick zusammen erfaßt werden können).

Wasserwanderer, die ihre Fahrt auf der Loire fortsetzen möchten, finden den Anschluß der Streckenbeschreibung im Vagnon-Handbuch 11 «Pays de Loire - Cher».

Im vorliegenden Handbuch hat der Autor alle praktischen Details zusammengetragen, die der Sportschiffer benötigt, d.h. Angaben zu Versorgungs- und Anlegemöglichkeiten, Restaurants, Telefonzellen usw.

Dieses Buch und sein Kartenwerk wurden mit größter Sorgfalt erarbeitet, jedoch lehnen Autor und Herausgeber für evtl. Irrtümer und sich daraus ergebende Schäden jegliche Haftung ab.

L'auteur et l'éditeur remercient spécialement :

MM. : LICOINE et CASSARD, Service Navigation de Nantes ; LE POULLAOUEC-CRUBLET, Service Navigation de Redon ; GRANGEREAU, Service Navigation de Rennes ; KÉRRIC, Service Navigation de Lorient ; LETOUX, Service Navigation de Hennebont ; LE BEC et RIVOAL, Service Navigation de Châteauneuf du Faou ; LE HECHO-BOZEC-COLLET, Service Navigation de Pontivy ; HALLIER, LE LAN et LETOUX Service Navigation de Malestroit ; BORBEAU et l'Association des Plaisanciers en eaux intérieures ; GIROLET-BRUNEL, Plaisanciers. MARTIN et ROGER, Éclusiers ; BOISDRON, Capitaine du Port de l'Erdre à Nantes.

Photos : Jean MORLOT

Traducteurs (sauf les publi-reportages) :
Gerd ILTGEN (Allemand)
Bearbeitung : Klaus FRIEDRICH
David KARSLAKE (Anglais)

ISBN 2-85725-180-7

SOMMAIRE

CONTENTS

INHALT

TOURISME

Lorsque le plaisancier, lassé des grands itinéraires fluviaux, recherche des voies d'eau paisibles, nous lui conseillons vivement de venir découvrir les canaux de Bretagne. Il y trouvera la tranquillité, sans navigation commerciale, des écluses et équipements spécialement adaptés à la plaisance.

Il découvrira le charme de la Bretagne intérieure « l'ARGOAT », ses paysages, ses croyances et l'accueil chaleureux de la population. Les cités prestigieuses ne manquent pas : Josselin, Redon, Rennes, Dinan, Pontivy, Châteauneuf du Faou, Sucé sur Erdre et bien d'autres lui laisseront des souvenirs inoubliables. Quand on a découvert les canaux bretons : on y revient.

Et notons qu'il n'est pas nécessaire d'acquitter le péage VNF sur la plupart de ces canaux, ce qui ne gâche rien !

GASTRONOMIE

Elle contribue aussi à l'agrément de la croisière :

- **les crêpes bretonnes, bien sûr,**
- **la truite et le saumon de l'Aulne,**
- **beurre blanc : brochet, sandre, anguilles, grenouilles,**
- **les biscuits nantais,**
- **le gigot aux haricots, etc...**

Le tout arrosé d'un muscadet de Sèvre Nantaise...

Et vous ne voudrez plus quitter la région !

A tous : bonne croisière.

Jean Morlot

ADRESSES UTILES

Services Navigation : voir au début de chaque partie.

Offices du Tourisme : voir pages correspondant à l'agglomération.

TOURISM

We warmly recommend that those boaters who are tired of cruising on the main rivers and who seek quieter waterways should explore the canals of Brittany. They will find the calm due to the absence of any freight traffic as well as locks and amenities expressly designed for leisure boating. They will discover the charm of central Brittany, the "Argoat", away from the well-known coasts, with its particular landscapes and beliefs and a population that gives visitors a warm welcome. There is no lack of cities with a rich past : Josselin, Redon, Rennes, Dinan, Pontivy, Châteauneuf du Faou, Sucé sur Erdre and many others will leave you with unforgettable memories. Once one has discovered the Brittany canals, one returns to them. The fact that you do not have to pay the VNF fee to use most of them is a pleasant additional advantage !

GASTRONOMY

The gastronomy makes a not inconsiderable contribution to the pleasure of the cruise !

- Breton pancakes, of course
- trout and salmon from the Aulne
- Young eels from Nantes
- leg of lamb with beans, etc...

All this is washed down with Muscadet de Sèvre et Maine... and now you won't want to leave the region !

We wish everybody a happy cruise.

Jean Morlot

USEFULL ADDRESSES

Services Navigation : see the beginning of each section.

Tourist Offices : look in the pages devoted to the relevant town.

TOURISTISCHE HINWEISE

Sportschiffern, die der großen Binnenwasserwege müde sind und sich nach ruhigeren Revieren sehnen, wird dringendst eine Entdeckungsreise in die Bretagne empfohlen. Dort erwartet sie viel Ruhe, eine gänzliche Abwesenheit der Berufsschiffahrt sowie Schleusen und Einrichtungen, die allein der Sportschiffahrt gewidmet sind. Das Landesinnere der Bretagne, auf Bretonisch «Argoat», mit seinen Bocagen sowie seiner gläubigen und äußerst gastfreundlichen Bevölkerung, ist von großem Reiz. An traditionsreichen Städten fehlt es nicht: Josselin, Redon, Rennes, Dinan, Pontivy, Châteauneuf du Faou, Sucé sur Erdre und viele andere werden dem Wasserwanderer unvergeßlich bleiben. Wer einmal die bretonischen Kanäle befahren hat, wird nicht mehr von ihnen lassen können. Interessant ist auch, daß auf den meisten Kanälen keine Maute (VNF) erhoben wird, was der Freude am Wasserwandern sicherlich keinen Abbruch tuen wird!

GASTRONOMIE

Diese gehört zweifelsohne auch zu den Freuden des Flußtourismus. Zu den Spezialitäten der Region gehören Forelle und Lachs aus der Aulne, Civelle nantaise (junger Aal), Keks, Hammelkeule mit weißen Bohnen und vieles mehr sowie natürlich die berühmten bretonischen Pfannkuchen (crêpes).

Zu diesen guten Sachen gehört selbstverständlich ein Muscadet (Weißwein) von der Sèvre. Wer möchte nach derartigen Genüssen noch die Region verlassen?

Gute Fahrt!

Jean Morlot

NÜTZLICHE ANSCHRIFTEN

Wasserstraßenämter: siehe zu Anfang eines jeden Abschnittes.

Fremdenverkehrsämter: siehe Beschreibung des entsprechenden Ortes.

Opéra national

Lyon, coup de cœur

Lyon, vie culturelle intense

Plus de 26 musées (musées des Beaux-Arts, des Tissus, Gallo-Romain, d'Art Contemporain...), deux orchestres nationaux, une Maison de la Danse mondialement célèbre, une activité théâtrale intense (TNP, Théâtre des Célestins...), un Nouvel Opéra National dont la qualité de la programmation a acquis une notoriété internationale.
Offrez-vous un passeport culturel "les Clés de Lyon" qui vous ouvre les portes de 6 musées et vous fait découvrir Lyon avec une visite audio-guidée (en vente à l'Office du Tourisme de Lyon). Un kit complet de documentation vous est offert.

Ile Barbe

Lyon, 2000 ans d'histoire

Des vestiges gallo-romains aux merveilles architecturales de son quartier Renaissance remarquablement restauré sur 24 hectares, laissez-vous guider par les Guides Conférencières du Bureau des Guides de l'Office du Tourisme.

Lyon, Art de Vivre

Capitale de la gastronomie, découvrez l'art de Vivre Lyonnais au détour d'un bouchon, et dégustez les "fameuses quenelles" ou "un tablier de sapeur". Savourez un dîner gastronomique préparé par un chef célèbre.

Lyon Lumière

Plus de 150 monuments, sites et ponts... illuminés tous les soirs jusqu'à 1 heure du matin.
Naviguez sur le Rhône et la Saône, de jour ou de nuit et vivez au rythme des lumières...
Baladez-vous au cœur de Lyon de place en place et vivez des instants magiques : un spectacle unique en France de jeux de lumière et d'eau.

Théâtre antique

Lyon raffinée ou Lyon inédite, les prétextes ne manquent pas pour venir à sa rencontre.

Renseignements :
Office du Tourisme du Grand Lyon
Tél. 04. 78 42 25 75 - Fax 04. 78 42 04 32

Bureaux d'information :
Place Bellecour , Lyon 2ème
Vieux-Lyon, avenue Adolphe Max, Lyon 5ème
Perrache, Centre d'échanges, Lyon 2ème.

LYON
Rendez-vous avec la France !

Quai de Saône

J.P. Doiteau & Associés - Lyon

RANCE MARITIME ET CANAL D'ILLE ET RANCE

(de la Manche à Rennes)

21,7 km = Rance Maritime
84,8 km = Canal d'Ille et Rance
1 Écluse / Lock / ***Schleuse***
Rance Maritime (65 m x 13 m)
48 Écluses / Locks / ***Schleusen***
Canal d'Ille et Rance (27,10 m x 4,70 m)

Sens conventionnel =
en direction de la Manche
Conventional direction =
going towards the Channel
Stromrichtung Rennes → St-Malo

- **Limite de Salure des Eaux et d'inscription maritime : au vieux port de Dinan (K 78,647)** / Limit of sea water and the requirement for martitime registration : Old port of Dinan / ***Seewasser- und Seestraßenordnungsgrenze ist der alte Hafen von Dinan***
- **Rivière maritime : à l'aval de l'écluse du Châtelier** / Maritime river below the Châtelier lock / ***Seewärtige Begrenzung der Binnenwasserstraße unterhalb der Schleuse Le Châtelier***
- **Effet de marées : 2 km en amont de Dinan** / Tidal movement reaches 2 kms upstream from Dinan / ***Tideneinfluß bis 2 Kilometer oberhalb von Dinan***

- **Rance Maritime : chenal balisé utilisable exclusivement à la marée** / the marked channel is only usable when the tide is up / ***Maritimer Ranceabschnitt: bezeichnete Fahrrinne nur bei Flut befahrbar***
- **Canal d'Ille et Rance : le Châtelier-Dinan = 1,40 m ; Dinan-Rennes = 1,20 m**

- **Rance Maritime : 19 m - Canal d'Ille et Rance : 2,50 m ;**
- **Vitesse autorisée : Rance Maritime = 10km - en canal = 6 km/h** / Speed limit : Rance Maritime = 10 KPH In the canal = 6 KPH / ***zulässige Höchtsgeschwindigkeit auf Kanalstrecken: 6 km/Std.***

Adresses utiles : • **Service Navigation : 1, av. du Mail 35000 RENNES - Tél. 02 99 59 20 60**
- **Répondeur plaisance : Tél. 02 99 59 11 12**
- **Affaires Maritimes : 27, quai Duguay Trouin 35400 SAINT-MALO - Tél. 02 99 40 68 30**

Useful addresses : • Service Navigation : 1, av. du Mail Rennes 35000 - Telephone 02 99 59 20 60
- Leisure craft recorded information : Telephone 02 99 59 11 12
- Affaires Maritimes : 27, quai Duguay Trouin SAINT MALO 35400 - Telephone 02 99 40 68 30

Nützliche anschriften : • Service Navigation : Écluse du Mail - 35000 RENNES - Tel. 02 99 59 20 60
- ***Anrufbeantworter Sportschiffahrt : Tel. 02 99 59 11 12***
- ***Wasserstraßenbehörde : 27, quai Duguay Trouin 35400 SAINT MALO - Tel. 02 99 40 68 30***

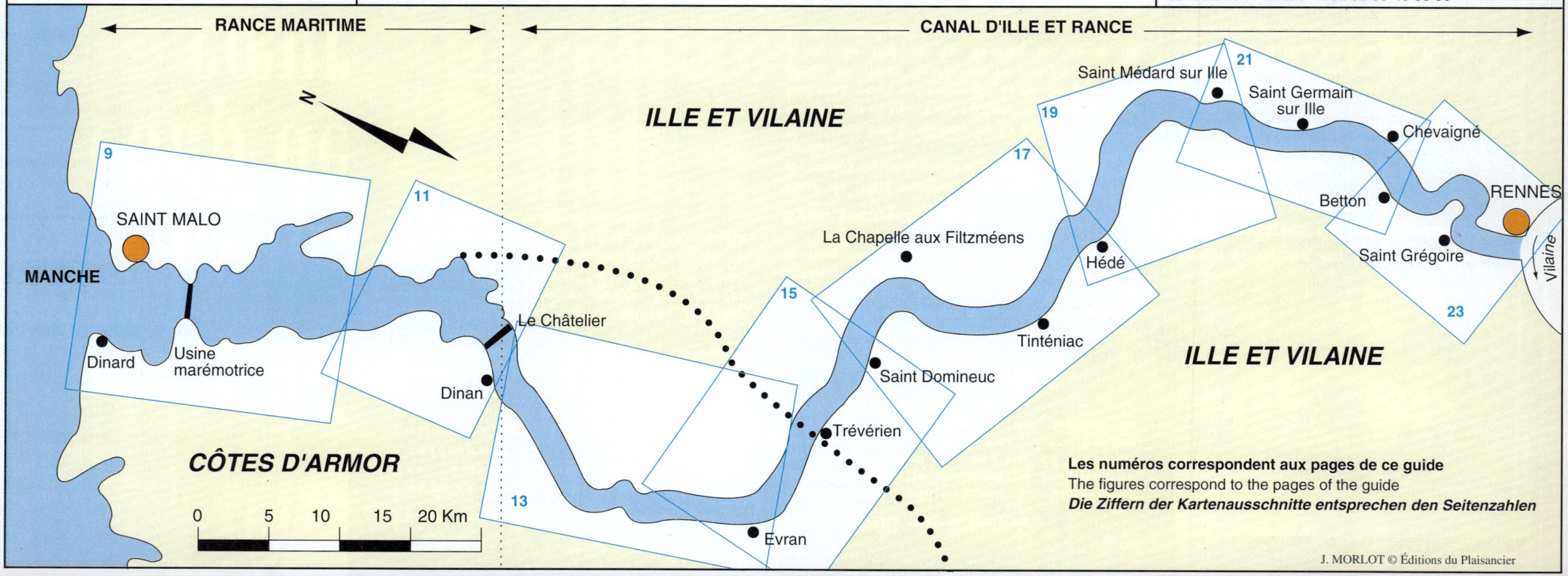

DE SAINT MALO A L'USINE MARÉMOTRICE

SAINT MALO

• Deux amarrages possibles :

- Port des Sablons :
Toutes prestations - Attention au seuil (cote + 2 m).

- Bassin Vauban :
Accès par l'écluse du Naye : 1 h 30 avant et 2 h 00 après la Pleine Mer.

Pavillon vert = écluse ouverte.
Pavillon vert et rouge = écluse en service mais fermée.
Pavillon rouge = défense d'entrer, bateau sortant.

DE SAINT MALO A L'USINE MARÉMOTRICE

Sorti de Saint Malo, traverser l'estuaire de la Rance en suivant le trajet des « vedettes vertes » de Saint Malo à Dinard. Remonter la Rance en serrant la rive droite et éviter les bouées rouges de gauche délimitant la zone interdite à la navigation en approchant du barrage écluse de la Rance.

Le chenal conduit droit devant l'écluse.

ATTENTE DEVANT L'ÉCLUSE DE L'USINE MARÉMOTRICE

Les bateaux en attente d'écluser peuvent s'amarrer aux ducs d'Albe amont et aval à condition de rester à l'extérieur de la zone interdite. (fonds de 1,25 mètre côté mer et 2,20 mètres côté bassin).

Interdiction d'amarrage sur les musoirs.

La nuit, l'éclairage est allumé immédiatement avant le début de la manœuvre des portes.

Il est éteint 10 minutes après la fin de cette manœuvre.

FROM SAINT MALO TO THE TIDAL POWER STATION

SAINT MALO

• Two possible mooring places :

- Port des Sablons : all services, beware of the ground-sill (Tide height + 2 metres)
- Vauban basin : access via the Naye lock from 90 minutes before high tide until 2 hours after it.

Green flag = lock open
Green and red flag = lock in service but closed
Red flag = entry prohibited, boat coming out.

FROM SAINT MALO TO THE TIDAL POWER STATION

Having left Saint Malo, you cross the Rance estuary following the course used by the "vedettes vertes" (green passenger boats) plying between Saint Malo and Dinard. Sail up the Rance, keeping close to the right bank and avoiding the red buoys on the left demarcating the zone in which boats are prohibited in the approach to the barrage and lock spanning the Rance. The channel leads straight to the lock entrance.

THE WAIT IN FRONT OF THE TIDAL POWER STATION

Boats waiting to go through the lock can tie up to the dolphins above and below it, so long as they remain outside the prohibited zone.

(Draught of 1.25 metres on the sea side and 2.20 metres on the upstream side.)

Mooring to the pier-heads is forbidden.

At night, the lighting comes on shortly before the start of the operation of the gates. It goes off again 10 minutes after the end of the manoeuvre.

VON SAINT MALO BIS ZUM GEZEITENKRAFTWERK

SAINT MALO

• Zwei Liegemöglichkeiten:

- Port des Sablons (Hafen Sablons) mit kompletten Versorgungseinrichtungen
Vorsicht, Schwelle

- Bassin Vauban (Becken Vauban), Zufahrt über Schleuse Naye 1 1/2 Std. vor bis 2 Std. nach der Flut

Grüne Flagge = Schleuse offen
Grün/rote Flagge = Schleuse in Betrieb, aber geschlossen
Rote Flagge = Einfahrt verboten, Ausfahrt eines Fahrzeuges.

VON SAINT MALO BIS ZUM GEZEITENKRAFTWERK

Bei der Ausfahrt aus Saint Malo den «Vedettes Vertes» (Ausflugsboote) folgen, die Saint Malo und Dinard miteinander verbinden. Die Rance dicht unter dem rechten Ufer hochfahren und dabei von den links liegenden roten Tonnen freihalten, welche die Wasserfläche nahe des Gezeitenkraftwerks der Rance für die Schiffahrt sperren. Die bezeichnete Fahrrinne führt direkt vor die Schleuse.

WARTEN AUF DEN SCHLEUSUNGSVORGANG AM GEZEITENKRAFTWERK

Wartende Fahrzeuge können an den Dalben im Unter- und Oberwasser festmachen. Dabei muß ein Eindringen in die gesperrte Wasserfläche vermieden werden. Wassertiefe 1,25 m meerseitig und 2,20 m beckenseitig. Das Festmachen an den Leitwerken ist verboten. Bei Dunkelheit werden die Tore kurz vor ihrer Betätigung beleuchtet. Die Beleuchtung wird 10 Minuten danach wieder ausgeschaltet.

SASSEMENT DE L'ÉCLUSE DE L'USINE MARÉMOTRICE

HORAIRES

- **Fonctionne jour et nuit tous les jours de l'année.**
- **De 20 h 30 à 4 h 30, demande préalable avec préavis de 2 h au téléphone 02 99 16 37 37 ou 20 minutes avant l'heure juste en actionnant le cordon d'appel situé le long du duc d'Albe le plus proche de l'écluse.**
- **Entrée de l'écluse aux heures rondes.**
- **L'écluse est fermée 1 à 2 heures avant et après la Basse Mer suivant le coefficient de marée.**

SIGNAUX D'ÉCLUSE

Les deux signaux superposés interdisent l'accès des 2 bords. En dehors des périodes de fonctionnement, aucun signal n'est présenté.

Accès interdit en venant de :	la mer	du bassin
Signal de jour	Sphère	Cône pointe en bas
Signal de nuit	Feu rouge	Feu vert

SASSEMENT

Se présenter 20 minutes avant l'heure juste.

Les bateaux sans mât doivent pénétrer les premiers dans le sens bassin-mer et les derniers dans le sens mer-bassin.

Prendre poste près d'une grosse bosse en nylon qui pend le long de la paroi. La saisir ferme pour maintenir le bateau pendant l'éclusage qui est rapide et sans remous.

ADRESSES UTILES

Pour demander des renseignements concernant l'écluse :
téléphone 02 99 16 37 37
Répondeur téléphonique : 02 99 16 37 33
Capitaineries : Bassin Vauban : 02 99 56 51 91
Port Sablons : 02 99 81 71 34
Yacht-Club : (fax) 02 99 40 80 27

WORKING THROUGH THE LOCK OF THE TIDAL POWER STATION

OPERATING HOURS

In service night and day every day of the year.
From 20.30 hours to 4.30, users must request passage 2 hours in advance by telephoning
02 99 16 37 37 or 20 minutes before the hour simply by pulling the communication cord on the dolphin nearest to the lock.
Access to the lock chamber is on the hour.
The lock is closed 1 to 2 hours before and after low tide, depending on the tide coefficient.

LOCK SIGNALS

Two signals, one above the other, forbid entry from both sides. During the periods in which the lock is not functioning, no signal is shown.

Entry prohibited when coming from :	the sea	the river
Day signal	Sphere	Cone pointing downwards
Night signal	Red light	Green light

LOCK CHAMBER OPERATION

Present your boat 20 minutes before the top of the hour. Mastless boats should go in first if heading towards the sea and last if coming from the sea.
Take up station near a large nylon fender hanging down the chamber wall. Grip it firmly to hold the boat steady during the change in water level, which is quick and surge-free.

USEFUL ADDRESSES

To obtain information about the lock :
Telephone 02 99 16 37 37
Telephone recorded message : 02 99 16 37 33
Harbour master's offices : Vauban Basin 02 99 56 51 91
Port Sablons 02 99 81 71 34
Yacht Club (fax) 02 99 40 80 27

SCHLEUSUNG AM GEZEITENKRAFTWERK

SCHLEUSUNGSZEITEN

Schleusenbetrieb rund um die Uhr während des ganzen Jahres. Zwischen 20.30 und 04.30 Uhr Anmeldung 2 Stunden im voraus unter der Telefonnummer 02 99 16 37 37 oder 20 Minuten vor vollen Stunden durch Ziehen einer Schnur, die sich an der der Schleuse am nächsten liegenden Dalbe befindet. Einfahrt in die Schleuse zu vollen Stunden. Die Schleuse wird je nach den Tidenbedingungen 1 bis 2 Stunden vor und nach der Ebbe gesperrt.

VERKEHRSSIGNALE AN DER SCHLEUSE:

Zwei übereinander angeordnete Signale verbieten die Einfahrt von beiden Seiten. Ist die Schleuse außer Betrieb, wird kein Signal gezeigt.

Einfahrverbot	*meerseitig*	*beckenseitig*
Tagbezeichnung	*Ball*	*Kegel mit Spitze nach unten*
Nachtbezeichnung	*rotes Licht*	*grünes Licht*

SCHLEUSUNG

20 Minuten vor den vorgesehenen Stunden an die Schleuse heranfahren. Fahrzeuge ohne Mast in Richtung Meer fahren als erste und in Richtung Becken als letzte in die Schleuse ein. Neben einen dicken Nylonwulst, der von der Schleusenwand herabhängt, Position einnehmen. Diesen ergreifen, damit das Fahrzeug sich während des sehr schnellen, aber ohne Verwirbelungen stattfindenen Schleusungsvorgangs nicht fortbewegen kann.

NÜTZLICHE ANSCHRIFTEN

Auskünfte über die Schleuse werden unter folgender Telefonnummer erteilt: 02 99 16 37 37
Anrufbeantworter: 02 99 16 37 33
Hafenamt: im Becken Vauban 02 99 56 51 91, im Hafen Sablons 02 99 81 71 34
Jachtclub: (fax) 02 99 40 80 27

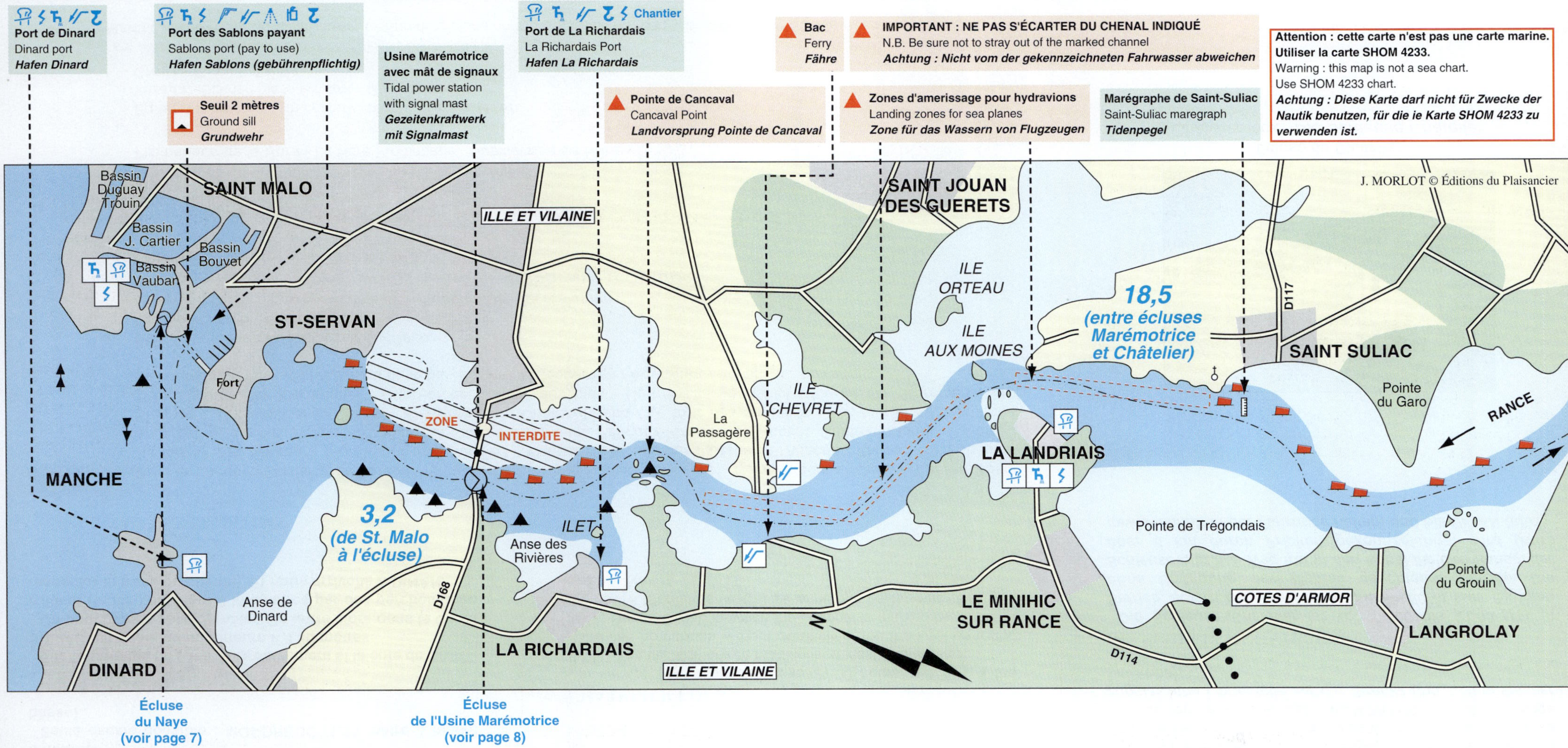

Saint-Malo : le port de plaisance
The pleasure boat harbour - ***Sporthafen***

Barrage de l'usine marémotrice - Tidal power station barrage - ***Damm des Gezeitenkraftwerks***

DE L'USINE MARÉMOTRICE A DINAN

A l'écluse de l'usine marémotrice, vous seront distribués les conseils de prudence concernant les mouvements d'eau créés par le fonctionnement de l'usine (maximum 1 mètre en 10 minutes, minimum 4 mètres en 1 heure).

La cote du niveau du bassin est donnée par le marégraphe de SAINT-SULIAC (se procurer le renseignement en téléphonant aux écluses de l'usine ou du Châtelier).

Il faut 8,50 mètres pour passer et avoir 2 mètres de tirant d'eau dans le chenal. Ce niveau est maintenu pendant 4 à 5 heures.

Seule escale possible : MORDREUC (1,20 mètre à marée basse).

L'ÉCLUSE DU CHÂTELIER

Elle fonctionne de 6 h à 21 h, seulement si la cote de SAINT-SULIAC est égale ou supérieure à 8,50 mètres.

On peut passer sans démâter. On entre alors dans le Canal d'Ille et Rance balisé sur 8 kilomètres par des perches (bien respecter le tracé du chenal). Et nous arrivons à DINAN.

FROM THE TIDAL POWER STATION

At the tidal power station lock, you will be given warning and advice notices regarding the water movements created by the functioning of the power station (maximum 1 m in 10 minutes, minimum 4 m in 1 hour).

The tide height in the basin is given by the maregraph at SAINT-SULIAC (you can obtain the information by telephoning either the power station lock or the Châtelier lock).

You need a reading of 8.50 metres to be able to get through and to have 2 metres draught in the channel. This level is maintained for 4 to 5 hours. The only possible mooring place is at MORDREUC (1.20 metres at low tide).

CHÂTELIER LOCK

In service from 6.00 o'clock to 21.00 hours, but only if the SAINT-SULIAC tide height reading is at least 8.50 metres.

You can go through without dismasting. You then get on to the Ille et Rance Canal, in which the channel is marked by poles for the next 8 kilometres (keep well within the limits). After that, you reach DINAN.

VON ZUM GEZEITENKRAFTWERK BIS DINAN

Am Gezeitenkraftwerk erhält der Sportschiffer Hinweise über die Wasserbewegungen, die das Gezeitenkraftwerk hervorruft und die gewisse Vorsichtsmaßnahmen bei der Schiffsführung erfordern. Der Wasserspiegel ändert sich in einer Größenordnung von 4 bis 6 m pro Stunde. Der Wasserstand des Beckens ist am Tidenpegel von SAINT-SULIAC ablesbar (Wasserstands-Auskünfte werden telefonisch durch die Schleuse Châtelier oder das Gezeitenkraftwerk erteilt).

Für ein Passieren sind ein Pegel von 8,50 m und 2 m Fahrwassertiefe erforderlich. Diese Werte sind während 4 bis 5 Stunden gewährleistet. MORDREUC ist die einzige zugelassene Liegestelle auf der Strecke (mit 1,20 m Wasser bei Ebbe).

DIE SCHLEUSE CHÂTELIER

Die Schleuse Châtelier ist von 06.00 bis 21.00 Uhr in Betrieb, sofern der Pegel nicht unter 8,50 m fällt. Es kann ohne Umlegung des Mastes geschleust werden. Die Schleuse gibt den Weg frei in den Kanal Ille und Rance, der über 8 km durch Pricken gekennzeichnet wird (Kurs gewissenhaft in der Fahrrinne halten) und bis DINAN führt.

Écluse du Châtelier
Châtelier lock - ***Die Schleuse Châtelier***

EN RANCE MARITIME

A SAINT-MALO

- **Pays de Jacques Cartier et de Surcouf -** Birth-place of Jacques Cartier and Surcouf - ***Heimat Jacques Cartier (frz. Entdecker Kanadas) und Surcoufs (Freibeuter und Reeder) /*** **Vieilles rues : Jacques Cartier, St-Vincent, Pelicot -** Old streets : J. Cartier, St-Vincent, Pélicot - ***Straßen : J. Cartier, St-Vincent, Pélicot /*** **Places : St-Vincent, Châteaubriand -** Squares : St-Vincent, Châteaubriand - ***Plätze : St-Vincent und Châteaubriand /*** **Le tour des remparts -** The tour of the ramparts - ***Wandelgänge der Stadtmauer /*** **Quartier de la halle aux blés -** Corn Exchange district - ***Viertel der Getreidehallen /*** **Le château -** Castle - ***Schloß /*** **Les bassins -** Basins - ***Hafenbecken /*** **Aquarium -** Aquarium - ***Aquarium.***

A DINARD

- **Station balnéaire -** Seaside resort - ***Seebad***
- **Casino -** Casino - ***Casino***
- **Musée de la Mer -** Museum of the sea - ***Museum für Meereskunde***

A L'USINE MARÉMOTRICE / TIDAL POWER STATION / GEZEITENKRAFTWERK

- **Visite -** Guided tour - ***Besichtigungen***

A LA RICHARDAIS

- **Église et fresques -** Churches and frescoes - ***Kirche und Fresken***

A LA LANDRIAIS

- **Port de plaisance -** Pleasure boat harbour - ***Sporthafen***
- **Promenade de la Hure -** La Hure Promenade - ***Spazierweg La Hure***

A SAINT-SULIAC

- **Église 11e siècle -** 11th century church - ***Kirche 11. Jh.***
- **Vitraux -** Stained glass window - ***Glasmalerei***
- **Grotte -** Grotto - ***Grotte***

A LA DENT DE GARGANTUA / GARGANTUA'S TOOTH

- **Menhir sur la route de Châteauneuf -** Standing stone on the Châteauneuf road - ***Menhir au der Straße nach Châteauneuf***

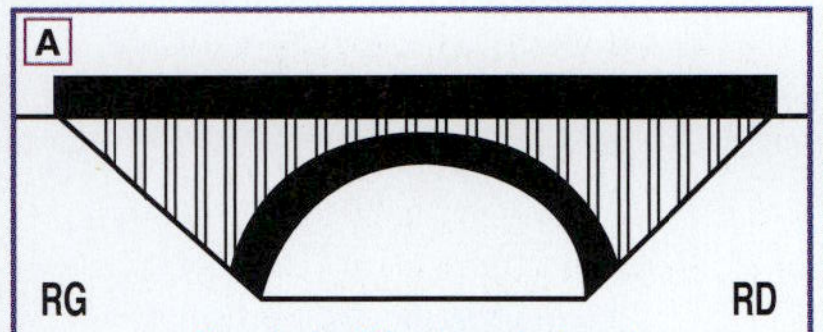

Pont de Chateaubriand

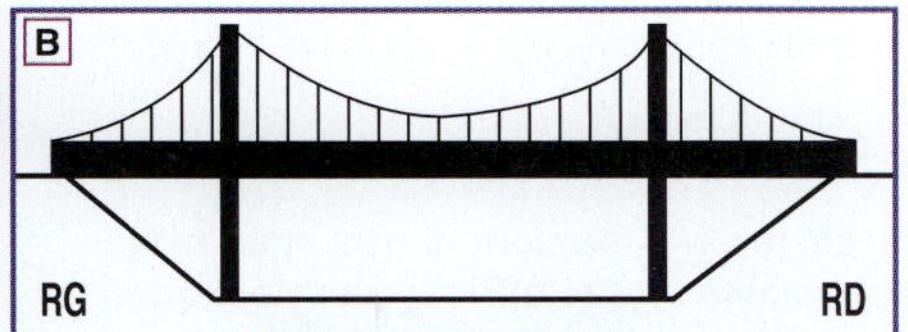

Pont de Saint Hubert
23 m

Viaduc de Lessard (19 m)
Lessard viaduct (19 metres)
Eisenbahnbrücke Lessard

Port de St. Samson
St-Samson port
Hafen St-Samson

Port de Lyvet
Lyvet port
Hafen Lyvet

Digue submergée
Submerged dike
Sommerdeich

1,50 m **De l'écluse du Châtelier à Dinan : balisage du chenal par perches**
From the Châtelier lock to Dinan, channel marked out by poles
zwischen Schleuse Châtelier und Dinan Fahrrinnenkenzeichnung durch Pricken

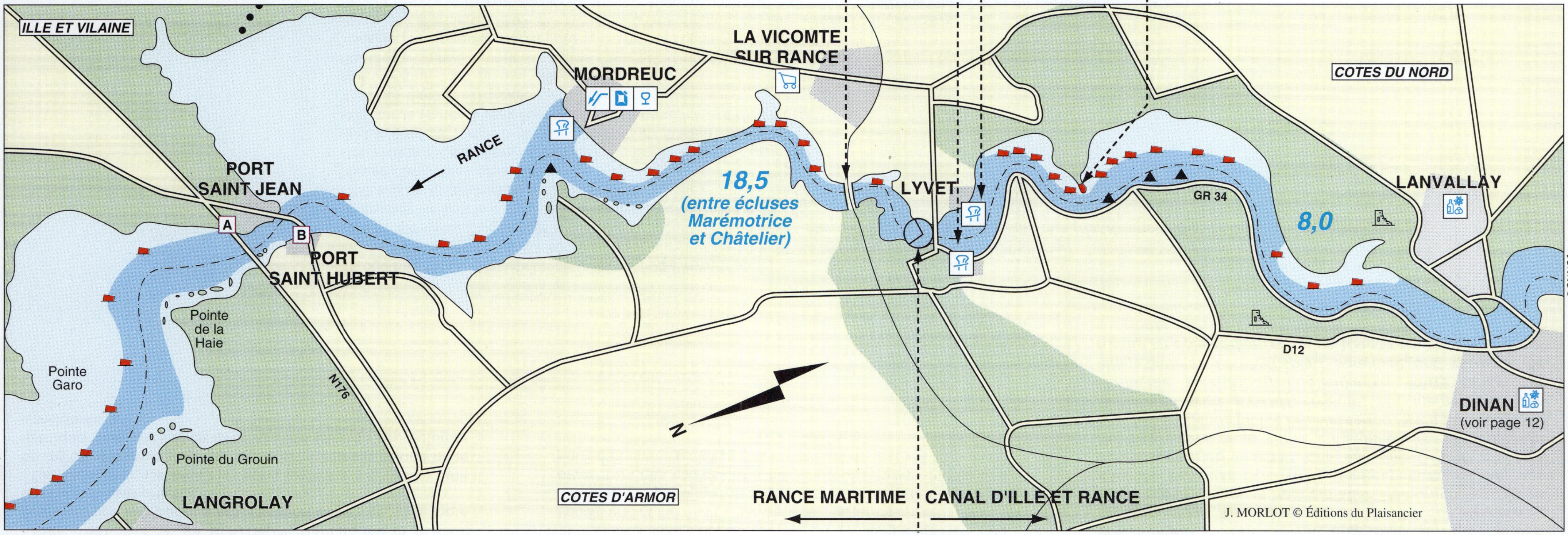

Écluse 48
Le Châtelier
K 84,802
Tél. 02 96 39 55 66
de 6 h à 21 h si cote égale ou supérieure à 8,50 m

DE DINAN A EVRAN

ESCALE

DINAN : au port situé R.G. à l'aval du pont gothique. Port payant. Toutes prestations. On peut démâter.
Capitainerie : Tél. 02 96 39 56 44.

LE PARCOURS

En quittant DINAN, se méfier des piquets submergés qui bordent les rives. La première écluse N°47 nous attend à LEHON. Halte nautique à l'amont du port R.G. Après l'écluse Pont Perrin et sa dérivation rectiligne, nous tournons devant une ancienne carrière.

Puis c'est l'écluse de BOUTRON. Remarquez la maison éclusière perchée sur une butte, à l'abri des crues, et le moulin à aubes tout proche.

Deux écluses à franchir et nous arrivons à EVRAN, petit bourg offrant toutes ressources d'avitaillement et une halte nautique bien aménagée avec aire de jeux qu'apprécieront les enfants.

FROM DINAN TO EVRAN

PORT OF CALL

DINAN : The fee charging port is on the left bank downstream from the Gothic bridge. All services. You can dismast. Harbour master's office telephone 02 96 39 56 44.

THE TRIP

Leaving DINAN, be wary of submerged stakes along the water's edge. The first lock, N°47, is at LEHON. There is a mooring station above the bridge on the left bank. After the Pont Perrin lock and its ruler-straight diversion cut, there is a bend in front of a disused quarry and then comes the BOUTRON lock. Have a look at the lock keeper's house, perched on a mound to be safe from floods, and at the nearby paddle-wheel water-mill.

After working through two more locks, you arrive at EVRAN. This small town has sources of a full range of supplies and its well equipped mooring station has a play-ground that will be popular with the children.

VON DINAN BIS EVRAN

AUFENTHALT

DINAN : Im Hafen am rechten Ufer unterhalb der gotischen Brücke. Gebührenpflichtig. Umfassendes Dienstleistungsangebot. Technische Hilfe für das Umlegen von Masten.

STRECKENBESCHREIBUNG

Bei der Ausfahrt aus DINAN Vorsicht vor den Pfähle, die entlang des Ufers unter der Wasseroberfläche liegen. Die erste Schleuse (47) erwartet den Skipper in LEHON. Landungsplatz oberhalb des Hafens am linken Ufer. Nach der Schleuse Pont Perrin und dem anschließenden schnurgeraden Kanalabschnitt beschreibt der Wasserweg einen engen Bogen, in dem ein alter Steinbruch liegt. Dann folgt die Schleuse BOUTRON. Bemerkenswert ist hier das Schleusenwärterhäuschen, das auf einem Hügel stehend Hochwasserzeiten in Ruhe entgegenblicken kann, sowie eine naheliegende Mühle mit Wasserrad. Nach zwei weiteren Schleusen wird EVRAN erreicht, ein kleiner Ort, der sämtliche Versorgungsmöglichkeiten sowie einen gut ausgestatteten Landungsplatz bereithält und wo sich die Kinder an Spielgeräten erfreuen können.

A DINAN

- **16 000 habitants -** Population 16 000 - ***16 000 Einwohner***
- **Office du Tourisme : Tél. 02 96 39 75 40** - Tourist Office : Tel. 02 96 39 75 40 - ***Fremdenverkehrsämter : Tel. 02 96 39 75 40***
- **Cité où s'illustra Duguesclin -** City where Duguesclin won fame - ***Hier zeichnete sich Duguesclin aus (frz. Kriegsheld d. 14. Jh.)***
- **Remparts 13e siècle -** 13th century ramparts - ***Stadtmauer 13. Jh.***
- **Château de la Duchesse Anne 14e siècle -** Duchess Anne's castle, 14th century - ***Schloß der Herzogin Anne 14. Jh.***
- **Musée -** Museum - ***Museum***
- **Couvent des Cordeliers** - Cordeliers' Convent - ***Kloster Cordeliers***
- **Jardin anglais** - English garden - ***Englischer Garten***
- **Vue sur la Rance** - View over the Rance - ***Ausblick auf die Rance***
- **Viaduc** - Viaduct - ***Brücke***
- **Rue Jerzual** - Rue Jerzual - ***Rue Jerzual***
- **Basilique Saint-Sauveur 12e siècle -** Saint-Sauveur Basilica, 12th century - ***Basilika Saint-Sauveur***
- **Tour de l'horloge 15e siècle** - Clock Tower, 15th century - ***Turmuhr***
- **Place des Merciers** - Place des Merciers (Haberdashers' Square) - ***Place des Merciers***
- **Hôtels Kératy et Beaumanoir** - Kératy and Beaumanoir town residences - ***Patrizierhäuser Kératy und Beaumanoir***
- **Pont gothique** - Gothic bridge - ***gotische Brücke***

A LEHON

- **Abbaye Saint-Morgloire (12e siècle/14e siècle) -** Saint Morgloire Abbey, 12th-14th century - ***Abtei Saint Magloire, 12. - 14. Jh.***
- **Spectacle son et lumière -** Son et lumière show - ***Licht und Toneffektdarstellung der Geschichte des Bauwerks***

Port de Dinan (payant) - Tél. 02 96 39 56 44
Société de location Blue Line - Tél. 02 99 34 60 11
Dinan Port (pay for use) - Tel. 02 96 39 56 44
Blue Line boat hire company - Tel. 02 99 34 60 11
Hafen Dinan (gebührenpflichtig) - Tel. 02 96 39 56 44
Charterbootfirma Blue Line - Tel. 02 99 34 60 11

Piquets submergés le long des rives
Submerged stakes along the banks
Pfähle unter Wasser

Léhon : piscine - tennis
Léhon : swimming pool - tennis courts
Léhon : Schwimmbad - Tennisplatz

RAPPEL
Pour une meilleure lecture, le tracé de la voie navigable a été élargi par rapport à sa longueur.

REMINDER
For greater legibility, the navigable waterway has been drawn wider, out of scale with its length.

Es wird nocheinmal darauf hingewiesen, daß die Kanalkarte nicht maßstabsgetreu ist, da die Breite des Fahrwassers im Verhältnis zur Länge größer dargestellt wurde, um für einen besseren Überblick zu sorgen.

Ponton flottant
Floating pontoon
Anlegesteg

Aire de jeux
Relais nautique d'Evran - Quai droit
Evran mooring station - Vertical sided quay
Nautischer Stützpunkt in Evran - Senkrechter Kai

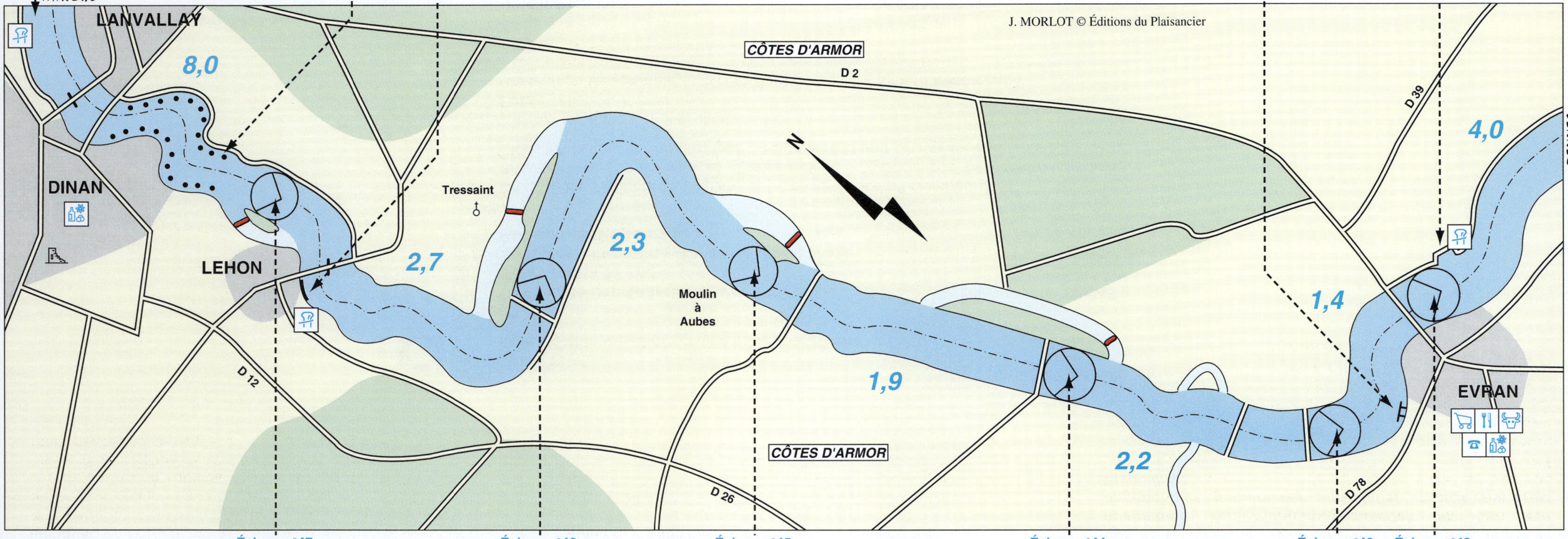

Écluse n°47 Léhon K 76,835	Écluse n°46 Pont Perrin K 74,131	Écluse n°45 Boutron K 71,849	Écluse n°44 Mottay K 69,961	Écluse n°43 La Roche K 67,764	Écluse n°42 Evran K 66,390
1,02	1,50	1,00	1,11	2,30	2,06

Dinan : ponton plaisance et viaduc
Leisure craft pontoon and viaduct
Anlegesteg Sportschiffahrt und Viadukt

Léhon : écluse et son ponton
Lock with his pontoon
Schleuse und Anlegesteg

Le port d'Evran
Evran Port
Hafen Evran

D'EVRAN A SAINT-DOMINEUC

LE PARCOURS

Quittant le port d'EVRAN, nous atteignons la halte nautique de Trévérien après un long bief de 4 kilomètres et le passage de l'écluse des Islots et avoir changé de département. Halte agréable avec tables de pique-nique, les sanitaires sont au stade.

Deux écluses rapprochées aux jolis noms de Butte Jacquette et Gacet, suivies d'un autre long bief de 4 kilomètres et nous arrivons au port de Saint-Domineuc. Ponton flottant et quai droit, salle des fêtes, toutes ressources au bourg : une escale accueillante et sympathique à ne pas manquer.

FROM EVRAN TO SAINT-DOMINEUC

THE TRIP

The trip. Having left the port of EVRAN, you cruise along a pound of 4 kms, during which you cross into another "département", and then go through the Islots (Islets in old French) lock, before reaching the Trévérien mooring station. A pleasant stop with picnic tables; there are sanitary facilities in the sports stadium.

Next come two locks close together, bearing the pretty names Butte Jacquette and Gacet, followed by another 4 kms long reach leading to the port of Saint-Domineuc. Floating pontoon and vertical sided quay, assembly hall, all shops in the town : a welcoming and friendly place that you shouldn't miss.

VON EVRAN BIS SAINT-DOMINEUC

STRECKENBESCHREIBUNG

An die Hafenausfahrt EVRAN schließt eine 4 km lange Kanalhaltung mit der Schleuse Islots an, mit der der Wasserwanderer zum Landungsplatz Trévérien und in den Verwaltungsbezirk Ille et Vilaine gelangt. Dieser Platz mit seinen Tischen und Bänken ist sehr angenehm. Sanitäranlagen im Stadion.

Nach zwei dicht hintereinander liegenden Schleusen mit den hübschen Namen Butte Jacquette und Gacet sowie einer weiteren 4 km langen Haltung erreicht der Sportschiffer den Hafen Saint-Domineuc. Anlegesteg und senkrechter Kai, Toiletten im nahegelegenen Festsaal, ausgiebige Versorgungsmöglichkeiten im Ort: ein angenehmer, gemütlicher und daher empfehlenswerter Etappenort.

A SAINT-DOMINEUC
- **Église gothique -** Gothic church - ***Gotische Kirche***

A 3 KM
- **Château de Bourbansais 18e siècle -** Château de Bourbansais, 18th century - ***Schloß Bourbansais, 18. Jh.***
- **Tapisserie -** Tapestries - ***Wandteppichsammlung***
- **Parc-zoo -** Zoo - ***Tierpark***

A 10 KM
- **Château de Combourg -** Château de Combourg - ***Schloß Combourg***
- **Souvenirs de Duguesclin et Chateaubriand -** Associations with Duguesclin and Chateaubriand - ***Mit Erinnerungen an Duguesclin und Chateaubriand***

A ÉVRAN
- **Église -** church - ***Kirche***
- **Château de Beaumanoir -** Château de Beaumanoir - ***Schloß Beaumanoir***

Relais nautique d'Evran
Quai droit
Evran nautical relay station
Vertical sided quay
Nautischer Stützpunkt in Evran
Senkrechter Kai

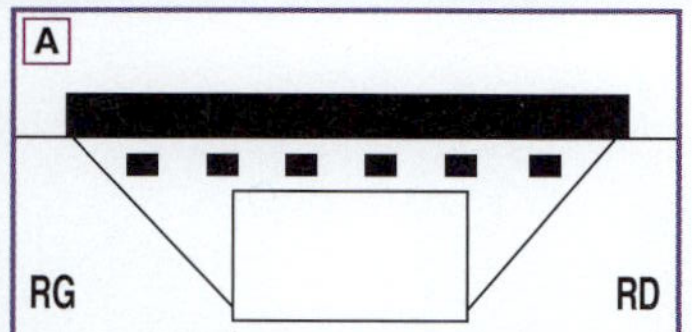

Pont de Trévérien

Au stade
Halte nautique de Trévérien - Quai droit
Trévérien mooring station - Vertical sided quay
Landungsplatz Trévérien - Senkrechter Kai

RAPPEL

Pour une meilleure lecture, le tracé de la voie navigable a été élargi par rapport à sa longueur.

REMINDER

For greater legibility, the navigable waterway has been drawn wider, out of scale with its length.

Es wird nocheinmal darauf hingewiesen, daß die Kanalkarte nicht maßstabsgetreu ist, da die Breite des Fahrwassers im Verhältnis zur Länge größer dargestellt wurde, um für einen besseren Überblick zu sorgen.

Bassin de virement
Winding hole (for turning)
Wendebecken

Vieux lavoir
Old public wash-house
Altes Waschhaus

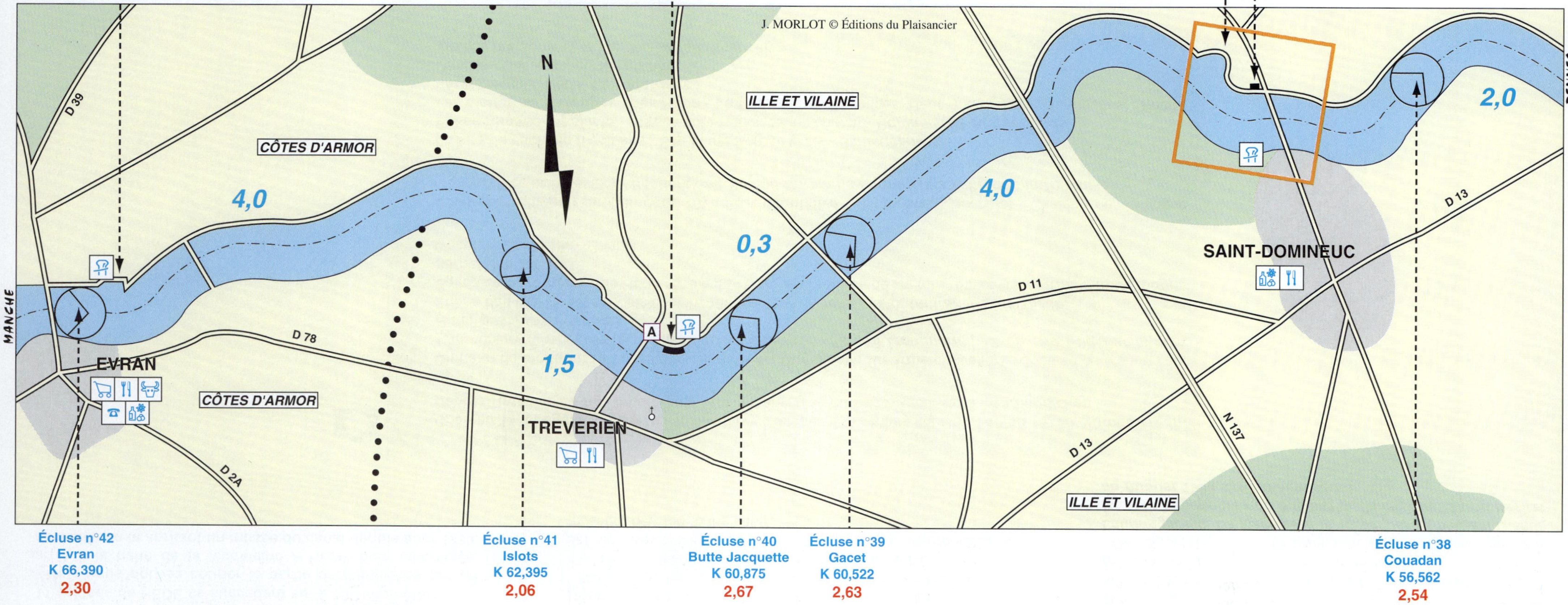

Le port de Saint-Domineuc
Saint-Domineuc port
Hafen Saint-Domineuc

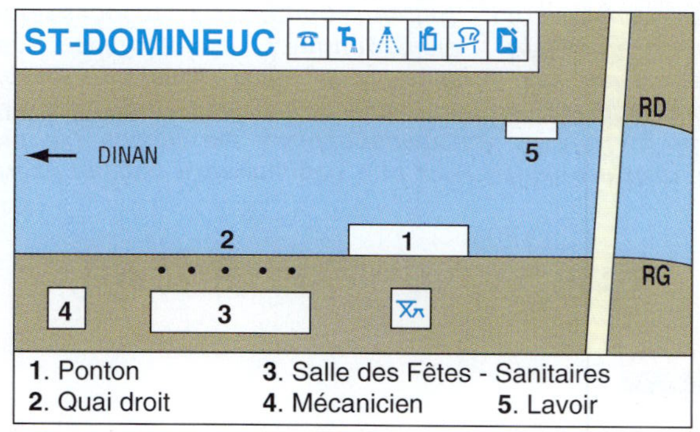

DE SAINT-DOMINEUC A HÉDÉ

LE PARCOURS

Un parcours sinueux et les 2 écluses 38 et 37 nous conduisent à la halte nautique de La CHAPELLE AUX FILTZMÉENS. Arrêt agréable, eau, tables de pique-nique. La halte suivante TINTÉNIAC, à environ 7 kilomètres, offre toutes ressources d'avitaillement. Ne manquez pas de visiter l'original musée de l'outil et des métiers ainsi que celui de la faune.

4 kilomètres plus loin, nous attaquons l'échelle des 11 écluses de HÉDÉ se succédant sur 2,150 kilomètres.

Mais vous pouvez couper la partie de manivelles par un arrêt à la halte de la Madeleine à Hédé, bien aménagée, accueillante et abritant un musée du canal depuis août 1996.

FROM SAINT-DOMINEUC TO HÉDÉ

THE TRIP

A twisty section and locks 38 and 37 take you to the mooring station at LA CHAPELLE AUX FILTZMÉENS ; a pleasant stop with water point and picnic tables. The next stopping place after that, about 7 kms further on, is TINTÉNIAC, which has all sources of supply. You should be sure to visit the unusual museum devoted to tools and crafts as well as the fauna museum.

4 kilometres after that, you are confronted by the start of the Hédé flight of 11 locks which stretches over 2.150 kms.

But you can take a breather from the game of winding winches if you stop at the Madeleine mooring station at HÉDÉ. This is well set up, welcoming and, since August 1996, incorporates a museum devoted to the canal.

VON SAINT-DOMINEUC BIS HÉDÉ

STRECKENBESCHREIBUNG

Nach einigen Krümmungen und zwei Schleusen (Nrn. 38 und 37) kommt der Landungsplatz LA CHAPELLE AUX FILTZMÉENS in Sicht. Angenehme Aufenthaltsbedingungen. Wasserzapfstelle, Tische und Bänke. 7 km weiter liegt der nachfolgende Landungsplatz, TINTÉNIAC, mit umfassendem Versorgungsangebot. Ein Besuch des originellen Werkzeug- und Berufsmuseums sowie des Tiermuseums sollte nicht verpaßt werden. 4 km weiter wird die 11 Kammern zählende Schleusenkette Hédé in Angriff genommen, die sich über 2150 m erstreckt.

Der Sportschiffer kann zwischen zwei Schleusungen am Landungsplatz La Madeleine in HÉDÉ verschnaufen. Dieser ist sehr angenehm und äußerst gut ausgerüstet und besitzt ab August 1996 ein Kanalmuseum.

A LA CHAPELLE AUX FILTZMÉENS

- **Château 15e et église 17e siècle** - 15th century château, 17th century church - ***Schloß 15. Jh., Kirche 17. Jh.***
- **Depuis Tinténiac : magasin à grains** - Disembarking at Tinténiac : grain store - ***Kornspeicher***

A 5 km

- **Château de Montmuran 12e siècle (chapelle ou Duguesclin fut armé chevalier)** - Château de Montmuran, 12th century (chapel where Duguesclin was knighted) - ***Schloß Montmuran, 12. Jh. (wo Duguesclin zum Ritter geschlagen wurde)***
- **Église des Iffs 15e siècle** - Iffs church, 15th century - ***Kirche in Montmuran les Iffs 15. Jh.***
- **Église de Bazouges sous Hédé 16e siècle** - Bazouges sous Hédé church, 16th century - ***Kirche in Bazouges sous Hédé 16. Jh.***
- **Chapelle chaussée** - Chapel

A 10 km

- **Bécherel : château de Caradeuc (Syndicat d'Initiative à Tinténiac)** - Bécherel : Château de Caradeuc (Tourist office at Tinténiac) - ***Bécherel mit Schloß Caradeuc (Fremdenverkehrsamt in Tinténiac)***

A HÉDÉ

- **Le site de l'échelle d'écluses** - Site of the flight of locks - ***Schleusenkette***
- **Église romane 11e siècle** - 11th century Romanesque church - ***Romanische Kirche 11. Jh.***
- **Les étangs de Bazouges sous Hédé - La Bézardière** - Bazouges, Hédé and La Bézardière ponds - ***Teiche um Bazouges, Hédé, La Bézardière***
- **Donjon** - Castle keep - ***Bergfried***
- **Vieilles maisons** - Old houses - ***Altstadthäuser***

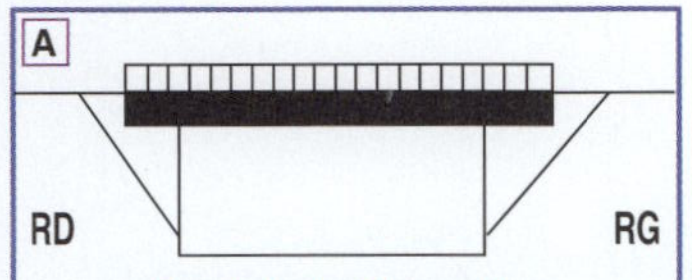

Pont de la Chapelle aux Filtzméens

Halte nautique - Quai droit
Mooring station - Vertical sided quay
Landungsplatz - Senkrechter Kai

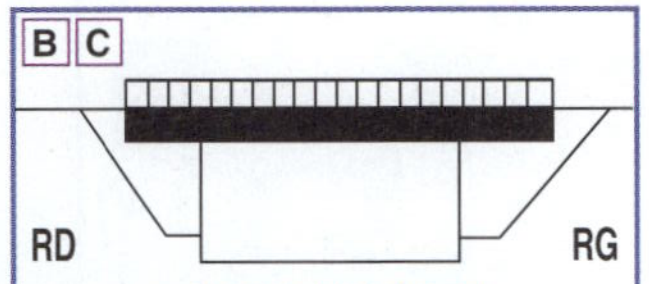

Ponts Houite et Gué Nouëllan

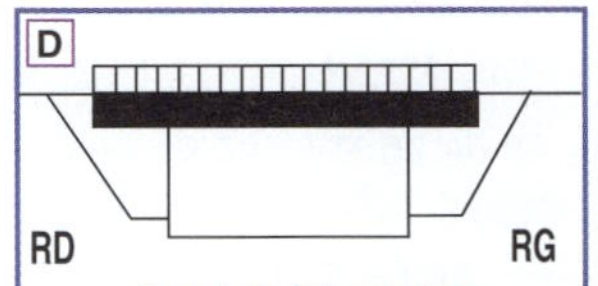

Pont de Tinténiac

Halte nautique
Quai droit
Mooring station
Vertical sided quay
Landungsplatz
Senkrechter Kai

Halte nautique de la Magdeleine - Quai droit
Magdeleine mooring station - Vertical sided quay
Landungsplatz Magdeleine - Senkrechter Kai

Echelle des 11 écluses de Hédé. 2,15 Km.
Hédé flight of 11 locks spaced over 2.150 kms
Schleusenkette Hédé, 11 Kammern, 2150 m

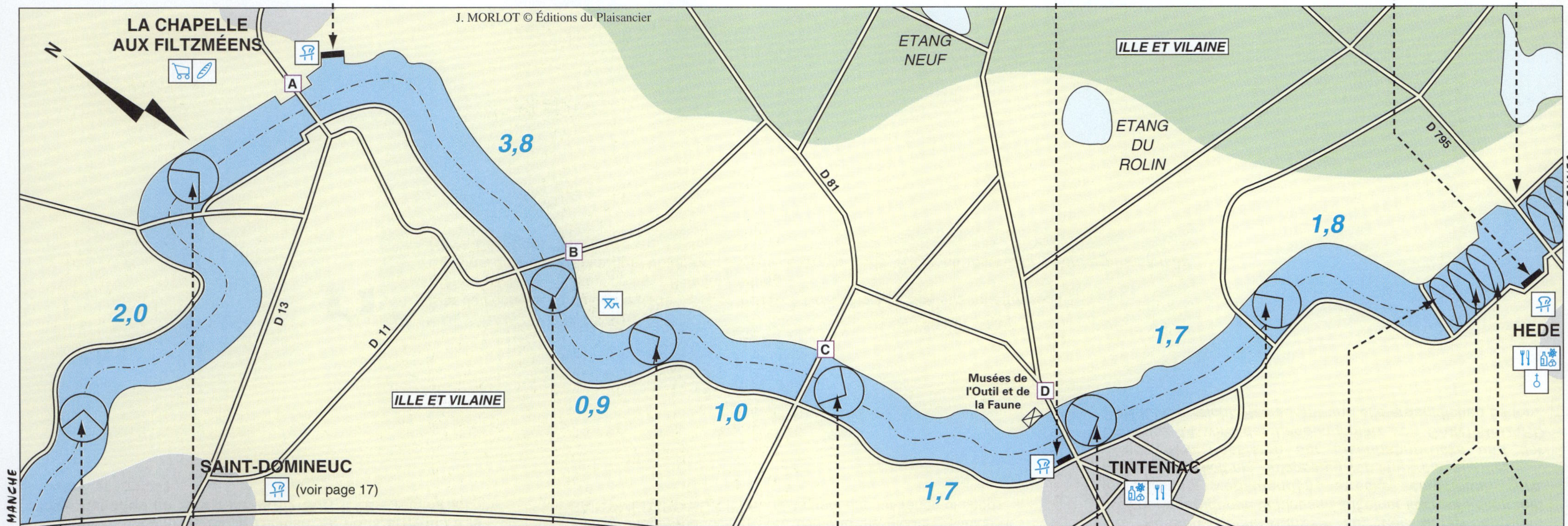

Écluse	Nom	PK	Distance
Écluse n°38	Couadan	K 56,562	2,54
Écluse n°37	Calaudry	K 54,588	2,77
Écluse n°36	Pont Houite	K 50,819	2,61
Écluse n°35	Gué Nouëllan	K 49,904	2,57
Écluse n°34	Gromillais	K 48,867	2,66
Écluse n°33	Tinténiac	K 47,111	1,65
Écluse n°32	Moucherie	K 45,362	2,65
Écluse n°31	Dialais	K 43,526	2,30
Écluse n°30	Guéhardière	K 43,207	2,21
Écluse n°29	Petite Madeleine	K 42,964	2,45

La Chapelle aux Filtzméens : le relais nautique
Nautical relay station
Nautischer Stützpunkt

Tinténiac : l'écluse 33
Lock 33
Schleuse 33

Tinténiac : le quai public et le musée
Public quay and museum
Öffentlicher Kai und Museum

DE HÉDÉ A SAINT-MÉDARD SUR ILLE

LE PARCOURS

En quittant la halte nautique de Hédé, nous continuons de grimper les 8 dernières écluses de l'échelle pour arriver dans le long bief de partage de 7,1 kilomètres. Bordé d'étangs servant de bassins d'alimentation (attention aux remous de la station de pompage de Bazouges), son paysage offre un spectacle plein de poésie. Arrêt possible près du pont de GUIPEL, village où vous pouvez aller avitailler.

Puis c'est la descente sur Rennes qui commence par 6 écluses rapprochées sur un parcours sinueux et verdoyant. Arrêt possible au ponton flottant de Montreuil sur Ille. Après le pont du chemin de fer et l'écluse 14, nous arrivons à la halte nautique de SAINT-MÉDARD SUR ILLE - restaurant - toutes ressources.

FROM HÉDÉ TO SAINT-MÉDARD SUR ILLE

THE TRIP

After leaving the Hédé mooring station, you haul your boat up through 8 more locks before getting to the 7.1 kms long summit pound. The ponds that serve as feeder reservoirs are strung alongside (watch out for eddies from the Bazouges pumping station) and the landscape makes a poetic scene. There is a possible stopping place near the GUIPEL bridge, from where you can go shopping in the village.

Then you start the descent towards Rennes by going through 6 closely spaced locks in a leafy but twisty stretch. You may make a stop at the floating pontoon at Montreuil sur Ille. Past the railway bridge and lock 14, you come to the mooring station at SAINT-MÉDARD SUR ILLE - restaurant and full range of shops.

VON HÉDÉ BIS SAINT-MÉDARD SUR ILLE

STRECKENBESCHREIBUNG

Beim Verlassen des Landungsplatzes Hédé geht der Aufstieg mit den verbleibenden 8 Bauwerken der Schleusentreppe weiter, die in der 7,1 km langen Scheitelhaltung endet. Eine Reihe Teiche, entlang des Kanals, angelegt, um diesen mit Wasser zu versorgen (Vorsicht, die Pumpstation Bazouges ruft Verwirbelungen hervor), verleihen der Landschaft einen sehr romantischen Charakter.

Liegemöglichkeiten nahe der Brücke von GUIPEL, wo sich der Wasserwanderer versorgen kann. Dann schließt der Abstieg nach Rennes an, der durch 6 dicht aufeinanderfolgende Schleusen auf einer kurvenreichen und im Grünen verlaufenden Strecke eingeleitet wird. Liegemöglichkeit am Anlegesteg von Montreuil sur Ille.

Nach dem Passieren der Eisenbahnbrücke und der Schleuse 14 wird der Landungsplatz von SAINT-MÉDARD SUR ILLE erreicht. Restaurant und alle erdenklichen Läden.

DE HÉDÉ A SAINT MÉDARD SUR ILLE

- **Site de l'échelle d'écluses d'Hédé** - Site of the Hédé flight of locks - ***Schleusenkette Hédé***
- **Bief de partage** - Summit pound - ***Scheitelhaltung***
- **Bassins de Hédé, Bazouges, Villemorin** - Hédé, Bazouges and Villemorin reservoirs - ***Versorgungsteiche Hédé, Bazouges, Villemorin***

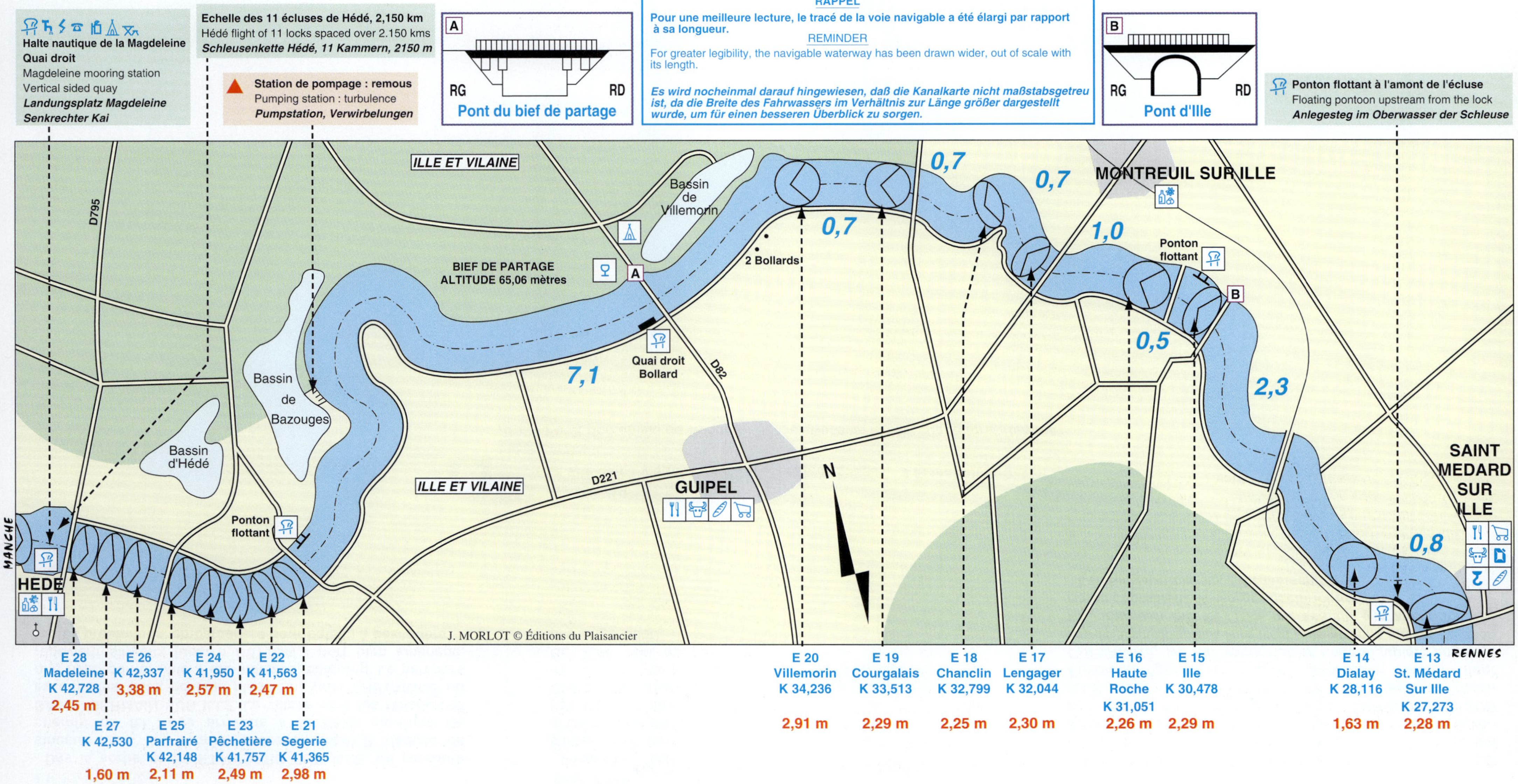

Halte nautique de la Magdeleine
Quai droit
Magdeleine mooring station
Vertical sided quay
Landungsplatz Magdeleine
Senkrechter Kai
Echelle des 11 écluses de Hédé, 2,150 km
Hédé flight of 11 locks spaced over 2.150 kms
Schleusenkette Hédé, 11 Kammern, 2150 m
Station de pompage : remous
Pumping station : turbulence
Pumpstation, Verwirbelungen
A
RG
RD
Pont du bief de partage
RAPPEL
Pour une meilleure lecture, le tracé de la voie navigable a été élargi par rapport à sa longueur.
REMINDER
For greater legibility, the navigable waterway has been drawn wider, out of scale with its length.
Es wird nocheinmal darauf hingewiesen, daß die Kanalkarte nicht maßstabsgetreu ist, da die Breite des Fahrwassers im Verhältnis zur Länge größer dargestellt wurde, um für einen besseren Überblick zu sorgen.
B
RG
RD
Pont d'Ille
Ponton flottant à l'amont de l'écluse
Floating pontoon upstream from the lock
Anlegesteg im Oberwasser der Schleuse
ILLE ET VILAINE
D795
Bassin de Villemorin
BIEF DE PARTAGE
ALTITUDE 65,06 mètres
2 Bollards
0,7
0,7
0,7
MONTREUIL SUR ILLE
1,0
Ponton flottant
0,5
2,3
Bassin de Bazouges
Quai droit
Bollard
D82
7,1
Bassin d'Hédé
ILLE ET VILAINE
D221
GUIPEL
N
SAINT MEDARD SUR ILLE
0,8
Ponton flottant
MANCHE
HEDE
RENNES
J. MORLOT © Éditions du Plaisancier
E 28
Madeleine
K 42,728
2,45 m
E 27
K 42,530
1,60 m
E 26
K 42,337
3,38 m
E 25
Parfrairé
K 42,148
2,11 m
E 24
K 41,950
2,57 m
E 23
Pêchetière
K 41,757
2,49 m
E 22
K 41,563
2,47 m
E 21
Segerie
K 41,365
2,98 m
E 20
Villemorin
K 34,236
2,91 m
E 19
Courgalais
K 33,513
2,29 m
E 18
Chanclin
K 32,799
2,25 m
E 17
Lengager
K 32,044
2,30 m
E 16
Haute Roche
K 31,051
2,26 m
E 15
Ille
K 30,478
2,29 m
E 14
Dialay
K 28,116
1,63 m
E 13
St. Médard Sur Ille
K 27,273
2,28 m

DE SAINT-MÉDARD SUR ILLE A BETTON

LE PARCOURS

Dès la sortie de SAINT-MÉDARD SUR ILLE, un parcours sinueux nous fait franchir successivement 3 viaducs de chemin de fer. Nous arrivons à la halte nautique de SAINT- GERMAIN SUR ILLE. Le village offre les ressources essentielles. Deux écluses plus loin, voici CHEVAIGNÉ où une halte confortable a été installée, camping. Le parcours redevient sinueux jusqu'à BETTON : port bien aménagé, toutes prestations, embarcadère pour bateau à passagers.

FROM SAINT-MÉDARD SUR ILLE TO BETTON

THE TRIP

Immediately after leaving behind SAINT-MÉDARD, the canal snakes about, passing under 3 railway bridges and taking you up to the mooring station at SAINT-GERMAIN SUR ILLE. The village has the essential shops. Two locks further on, you will find CHEVAIGNÉ where a comfortable mooring has been installed, with a camp-site. The waterway becomes twisty again as far as BETTON : well equipped port, all services, landing stage for passenger boat.

VON SAINT-MÉDARD SUR ILLE BIS BETTON

STRECKENBESCHREIBUNG

Direkt an die Ausfahrt von SAINT-MÉDARD SUR ILLE durchfährt der Sportschiffer auf einem kurvenreichen Abschnitt drei dicht aufeinanderfolgende Eisenbahnbrücken und erreicht den Landungsplatz von SAINT-GERMAIN SUR ILLE. Der Ort verfügt über die wesentlichsten Einkaufsmöglichkeiten. Zwei Schleusen weiter liegt CHEVAIGNÉ, wo ein komfortabler Landungsplatz angelegt wurde. Campingplatz. Nun folgt eine Strecke mit zahlreichen Krümmungen bis BETTON mit seinem gut ausgerüsteten Hafen : komplette Versorgungseinrichtungen.

Landungsbrücke für Fahrgastschiffe.

A SAINT-MÉDARD SUR ILLE

- **Le site des 3 viaducs** - 3 close-set railway bridges - ***3 Eisenbahnbrücken***

A BETTON

- **Forêt domaniale de Rennes** - Rennes National forest - ***Staatsforst Rennes***

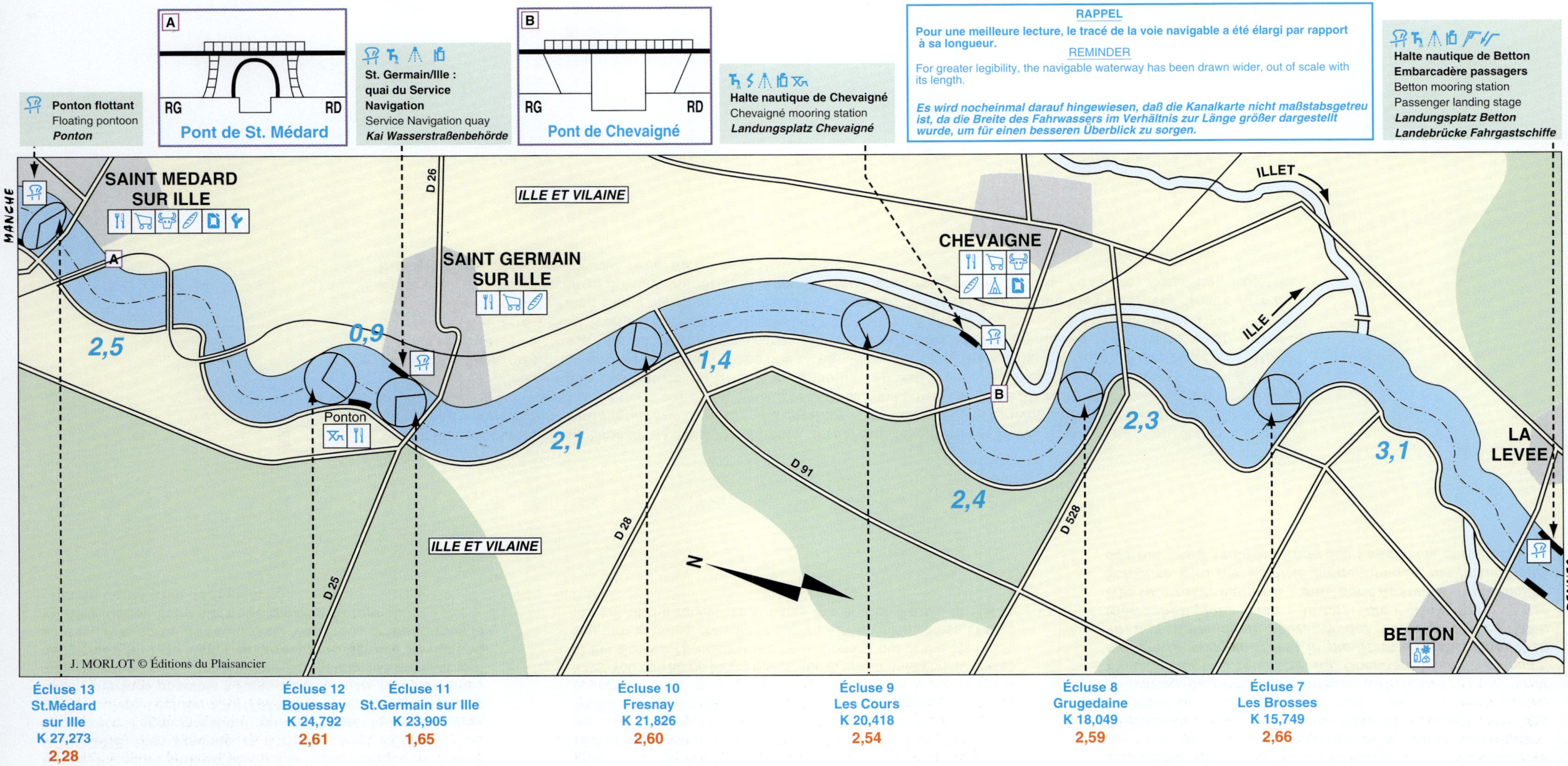

Ponton flottant
Floating pontoon
Ponton
A
RG
RD
Pont de St. Médard
St. Germain/Ille : quai du Service Navigation
Service Navigation quay
Kai Wasserstraßenbehörde
B
RG
RD
Pont de Chevaigné
Halte nautique de Chevaigné
Chevaigné mooring station
Landungsplatz Chevaigné
RAPPEL
Pour une meilleure lecture, le tracé de la voie navigable a été élargi par rapport à sa longueur.
REMINDER
For greater legibility, the navigable waterway has been drawn wider, out of scale with its length.
Es wird nocheinmal darauf hingewiesen, daß die Kanalkarte nicht maßstabsgetreu ist, da die Breite des Fahrwassers im Verhältnis zur Länge größer dargestellt wurde, um für einen besseren Überblick zu sorgen.
Halte nautique de Betton
Embarcadère passagers
Betton mooring station
Passenger landing stage
Landungsplatz Betton
Landebrücke Fahrgastschiffe
MANCHE
SAINT MEDARD SUR ILLE
A
2,5
D 26
ILLE ET VILAINE
SAINT GERMAIN SUR ILLE
0,9
Ponton
2,1
1,4
CHEVAIGNE
B
ILLET
ILLE
2,3
2,4
3,1
LA LEVEE
D 91
D 28
D 25
D 528
ILLE ET VILAINE
N
BETTON
RENNES
J. MORLOT © Éditions du Plaisancier
Écluse 13
St.Médard sur Ille
K 27,273
2,28
Écluse 12
Bouessay
K 24,792
2,61
Écluse 11
St.Germain sur Ille
K 23,905
1,65
Écluse 10
Fresnay
K 21,826
2,60
Écluse 9
Les Cours
K 20,418
2,54
Écluse 8
Grugedaine
K 18,049
2,59
Écluse 7
Les Brosses
K 15,749
2,66

DE BETTON A RENNES

LE PARCOURS

Nous franchissons les derniers biefs du Canal d'Ille et Rance. Parcours sinueux jusqu'à la halte nautique de SAINT-GRÉGOIRE, bien équipée, la dernière avant RENNES. Puis commence l'agglomération rennaise avec la zone industrielle, suivre l'écluse SAINT-MARTIN commandée par des feux. Amarrage possible à l'amont de l'écluse. Nous sommes maintenant en ville. Stationnement possible aux quais amont de l'écluse N° 1 du Mail. Les bureaux du Service Navigation sont ici. A la sortie de l'écluse du Mail, nous embouquons la VILAINE débouchant sur notre gauche du tunnel.

Fin du Canal d'Ille de Rance.

FROM BETTON TO RENNES

THE TRIP

You pass along the final reaches of the Ille et Rance Canal. A tortuous run as far as the well equipped mooring station at SAINT-GRÉGOIRE, which is the last before RENNES. Then you get into the built-up area of Rennes, starting with the industrial zone. Traffic through the SAINT-MARTIN lock is controlled by lights. It is possible to moor upstream from the lock. You are now right in the town. You can tie up to the quays above lock n°1, Mail. The offices of the Service Navigation are here. Coming out of the Mail lock, you turn in to the channel of the VILAINE, which comes in from the left of the tunnel. This marks the end of the Ille et Rance Canal.

VON BETTON BIS RENNES

STRECKENBESCHREIBUNG

Dies sind die letzten Haltungen des Canal d'Ille et Rance. In zahlreichen Windungen führt der Kanal den Wasserwanderer bis zum gut ausgerüsteten Landungsplatz von SAINT-GRÉGOIRE, letzte Etappe vor RENNES. Danach folgt das Stadtgebiet von Rennes mit dem vorgelagerten Industriegebiet und der Schleuse SAINT-MARTIN mit ihren Signallichtern. Liegeplätze im Oberwasser der Schleuse, die den Skipper endgültig in die Stadt entläßt. Liegeplätze an den Kaianlagen oberhalb der Schleuse 1, Le Mail. Hier befindet sich auch die Verwaltung der Wasserstraßenbehörde. Bei der Ausfahrt aus dieser Schleuse wird die VILAINE aufgenommen, die linker Hand des Tunnels einmündet. Ende des Canal d'Ille et Rance.

A RENNES

- **Toutes les ressources d'une capitale de 200 000 habitants** - All the expected resources of a regional capital of 200 000 inhabitants - ***Sämtliche Versorgungsmöglichkeiten einer Hauptstadt mit 200.000 Einwohnern*** / **Syndicat d'initiative Tél. 02 99 79 01 98** - Tourist Office telephone 02 99 79 01 98 / **Service Navigation Tél. 02 99 59 20 60** - Service Navigation telephone 02 99 59 20 60 / **Vieilles rues : des Dames, du Griffon, du Chapitre** - Ancient streets : des dames, du griffon, du chapitre - ***Altstadt (Rue des Dames, du Griffon und du Chapitre)*** / **Place des Lices** - Place des Lices (former jousting place) - ***Place des Lices*** / **Hôtel de Ville** - Town Hall - ***Rathaus*** / **Jardin du Thabor** - Thabor garden - ***Park Thabor*** / **Palais de Justice** - Law Courts - ***Justizpalast*** / **Cathédrale St-Pierre** - Saint Pierre Cathedral - ***Kathedrale Saint Pierre*** / **Églises St-Sauveur/St-Germain/Notre Dame** - Saint Sauveur, Saint Germain, Notre Dame churches - ***Kirchen Saint Sauveur, Saint Germain, Notre Dame*** / **Musée Beaux Arts de Bretagne** - Fine Arts museum of Brittany - ***Kunst- und Heimatmuseum der Bretagne*** / **Aquarium** - Aquarium - ***Aquarium*** / **Hôtel de Blossac** - Blossac town residence - ***Hôtel de Blossac (Patrizierhaus)***

Halte nautique de Betton - Société de location : Tél. 02 99 55 70 36
Embarcadère passagers
Betton mooring station - Boat hire company : Tel. 02 99 55 70 36
Passenger landing stage
Landungsplatz Betton - Charterfirma : Tel. 02 99 55 70 36
Landebrücke Fahrgastschiffe

Halte nautique de Saint-Grégoire
Quai droit
Saint-Grégoire mooring station
Vertical sided quay
Landungsplatz Saint-Grégoire
Senkrechter Kai

Quai droit - Bollards - Feux
Vertical sided quay - Bollards - Signals
Senkrechter Kai, Poller, Signallichter an Schleuse

Quai droit
Vertical sided quay
Senkrechter Kai

La Vilaine (tunnel)
La Vilaine (tunnel)
Die Vilaine (Tunnel)

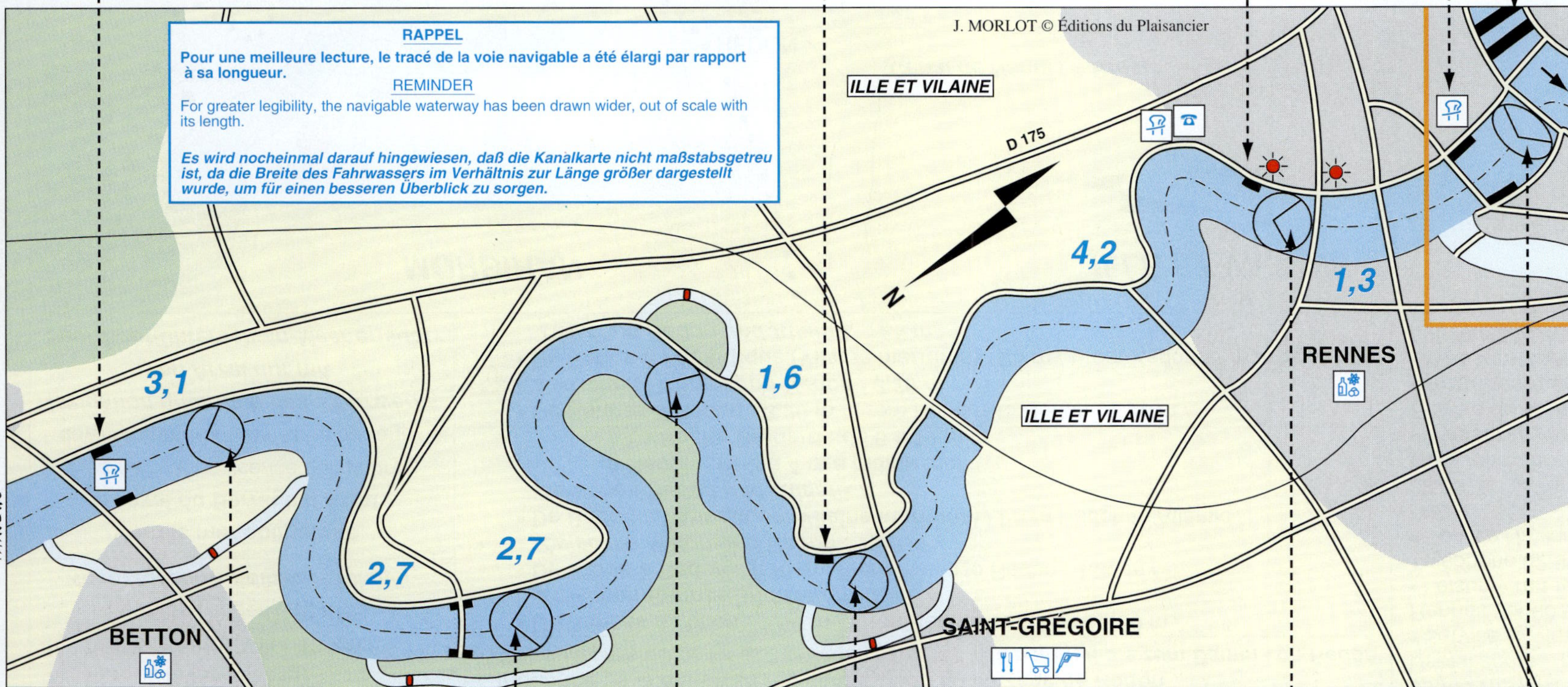

Écluse n°6	Écluse n°5	Écluse n°4	Écluse n°3	Écluse n°2	Écluse n°1
Haut Châlet	Gacet	Chabonnière	St-Grégoire	St-Martin	Le Mail
K 12,606	K 9,903	K 7,205	K 5,610	K 1,375	K 0,056
2,12	1,54	1,44	1,15	2,03	1,30

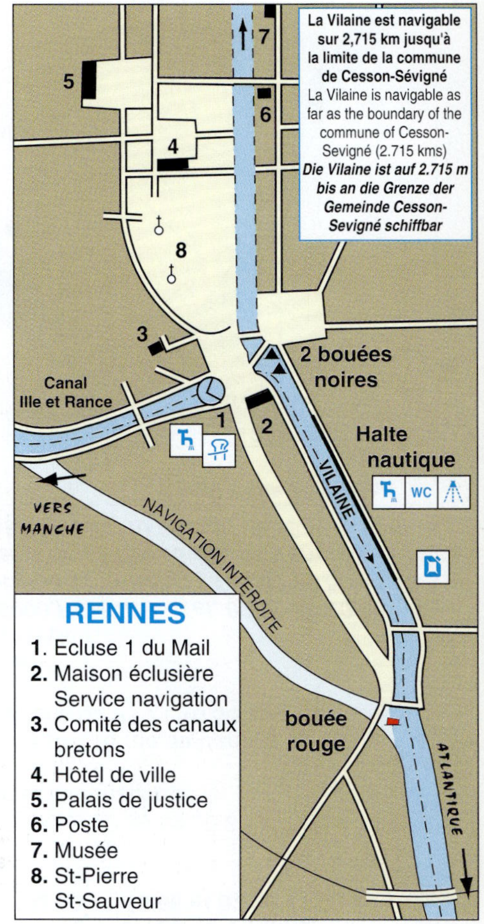

LA VILAINE

(de Rennes à l'Atlantique)

137 km
12 **Écluses**/Locks/***Schleusen***
(25,87 m x 4,50 m)
1 **Écluse**/Lock/***Schleuse (Arzal)***
(80 m x 12 m)
Vitesse autorisée : 10 km/h
Permitted speed : 10 KPH
Höchstgeschwindigkeit :10km/h

Permis mer obligatoire en aval du Barrage d'Arzal
Sea navigation licence obligatory downstream from the Arzal barrage
Navigation unterhalb des Sperrwerks von Arzal nur mit Sportbootführerschein-Meer erlaubt

- **Limite de Salure des Eaux : La Rouelle (K 109)**
  Limit of sea water : La Rouelle K 109 / ***Seewassergrenze : La Rouelle km 109***
- **Limite d'inscription maritime au barrage de Redon (K 89,345)**
  Maritime registration required seawards from the Redon barrage K 89,345
  Seestraßenordnungsgrenze ist der Damm von Redon bei km 89,345
- **L'influence de la marée se fait sentir jusqu'au barrage de Redon**
  Tidal influence is felt as far as the Redon barrage / ***Tideneinfluß bis zum Damm von Redon***

- **De Rennes à Mâlon : 1,60 m** / From Rennes to Mâlon : 1,60 m /
  Zwischen Rennes und Mâlon : 1,60 m
- **De Mâlon à Redon : 1,30 m** / From Mâlon to Redon : 1,30 m /
  Zwischen Mâlon und Redon : 1,30 m
- **De Redon à l'Atlantique (Vilaine maritime)** / From Redon to Atlantic /
  Zwischen Redon und Atlantik /
  à Redon : de 3 à 4 m à pleine mer
  à La Roche Bernard : de 6 à 14 m

- **De Rennes à Redon : 3,20 m** / From Rennes to Redon : 3,20 m /
  Zwischen Rennes und Redon : 3,20 m
- **De Redon à l'Atlantique (Vilaine maritime) : 25 m** / From Redon to Atlantic : 25 m /
  Zwischen Redon und Atlantik : 25 m

Adresses utiles :
- **Service Navigation : écluse du Mail**
35000 RENNES - Tél. 02 99 59 20 60
- **Répondeur plaisance : Tél. 02 99 59 11 12**
- **Service Navigation : 118-116, rue de Vannes**
35600 REDON - Tél. 02 99 71 10 66 et 02 99 71 03 78

Useful addresses :
- Service Navigation : lock Mail
Rennes 35000 - Telephone 02 99 59 20 60
- Leisure craft recorded information :
Telephone 02 99 59 11 12
- Service Navigation : 118-116 rue de Vannes
Redon 35600 - Telephone 02 99 71 10 66 and
02 99 71 03 78

Nützliche anschriften :
- ***Wasserstraßenbehörde :***
Écluse du Mail - 35000 RENNES - Tel. 02 99 59 20 60
- ***Anrufbeantworter Sportschiffahrt : Tel. 02 99 59 11 12***
- ***Wasserstraßenbehörde : 118-116 rue de Vannes***
35600 REDON - Tel. 02 99 71 10 66 und 02 99 71 03 78

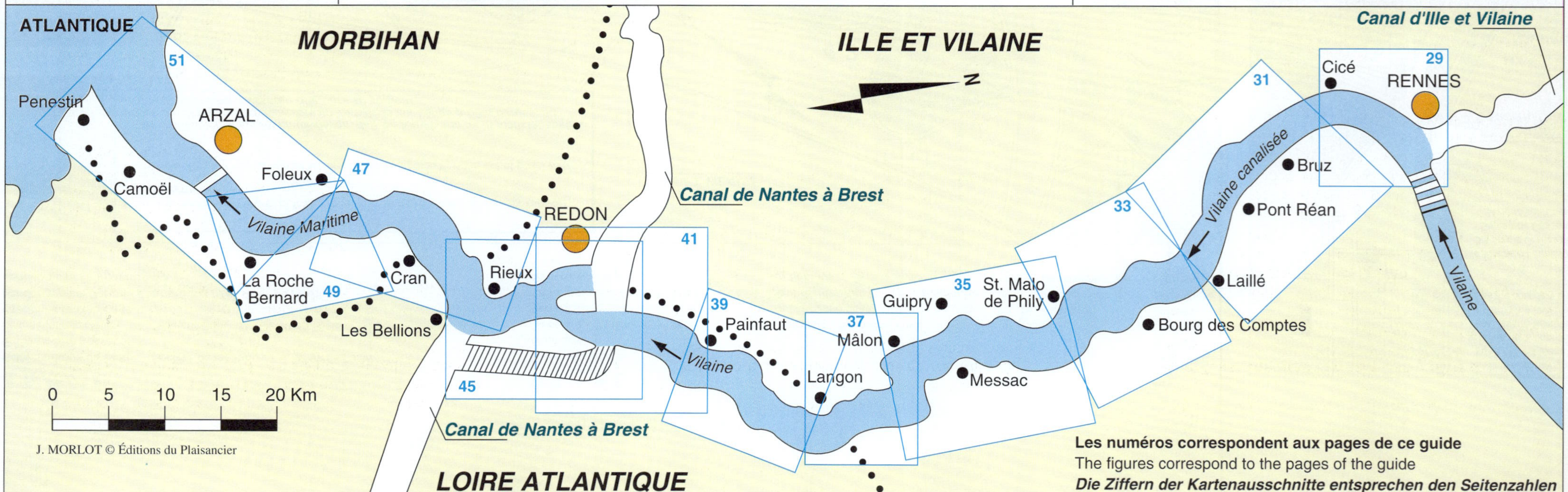

CONDITIONS DE NAVIGATION

Trois sections se succèdent sur la VILAINE navigable :

- **du confluent avec le Canal d'Ille et Vilaine à Rennes jusqu'à l'écluse de MÂLON : 51,4 kilomètres avec 13 écluses (11 barrages éclusés et 2 écluses) et 1,60 m de mouillage théorique. La navigation y est sensiblement du type de navigation en canal.**
- **De MÂLON au barrage de REDON : 37,4 kilomètres où le mouillage est réduit à 1,30 mètre. A REDON, la VILAINE est traversée par le Canal de Nantes à Brest.**
- **Enfin la VILAINE MARITIME : 47,9 kilomètres de REDON à l'ATLANTIQUE. A l'écluse des BELLIONS, la rivière communique avec la partie Sud du Canal de Nantes à Brest. Le passage dans l'océan se fait par la grande écluse maritime du barrage d'ARZAL.**

TOURISME

Au début du parcours, la VILAINE glisse dans une large plaine bordée d'étangs, puis au-delà de PONT REAN, elle se taille un passage dans les rebords d'un plateau : c'est le pays des vieux moulins et des châteaux ravissants.

La VILAINE maritime offre une navigation sans problème dans un large paysage dégagé.

L'escale de la Roche Bernard nous met dans l'ambiance de l'Océan où nous pénétrons par la grande écluse maritime de l'imposant barrage d'ARZAL.

ADRESSES UTILES

- **Service navigation : voir page 24.**
- **Comité de promotion touristique des Canaux Bretons : 3, rue des Portes Mordelaises - 35000 Rennes**
- **Office du Tourisme : voir à la page de chaque agglomération**

NAVIGATION CONDITIONS

The navigable course of the VILAINE falls into three sections :

- From the confluence with the Ille et Vilaine Canal to Rennes as far as the MÂLON lock : 51.4 kms with 13 locks (11 weirs with locks and 2 locks) and a theoretical water depth of 1.60 m. Navigation is more or less that of canal cruising.
- From MÂLON to the REDON barrage : 37.4 kms in which the water depth is reduced to 1.30 m. At REDON, the Vilaine is crossed by the Nantes-Brest Canal.
- La VILAINE MARITIME : 47.9 kms from REDON to the ATLANTIC. At the BELLIONS lock, the river communicates with the Southern part of the Nantes-Brest Canal. The passage into the ocean is effected through the large maritime lock of the ARZAL barrage.

TOURISM

At first, the VILAINE glides along in a broad plain bordered by ponds, but past the REAN BRIDGE, the river cuts its way through the rim of a plateau : this is a country of old windmills and superb châteaux.

The maritime part of the VILAINE affords trouble-free navigation in a spacious, open landscape.

The stopover at the Roche Bernard imbues you with the atmosphere of the ocean and you reach the sea through the large maritime lock of the imposing ARZAL barrage.

USEFULL ADDRESSES

- Service Navigation : see page 24.
- Committee for the promotion of tourism on the Breton canals : 3, rue des Portes Mordelaises - 35000 Rennes
- Tourist offices : look at the relevant page for each town.

NAVIGATION

Die schiffbare VILAINE setzt sich aus drei Abschnitten zusammen, u. zw. :

- *Vom Zusammenfluß mit dem Canal d'Ille et Vilaine in Rennes bis zur Schleuse MÂLON, 51,4 km, 13 Schleusen (öberwindung von 11 Staudämmen und 2 Gewässerstufen). Theoretische Fahrwassertiefe 1,60 m. Navigationsbedingungen wie auf normalen Binnenkanälen.*
- *Von MÂLON bis zum Damm von REDON, 37,4 km mit einer Fahrwassertiefe von nur 1,30 m. In REDON kreuzt die Vilaine den Kanal von Nantes nach Brest.*
- *Die MARITIME VILAINE mit 47,9 km von REDON bis zum Meer. An der Schleuse BELLIONS steht der Fluß mit dem Südabschnitt des Kanals von Nantes nach Brest in Verbindung. Die Verbindung mit dem Meer wird durch die große Seeschleuse in ARZAL hergestellt.*

TOURISTISCHE HINWEISE

Zu Anfang des Törns gleitet die VILAINE durch eine weite Seenplatte. Nach PONT REAN schneidet sie sich eine Passage in den Rand einer Hochebene, dem Land der alten Mühlen und bezaubernden Schlösser. Die MARITIME VILAINE erlaubt eine Navigation ohne Probleme durch weite und offene Landschaften. Ein Aufenthalt in La Roche Bernard vermittelt dem Wasserwanderer einen ersten Eindruck der ozeanischen Atmosphäre, in die er dann endgültig nach dem Durchlauf der großen Seeschleuse des imposanten Sperrwerks bei ARZAL taucht.

NÜTZLICHE ANSCHRIFTEN

- *Service Navigation : siehe Seite 24*
- *Comité de Promotion touristique des Canaux bretons (Verein z. Förderung des Fremdenverkehrs auf den bretonischen Kanälen) : 3, rue des Portes Mordelaises - 35000 Rennes*
- *Anschriften s. Beschreibung des jeweiligen Aufenthaltortes.*

LA TRAVERSÉE DE RENNES

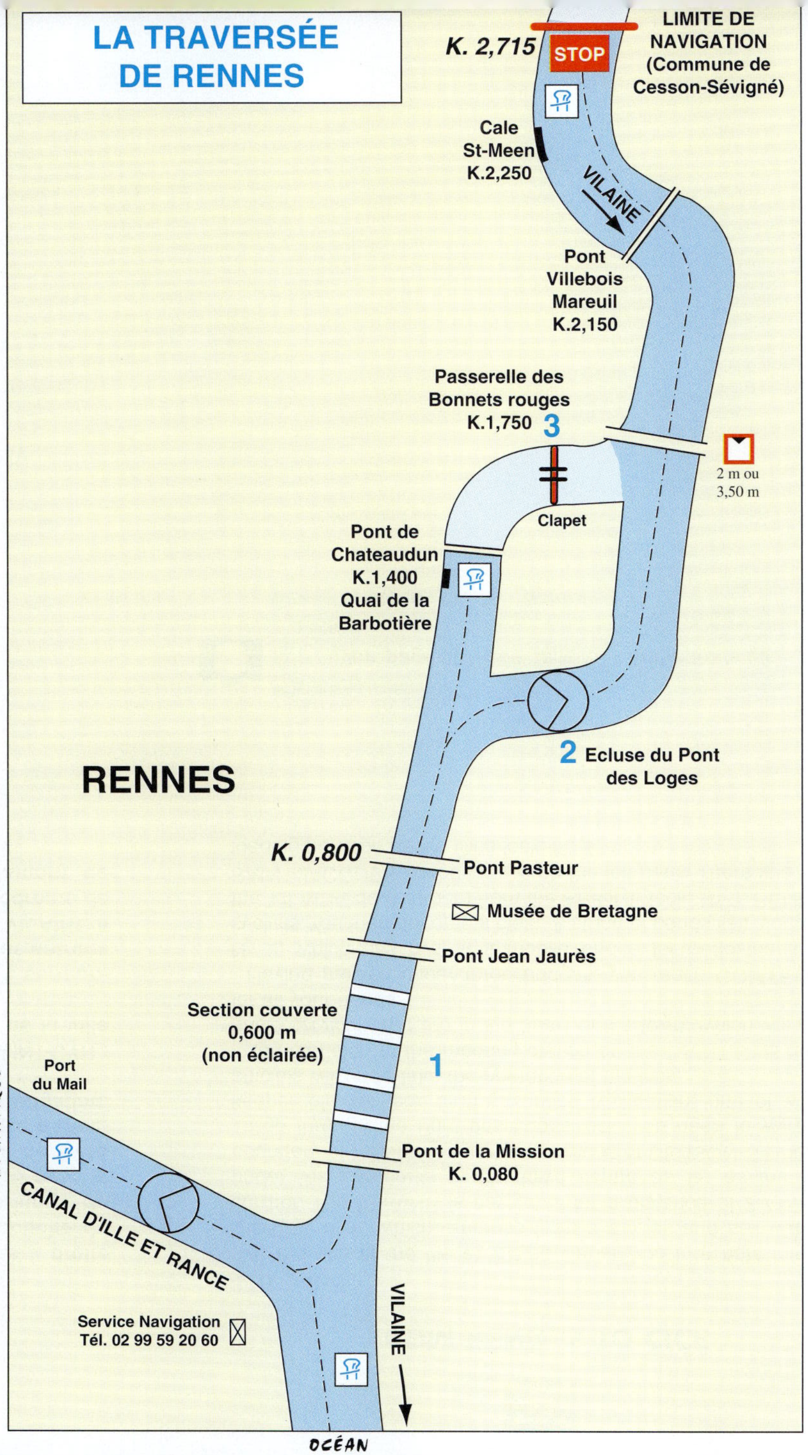

CONSIGNES POUR NAVIGUER DANS L'AGGLOMÉRATION DE RENNES

1. **Du pont de la Mission au Pont Jean Jaurès**
   Section couverte sur 600 m, non éclairée, la navigation de jour ne pose pas de problème.

2. **L'écluse du Pont des Loges** est manœuvrée à la demande. Prendre contact avec l'écluse du Mail :
   1 Quai St-Cyr - Tél. 02 99 59 45 43

3. **Passerelle des Bonnets Rouges** manœuvrée à la demande pour les bateaux de tirant d'air supérieur à 2 m. Téléphoner à l'écluse du Mail.

DE RENNES A CICÉ

LE PARCOURS

Sortant du Canal d'Ille et Vilaine, nous tournons à droite dans le sens du courant de la VILAINE qui débouche du Tunnel. La VILAINE est navigable sous les parkings du centre ville, jusqu'en limite de la ville de RENNES avec la commune de CESSON-SEVIGNÉ sur une longueur de 2,715 kilomètres. Le passage de l'écluse du pont des loges s'effectue en avertissant l'éclusier du Mail ou le Service Navigation. Un agent se chargera de l'éclusage.

Amarrage possible à la halte nautique du quai SAINT-CYR : prestations essentielles. Nous sommes au cœur de la ville qui offre toutes ressources.

Trois ponts à franchir et c'est l'écluse n° 2 COMTE surmontée d'un pont mobile pour piétons et cyclistes. Nous entrons alors dans une plaine. Les étangs vont border la VILAINE à l'aval de l'écluse n° 3 APIGNÉ. Rive gauche, l'aérodrome de RENNES SAINT-JACQUES. Ponton sablier à l'amont de l'écluse n° 4 CICÉ.

FROM RENNES TO CICÉ

THE TRIP

At the end of the Ille et Vilaine Canal, you turn right into the VILAINE river, which emerges from a tunnel, and sail with the current. The VILAINE is navigable for a distance of 2.715 kms under the car parks in the town centre as far as the town boundary of RENNES and the commune of CESSON-SEVIGNÉ. To go through the Pont des Loges lock, you need to warn the keeper of Mail lock or the Service Navigation, one of whose officials will undertake the operation of the lock.

You can stop at the mooring station on the SAINT-CYR quay : basic services. You are in the heart of the town, which will cater for all your needs.

Having passed under three bridges, you reach COMTE lock, N° 2, which has over it a mobile bridge for pedestrians and cyclists. You then get onto a plain. A string of ponds lies alongside the VILAINE downstream from the APIGNÉ lock, N° 3. RENNES' SAINT-JACQUES Aerodrome is on the left bank. There is a sand loading pontoon above Cicé lock, N° 4.

VON RENNES BIS CICÉ

STRECKENBESCHREIBUNG

Bei der Ausfahrt aus dem Canal d'Ille et Vilaine nach rechts in die Stromrichtung der VILAINE abbiegen, die hier gerade aus dem Tunnel kommt. Die VILAINE ist schiffbar auf einem Abschnitt von 2.715 m, der unter den Parkplätzen des Stadtzentrums bis zur Grenze zwischen der Stadt RENNES und der Gemeinde CESSON-SEVIGNÉ verläuft. Die Durchfahrung der Schleuse Pont des Loges an der Schleuse Le Mail oder bei der Wasserstraßenbehörde beantragen. Die Bedienung erfolgt durch einen Bediensteten.

Liegeplätze am Landungsplatz des Kais SAINT-CYR, der die wesentlichsten Versorgungseinrichtungen bietet. Nach der Durchfahrt von drei Brücken wird die Schleuse 2, COMTE, erreicht, welche von einer beweglichen Fußgänger- und Fahrradwegbrücke überspannt wird. Diese Schleuse eröffnet dem Wasserwanderer eine ebene Landschaft. Nach der Schleuse 3, APIGNÉ, fließt die Vilaine zwischen Teichen dahin. Am linken Ufer ist der Flughafen RENNES SAINT-JACQUES zu sehen. Im Oberwasser der Schleuse 4, CICÉ, liegt eine Kies-Verladebrücke.

A RENNES
- **Voir page 23** - See page 23 - ***Siehe Seite 23***

A CICÉ
- **Château** - Castle - ***Schloß***

Vilaine navigable sous parking (2,715 km) (voir page 28)
The Vilaine, navigable under the carparks (2.715 kms) (see page 28)
2.715 m schiffbarer Vilaine-Abschnitt unter Parkplatz (s.S. 28)

WC
Halte nautique - Quai St-Cyr
Mooring station - St-Cyr quay
Landungsplatz - Kai St-Cyr

RAPPEL

Pour une meilleure lecture, le tracé de la voie navigable a été élargi par rapport à sa longueur.

REMINDER

For greater legibility, the navigable waterway has been drawn wider, out of scale with its length.

Es wird nocheinmal darauf hingewiesen, daß die Kanalkarte nicht maßstabsgetreu ist, da die Breite des Fahrwassers im Verhältnis zur Länge größer dargestellt wurde, um für einen besseren Überblick zu sorgen.

Quai sablier
Sand loading quay
Kiesverladekai

Avalants - Corner
Boats heading downstream must hoot
Talfahrer Schallsignal geben

Quai sablier
Sand loading quay
Kiesverladekai

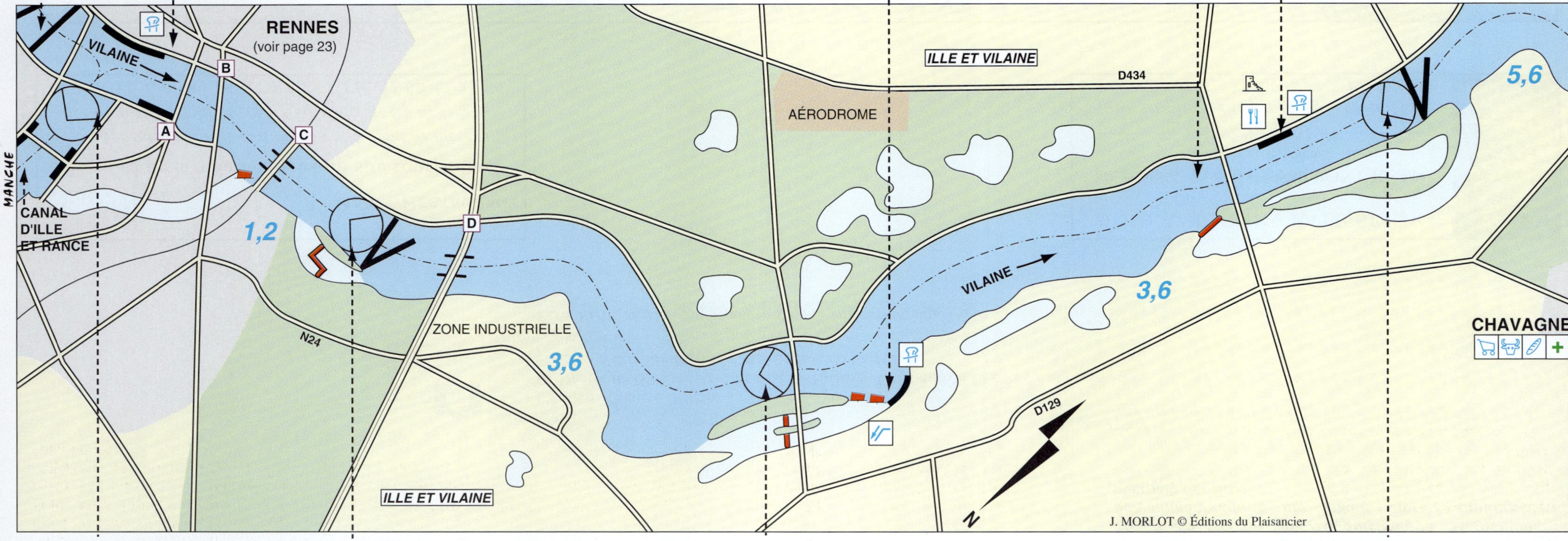

Écluse n°1 Le Mail K 0,170	Écluse n°2 Comte K 1,850	Écluse n°3 Apigné K 5,450	Écluse n°4 Cicé K 11,025
1,30	1,39	1,33	2,82

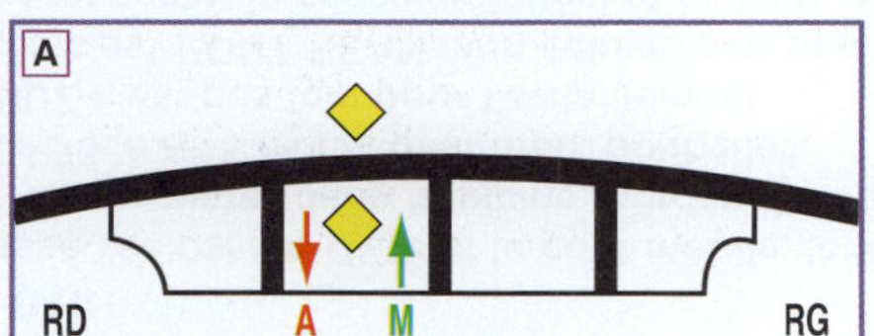

Pont de l'Abattoir

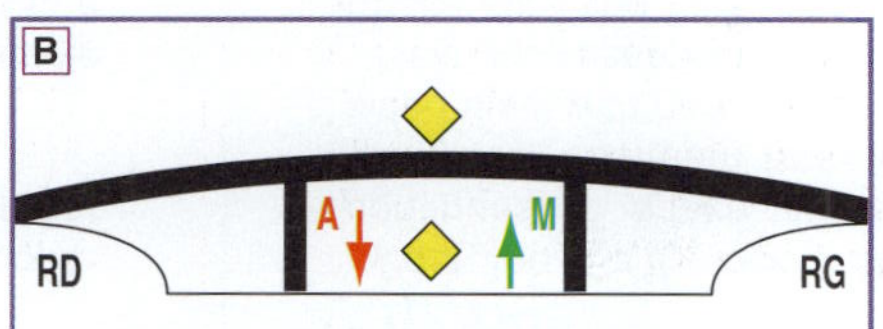

Nouveau Pont de Rennes

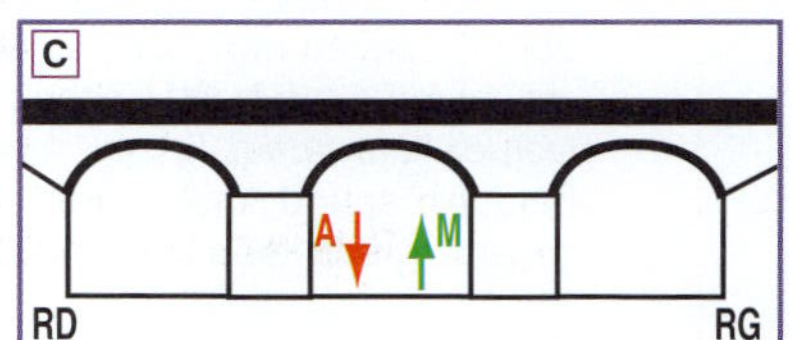

Viaduc de Cahours

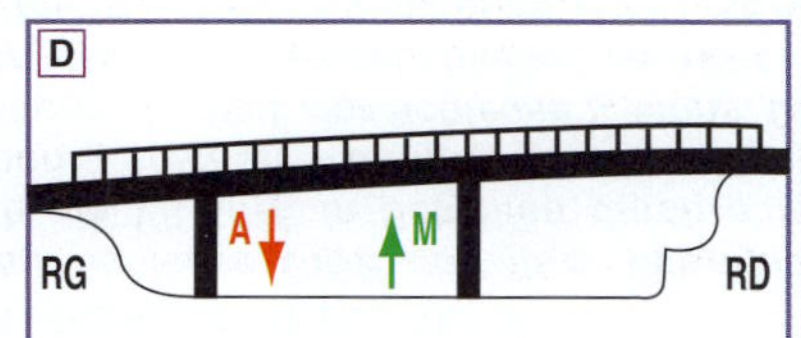

Pont de l'Autoroute

DE CICÉ A LAILLÉ

LE PARCOURS

Passé l'écluse de CICÉ et le pont mobile, la VILAINE continue de serpenter dans la plaine, bordée d'étangs. A l'amont de l'écluse N° 5 Mons, quai droit, poubelles.

BRUZ n'est pas loin pour l'avitaillement.

Puis c'est PONT RÉAN, son écluse, son pont du 18e siècle (bien respecter la passe indiquée) et sa halte nautique R.D. à l'aval du pont. Vous y trouverez toutes prestations. Rive gauche, la Vilaine reçoit un petit affluent : la SEICHE. Magnifique paysage à l'amont de l'écluse N° 7. Et nous arrivons au pont de LAILLÉ que l'on passe sous l'arche R.D. (attention à l'envasement R.G.). Halte nautique à l'amont du pont.

FROM CICÉ TO LAILLÉ

THE TRIP

Past the CICÉ lock with its mobile bridge, the VILAINE continues to snake across the plain, with ponds running alongside. Upstream from Mons lock, N° 5, there is a vertical sided quay with garbage bins. The shops in BRUZ are not far off.

Next you reach PONT RÉAN with its lock, 18th century bridge (make sure you go through the arch indicated) and its mooring station on the right bank below the bridge. You will find it has all services. On the left bank, a small tributary, the SEICHE, flows into the Vilaine. The countryside upstream from lock N° 7 is magnificent. After that you get to the LAILLÉ bridge, where you must go under the right bank arch (watch out for silting up on the left bank). There is a mooring station upstream from the bridge.

VON CICÉ BIS LAILLÉ

STRECKENBESCHREIBUNG

Nach der Schleuse CICÉ und ihrer beweglichen Brücke zieht sich die VILAINE in Schleifen durch eine Ebene mit zahlreichen Teichen dahin. Senkrechter Kai mit Müllbehältern oberhalb der Schleuse 5, Mons. Der Ort BRUZ mit seinen Versorgungsmöglichkeiten ist nicht weit entfernt.

Dann erreicht der Wasserwanderer PONT RÉAN mit seiner Schleuse, seiner Brücke aus dem 18. Jh. (Durchfahrt unter Befolgung der Verkehrstafeln) und seinem Landungsplatz am rechten Ufer unterhalb der Brücke mit sämtlichen Versorgungseinrichtungen. Am rechten Ufer mündet die SEICHE in die Vilaine. Herrliche Landschaft oberhalb der Schleuse 7. Darauf folgt die Brücke LAILLÉ, die unter dem Bogen am rechten Ufer zu durchfahren ist (Achtung : Schlammanhäufung am linken Ufer). Landungsplatz oberhalb der Brücke.

A BRUZ
- **L'église** - Church - ***Kirche***
- **Châteaux de Blossac, des Loges, de Bagatz** - Châteaux de Blossac, des Loges, de Bagatz - ***Schloßen Blossac, des Loges, de Bagatz***

A PONT REAN
- **Pont du 18e siècle** - 18th century bridge - ***Brücke 18. Jh.***

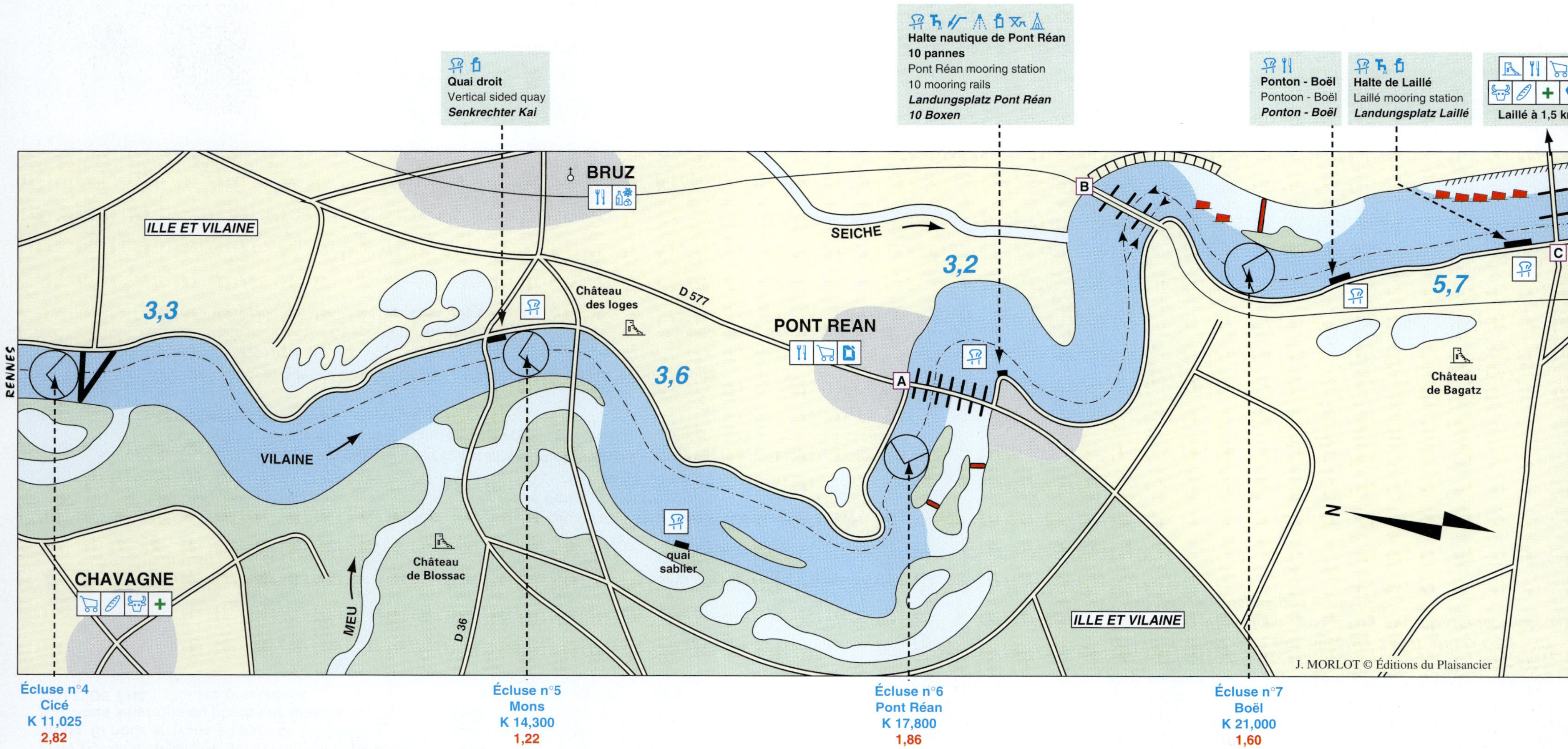

◄ **Écluse 7 Boël**
Boël lock 7
Schleuse 7 Boël

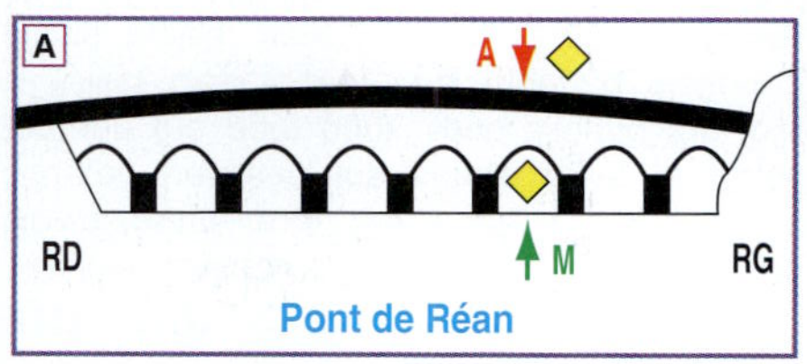

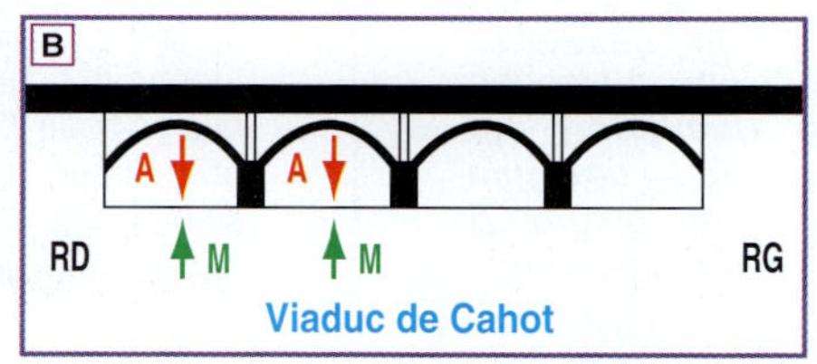

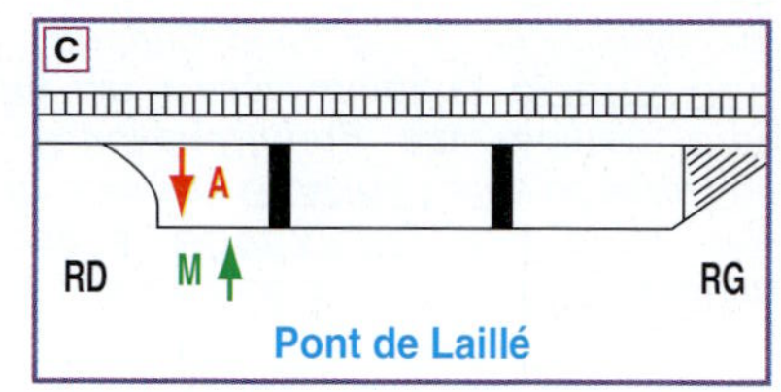

DE LAILLÉ A SAINT-MALO DE PHILY

LE PARCOURS

A l'aval du pont de LAILLÉ, rester côté R.D. A l'aval de l'écluse N°8 BOUËXIÈRE, attention aux hauts fonds situés sous les piles centrales du pont de GLANRET, prendre l'arche R.D. Et nous arrivons à la halte nautique de BOURG DES COMPTES : ponton flottant, tables de pique-nique, camping tout proche.

Un parcours sinueux nous mène à l'écluse N°10 MOLIÈRE et au viaduc de CAMBRÉ qui se franchit sous l'arche extrême droite. Et nous arrivons au pont de MACAIRE à l'aval duquel, R.D. nous amarrons au ponton de la halte nautique de SAINT MALO DE PHILY : toutes prestations.

FROM LAILLÉ TO SAINT-MALO DE PHILY

THE TRIP

Below LAILLÉ bridge, stay over towards the right bank. Downstream from BOUËXIÈRE lock, beware of the shoals situated between the centre piers of GLANRET bridge ; go through the right bank span. Round the following bend is the BOURG DES COMPTES mooring station : floating pontoon, picnic tables, nearby camping site. A twisty section leads to MOLIÈRE lock, N° 10, and then to the CAMBRÉ railway bridge, where you go through the end arch nearest to the right bank. Then you get to the MACAIRE bridge, below which, on the right bank, is the pontoon of the SAINT MALO DE PHILY mooring station : all services.

VON LAILLÉ BIS SAINT-MALO DE PHILY

STRECKENBESCHREIBUNG

Unterhalb der Brücke von LAILLÉ am rechten Ufer halten. Unterhalb der Schleuse 8, BOUËXIÈRE, liegt unter den mittleren Feldern der Brücke von GLANRET eine Untiefe. Für die Durchfahrt die Brückenöffnung am rechten Ufer benutzen. Nun erreicht der Wasserwanderer BOURG DES COMPTES mit seinem Landungsplatz, der einen Anlegesteg, einen Rastplatz mit Tischen und Bänken sowie einen naheliegenden Zeltplatz besitzt. Anschließend werden zwei enge Windungen bis zur Schleuse 10, MOLIÈRE, durchfahren. Nach einer weiteren Krümmung erreicht der Skipper die Eisenbahnbrücke von CAMBRÉE, die unter der dem rechten Ufer am nächsten gelegenen Brückenöffnung zu durchfahren ist. Danach folgt die Brücke von MACAIRE, unterhalb derer der Landungsplatz SAINT MALO DE PHILY am rechten Ufer einen Anlegesteg mit allen erdenklichen Versorgungseinrichtungen bereit hält.

A BOURG DES COMPTES
- **Manoir des Provostières, 15e siècle** - Provostières Manor, 15th century - ***Manoir des Provostières (Landsitz), 15. Jh.***

A SAINT-SENOUX
- **Église -** Church - ***Kirche*** / ***Chapelle Perchot -*** Perchot Chapel - ***Kapelle Perchot*** / **Grotte Notre Dame de Lourdes -** Notre Dame de Lourdes grotto - ***Grotte Notre Dame de Lourdes***

A ÉCLUSE MOLIÈRE
- **Moulin du 17e siècle** - 17th century water-mill - ***Mühle, 17. Jh.*** / **Château de Molière -** Château de Molière - ***Schloß Molière*** / **Château de Boschet (ne se visite pas) -** Château de Boschet (no visits) - ***Schloß Boschet (keine Besichtigung)***

A PLÉCHATEL
- **Calvaire monolithique** - Monolithic calvary - ***Monolithische Kreuzigungsgruppe***

A SAINT-MALO DE PHILY
- **Église** - Church - ***Kirche*** / **Chapelle du Mont Senat -** Mont Senat Chapel - ***Kapelle Mont Senat*** / **Vue sur la Vilaine -** View over the Vilaine - ***Blick über die Vilaine***

RAPPEL
Pour une meilleure lecture, le tracé de la voie navigable a été élargi par rapport à sa longueur.

REMINDER
For greater legibility, the navigable waterway has been drawn wider, out of scale with its length.

Es wird nocheinmal darauf hingewiesen, daß die Kanalkarte nicht maßstabsgetreu ist, da die Breite des Fahrwassers im Verhältnis zur Länge größer dargestellt wurde, um für einen besseren Überblick zu sorgen.

Attention au haut fond
Beware of shoals
Vorsicht, Untiefe

Halte nautique de Bourg des Comptes
Ponton
Bourg des Comptes mooring station
Pontoon
Landungsplatz Bourg des Comptes
Ponton

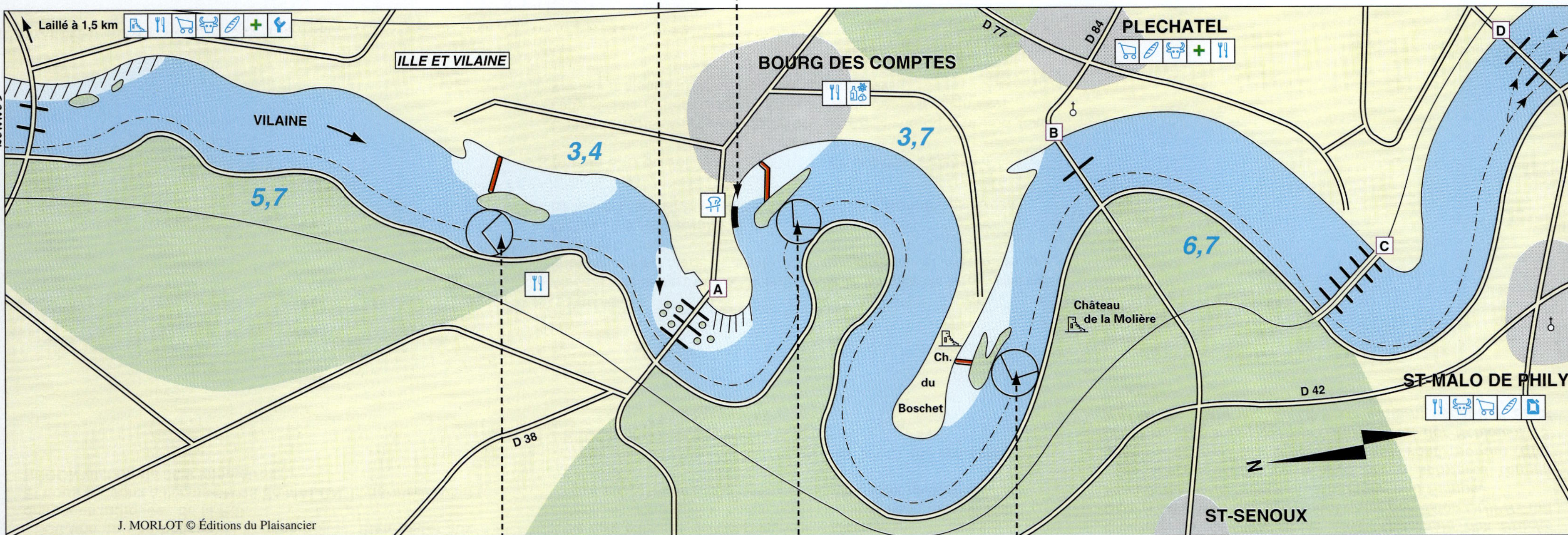

Écluse n°8
Bouëxière
K 26,750
1,79

Écluse n°9
Gailieu
K 30,175
1,64

Écluse n°10
Molière
K 33,825
1,79

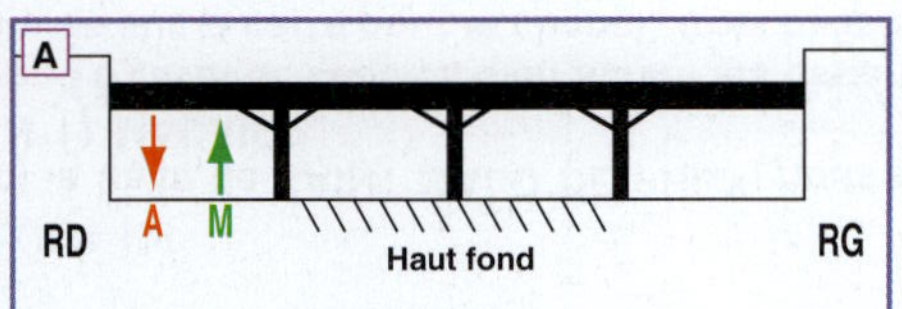

Pont de Glanret

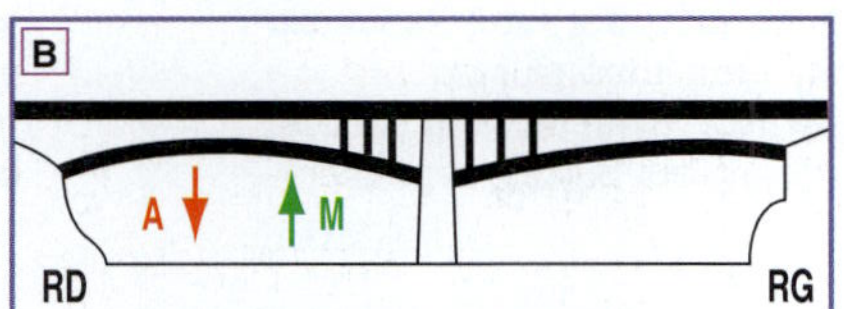

Pont de la Charnière

Viaduc de Cambré

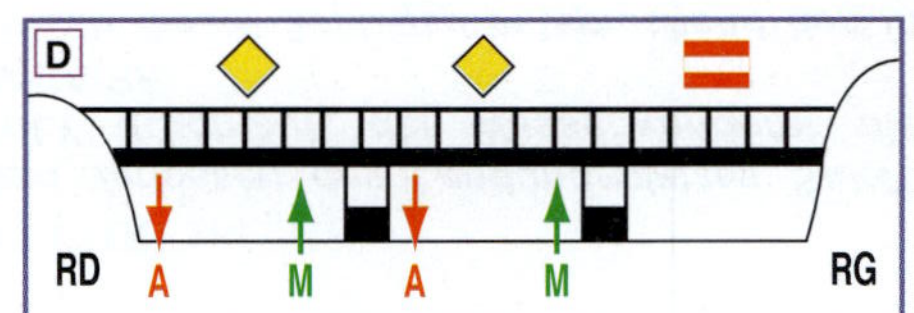

Pont de Macaire

DE SAINT MALO DE PHILY A MÂLON

LE PARCOURS

Quittant la halte de SAINT MALO DE PHILY, nous passons l'écluse N°11 MACAIRE.

Attention : à l'aval de celle-ci, bien suivre les distances à la R.D. indiquée sur la carte pour le chenal. Trois balises noires limitent la zone enrochée dans la courbe qui précède l'écluse de GUIPRY. A l'amont de celle-ci, R.G., le port de MESSAC où sont installés la société CROWN BLUE LINE et 2 pontons publics. A l'aval du pont de GUIPRY R.D., le port de GUIPRY : toutes prestations, rampe de mise à l'eau.

Suit une courbe balisée de bouées noires. Bien rester aux distances indiquées de la R.D.
Et nous arrivons à l'écluse N°13 de MÂLON, la dernière avant REDON distant de 36,9 kilomètres.

FROM SAINT MALO DE PHILY TO MÂLON

THE TRIP

Just after leaving the SAINT MALO DE PHILY mooring, you go through the MACAIRE lock, N° 11.

N.B. : downstream from this lock, be careful to respect the distances from the right bank marked on the map to show the channel. Three black marker stakes indicate the extent of the rocky zone on the bend preceding the GUIPRY lock. Upstream from this lock, on the left bank, is the MESSAC harbour, in which there is a CROWN BLUE LINE boat hire base and 2 public pontoons. Below the GUIPRY bridge, the port of GUIPRY is on the right bank : all services, launching slipway.

Following the railway bridge comes another bend marked with black buoys. Keep to the distances from the right bank shown on the map.

After the bend, you get to MÂLON lock, N° 13, the last before REDON 36.9 kms further on.

VON SAINT MALO DE PHILY BIS MÂLON

STRECKENBESCHREIBUNG

Kurz nach dem Verlassen des Landungsplatzes SAINT MALO DE PHILY durchläuft der Wasserwanderer die Schleuse 11, MACAIRE.

Vorsicht, unterhalb dieser Schleuse entsprechend den in der Fahrwasserkarte eingetragenen Distanzen vom rechten Ufer freihalten. Drei schwarze Tonnen kennzeichnen eine Steinschüttung in der Krümmung, die der Schleuse 11, GUIPRY, vorgelagert ist. Oberhalb der Schleuse liegt der Hafen MESSAC mit 2 Pontons und einem Stützpunkt der Charterfirma CROWN BLUE LINE. Unterhalb der Brücke GUIPRY erwartet den Sportbootfahrer der Hafen GUIPRY mit kompletten Versorgungseinrichtungen und Rampe.

Die anschließende Kurve wird durch schwarze Tonnen gekennzeichnet, die einen Abstand vom rechten Ufer gebieten, der angegeben ist. Ankunft an der Schleuse 13, MÂLO, die letzte vor der 36,9 km entfernt liegenden Stadt REDON.

A MESSAC
- ***Messac** **est le berceau de la culture de la pomme de terre*** - Messac is the nurturing place of potato growing - ***Messac ist die Wiege der Kartoffelzucht***
- **Église** - Church - ***Kirche***
- **Le Menhir des Grées** - Grées standing stone - ***Menhir des Grées***

A GUIPRY
- **Ancien port du sel** - Former salt port - ***Ehemaliger Salzhafen***
- **Église** - Church - ***Kirche***
- **Chapelle Notre Dame du Bon Port** - Notre Dame du Bon Port (Our Lady of Safe Return) Chapel - ***Kapelle Notre Dame du Bon Port***
- **Vieilles maisons** - Old houses - ***Altstadthäuser***

Halte nautique de St-Malo de Phily
Ponton flottant
St-Malo de Phily mooring station
Floating pontoon
Landungsplatz St-Malo de Phily
Anlegesteg

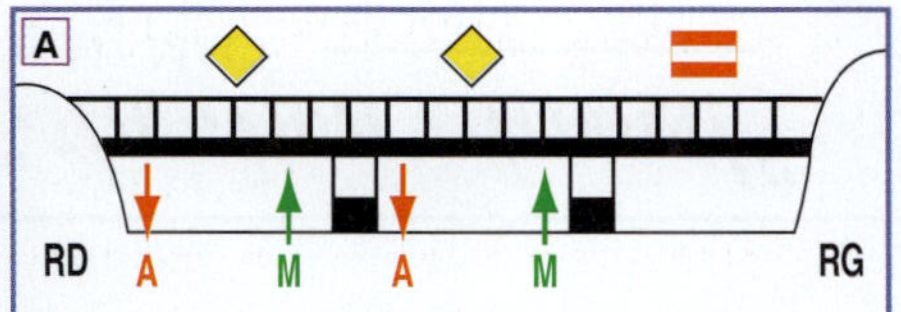

Pont de Macaire

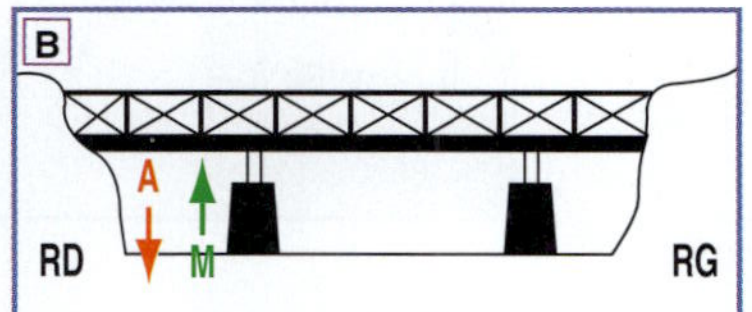

Viaduc de Guipry

WC Grue
Société Crown Blue Line. Tél. 02 99 38 90 17
2 pontons publics - Port de Messac
Crown Blue Line boat hire base. Tel 02 99 38 90 17
2 public pontoons - Messac Port
Charterfirma Crown Blue Line. Tel 02 99 38 90 17
2 Ponton - Hafen Messac

WC
Port public de Guipry
Quai droit
Guipry public port
Vertical sided quay
Hafen Guipry
Senkrechter Kai

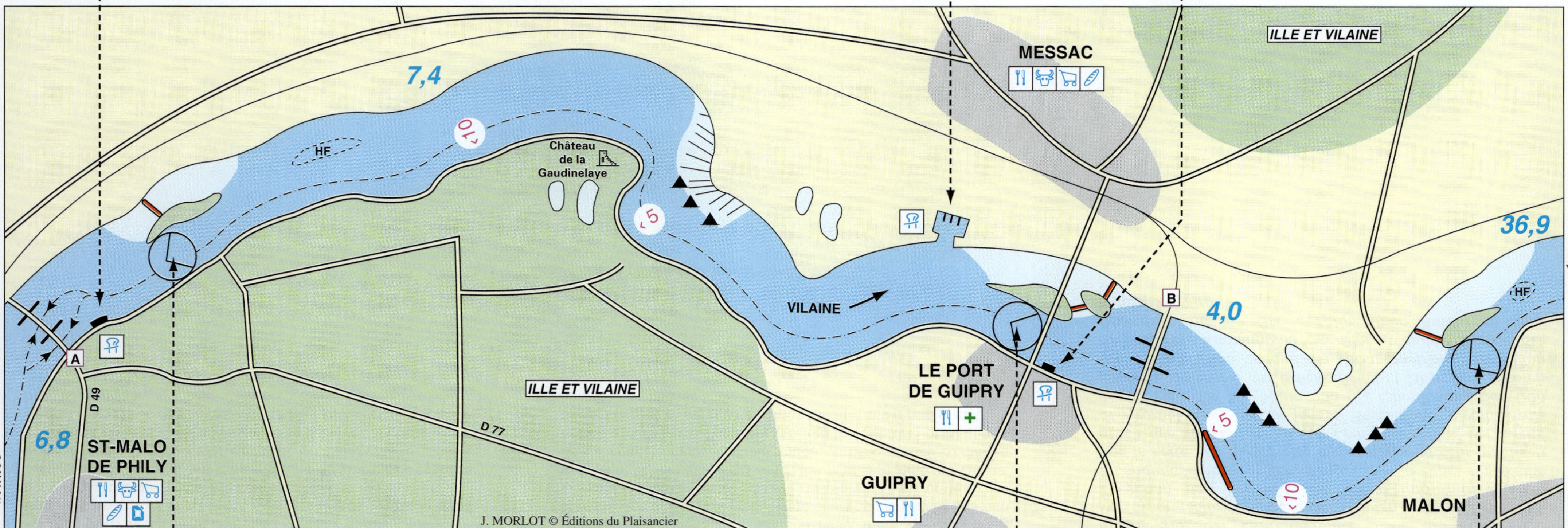

Écluse n°11
Macaire
K 40,550
1,60

Écluse n°12
Guipry
K 47,950
1,96

Écluse n°13
Mâlon
K 51,950

RAPPEL
Pour une meilleure lecture, le tracé de la voie navigable a été élargi par rapport à sa longueur.
REMINDER
For greater legibility, the navigable waterway has been drawn wider, out of scale with its length.

Es wird nocheinmal darauf hingewiesen, daß die Kanalkarte nicht maßstabsgetreu ist, da die Breite des Fahrwassers im Verhältnis zur Länge größer dargestellt wurde, um für einen besseren Überblick zu sorgen.

DE MÂLON A REDON

LE PARCOURS

En sortant à l'aval de l'écluse de Mâlon, se tenir à 15 mètres de la R.D. jusqu'au pont de Saint Marc. De l'aval de celui-ci à Redon, le chenal va suivre le centre de la rivière. La halte nautique de Port de Roche offre les prestations essentielles. De là, on peut avitailler à Sainte Anne sur Vilaine.

Passé le viaduc de Droulin nous trouvons, R.G., la halte nautique de Beslé. Toutes prestations, le village est proche. Entre le pont de Beslé et celui de l'Ilette : 2 haltes nautiques. Celle de Brain sur Vilaine offre un accostage pratique avec échelles. Celle de l'Ilette est à proximité d'un restaurant.

Nous allons maintenant longer le Lac de Murin et passer le confluent du Don. A l'aval du pont de Painfaut, se tenir à 20 mètres de la R.D. Et nous arrivons dans les faubourgs de Redon, carrefour des voies intérieures bretonnes, escale à ne pas manquer.

FROM MÂLON TO REDON

THE TRIP

Immediately downstream from the Mâlon lock, keep 15 metres from the right bank until you get to the Saint Marc bridge. From there on until Redon, the channel stays in the middle of the river. The mooring station at Port de Roche offers the basic services. From there you can get supplies at Sainte Anne sur Vilaine.

Past the Droulin railway bridge, you will find the Beslé mooring station on the left bank. All services and the village is nearby. Between the bridges of Beslé and Ilette, there are 2 mooring stations : the one at Brain sur Vilaine offers convenient berths with ladders and that at Ilette is near a restaurant. The river next runs in front of Murin Lake, from which the river Don joins the Vilaine. Downstream from the Painfaut bridge, you should stay 20 metres from the right bank. Then you get into the outskirts of Redon, a cross-roads of inland routes across Brittany and a port of call that shouldn't be missed.

VON MÂLON BIS REDON

STRECKENBESCHREIBUNG

Bei der Ausfahrt ins Unterwasser der Schleuse Mâlon bis zur Brücke von Saint Marc in 15 m Abstand vom rechten Ufer fahren. Unterhalb dieser Brücke bis Redon liegt die Fahrrinne in Flußmitte. Der Landungsplatz von Port de Roche bietet die wesentlichsten Versorgungseinrichtungen. Von hier aus sind die Geschäfte in Sainte Anne sur Vilaine erreichbar. Hinter der Eisenbahnbrücke Droulin liegt am linken Ufer der Landungsplatz Beslé mit kompletten Versorgungseinrichtungen. Der Ort ist nicht weit entfernt. Zwischen den Brücken von Beslé und Ilette stehen 2 Landungsplätze zur Verfügung, u. zw. in Brain sur Vilaine und in Ilette. Die Liegeplätze des ersten sind sehr praktisch durch das Vorhandensein von Leitern, während der zweite den Vorteil eines naheliegenden Restaurants bietet. Etwas später wird der See Murin und die Einmündung des Don passiert. Unterhalb der Brücke Painfaut 20 m vom rechten Ufer halten. Dann werden die Vorstadtgebiete von Redon durchfahren, Knotenpunkt der Binnenschiffahrtswege der Bretagne und ein Ort, der für einen Aufenthalt sehr empfohlen wird.

- **Château de Boeuvres et de la Corbinière** - Château de Bœuvres and Château de la Corbinière - ***Schlösser Bœuvres und Corbinière***

A LANGON

- **Église Saint-Pierre, 12e siècle** - Saint-Pierre Church, 12th century - ***Kirche Saint-Pierre, 12. Jh.***
- **Chapelle Sainte-Agathe** - Sainte-Agathe Chapel - ***Kapelle Sainte-Agathe***
- **Fresque de Vénus** - Fresco of Venus - ***Fresque de Vénus***
- **Mégalithes des Demoiselles** - Megaliths of young girls - ***Mégalithes des Demoiselles***

A BESLÉ

- **Château de Beaulieu** - Château de Beaulieu - ***Schloß Beaulieu***
- **Voie romaine** - Roman road - ***Römerstraße***

Halte nautique du Port de Roche
Port de Roche mooring station
Landungsplatz Port de Roche

A l'aval de l'écluse de Mâlon, se tenir à 15 m de la RD pendant 2 km
Below Mâlon lock stay 15 m from the right bank for 2 kms
Unterhalb der Schleuse Mâlon auf 2 km 15 m vom rechten Ufer halten

Avalants. Tenir le milieu du pont de Saint-Marc à Redon.
Boats heading downstream remain in mid-stream from the St-Marc bridge to Redon
Talfahrer in der Mitte der Brücke Saint-marc in Redon durchfahren

Halte nautique de Port de Roche
Quai droit
Port de Roche mooring station
Vertical sided quay
Landungsplatz Port de Roche
Senkrechter Kai

RAPPEL
Pour une meilleure lecture, le tracé de la voie navigable a été élargi par rapport à sa longueur.
REMINDER
For greater legibility, the navigable waterway has been drawn wider, out of scale with its length.
Es wird nocheinmal darauf hingewiesen, daß die Kanalkarte nicht maßstabsgetreu ist, da die Breite des Fahrwassers im Verhältnis zur Länge größer dargestellt wurde, um für einen besseren Überblick zu sorgen.

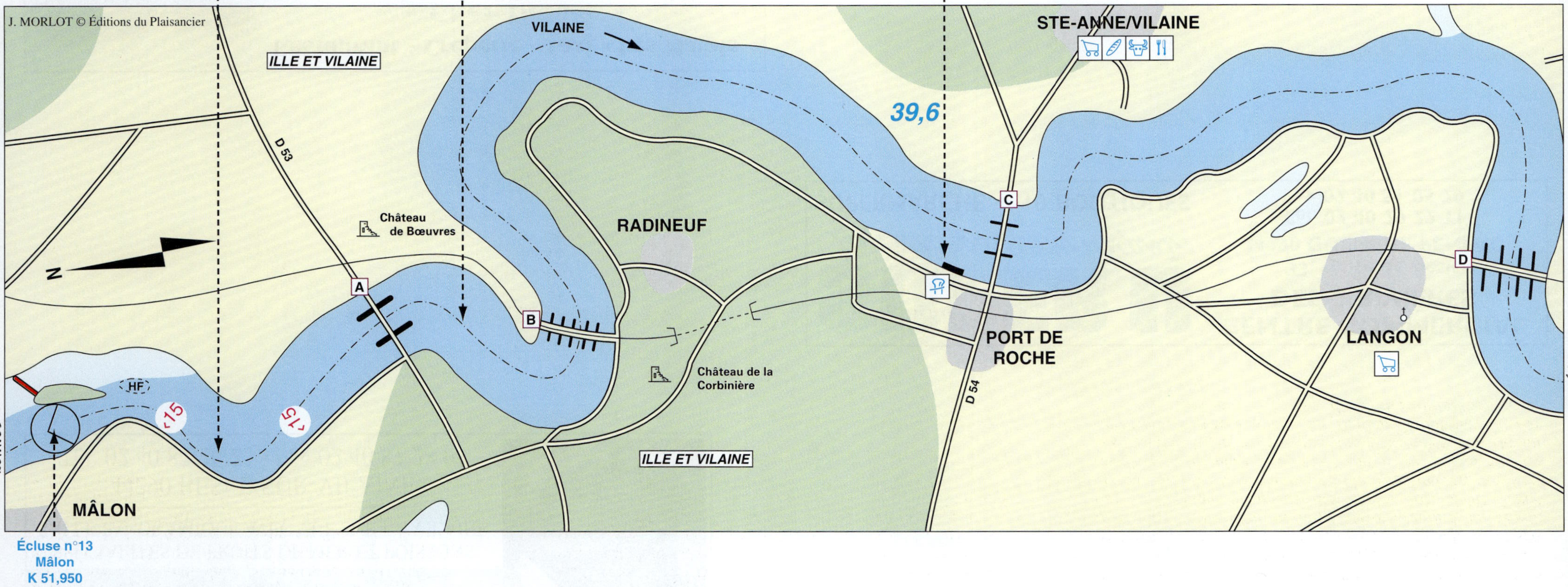

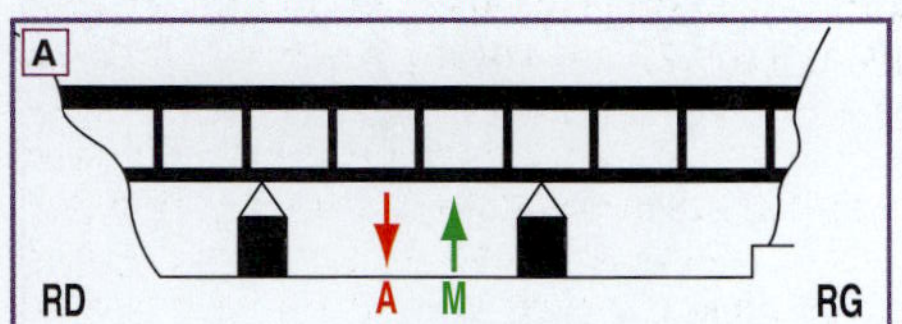

Pont de Saint-Marc

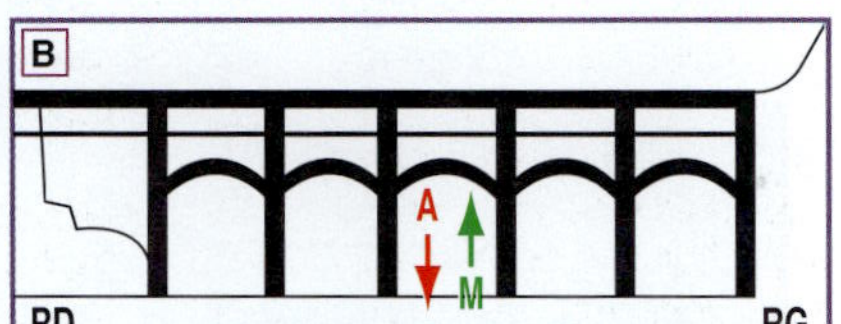

Viaduc de Corbinière

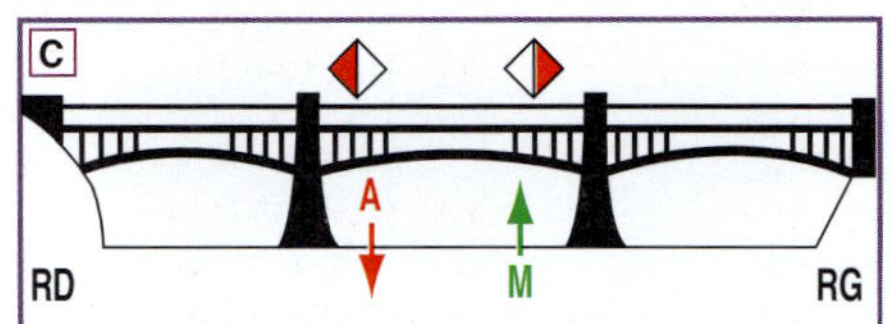

Pont de Port sur Roche

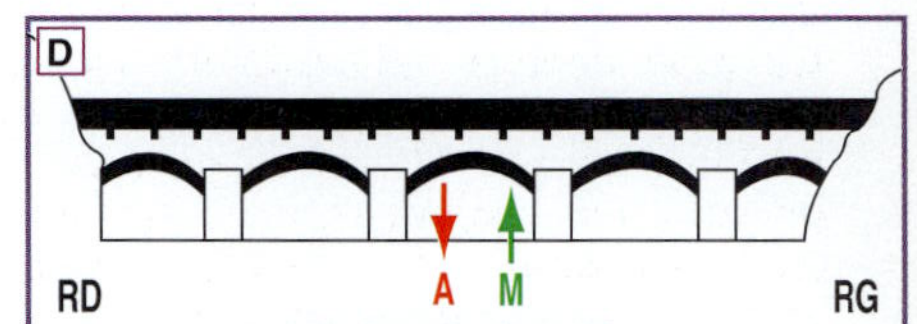

Viaduc du Droulin

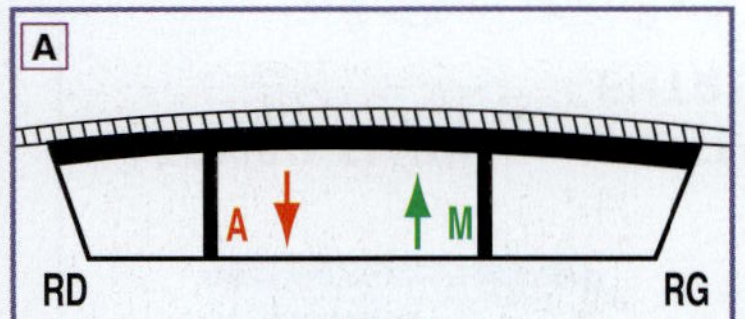

Pont de Beslé

Halte nautique de Beslé
1 quai droit sur chaque rive
Beslé mooring station
1 vertical sided quay on each bank
Landungsplatz Beslé
senkrechter Kai an beiden Ufern

Halte nautique de Brain Sur Vilaine
Quai droit - 3 échelles
Brain sur Vilaine mooring station
Vertical sided quay - 3 ladders
Landungsplatz Brain sur Vilaine
Senkrechter Kai - 3 Leitern

Bac
Ferry
Fährstelle

Halte nautique de l'Ilette
Quai droit - Anneaux
Ilette mooring station
Vertical sided quay - Rings
Landungsplatz Ilette
senkrechter Kai - Ringe

RAPPEL

Pour une meilleure lecture, le tracé de la voie navigable a été élargi par rapport à sa longueur.

REMINDER

For greater legibility, the navigable waterway has been drawn wider, out of scale with its length.

Es wird nocheinmal darauf hingewiesen, daß die Kanalkarte nicht maßstabsgetreu ist, da die Breite des Fahrwassers im Verhältnis zur Länge größer dargestellt wurde, um für einen besseren Überblick zu sorgen.

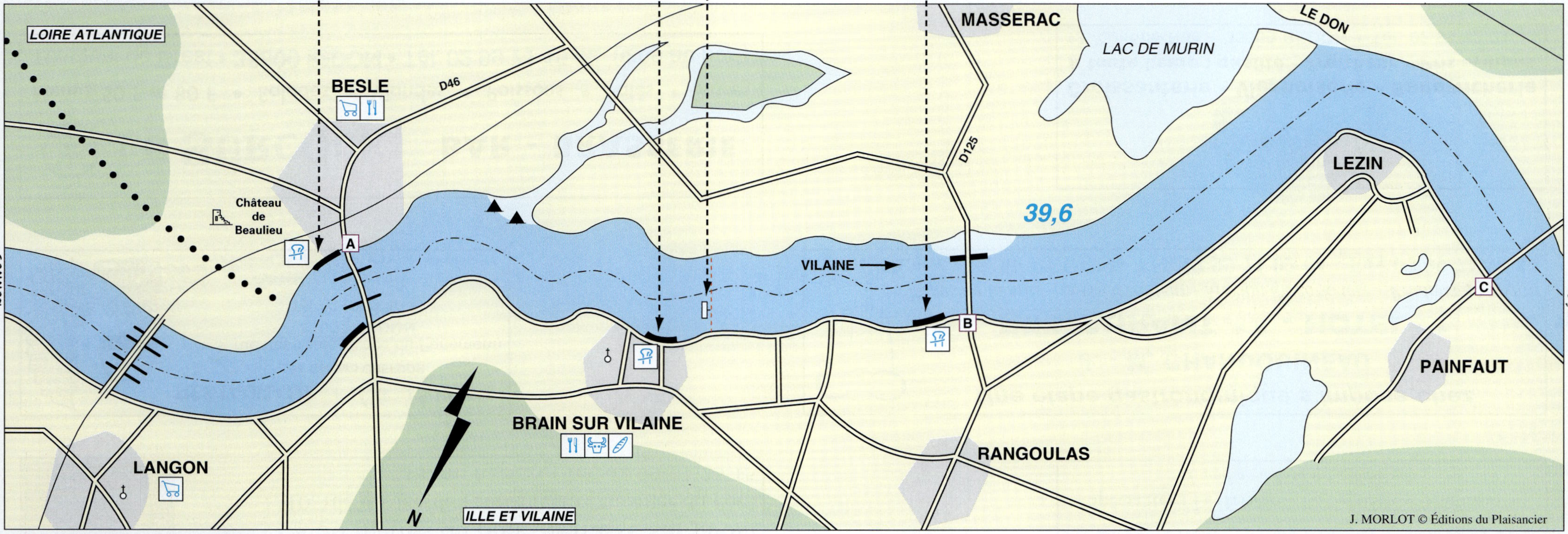

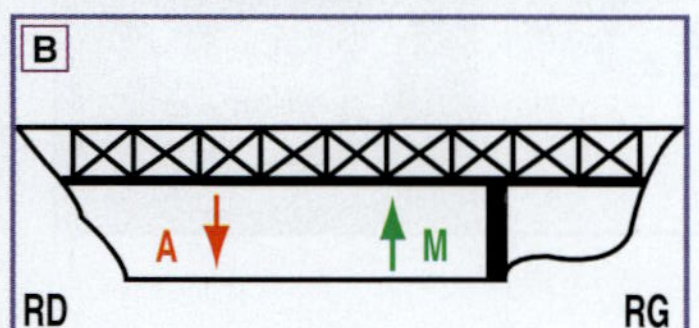

Pont de l'Ilette

Quai droit de Beslé - Beslé vertical sided quay
Senkrechter Kai von Beslé

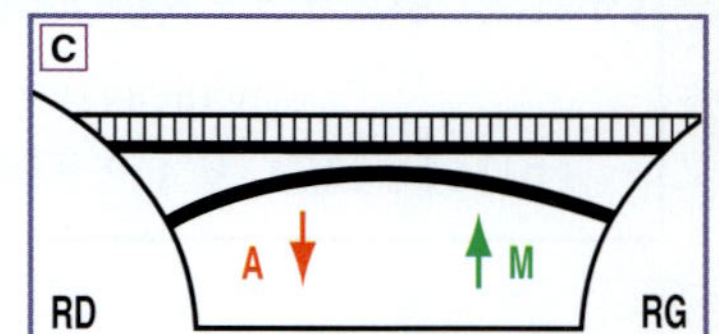

Pont de Painfaut

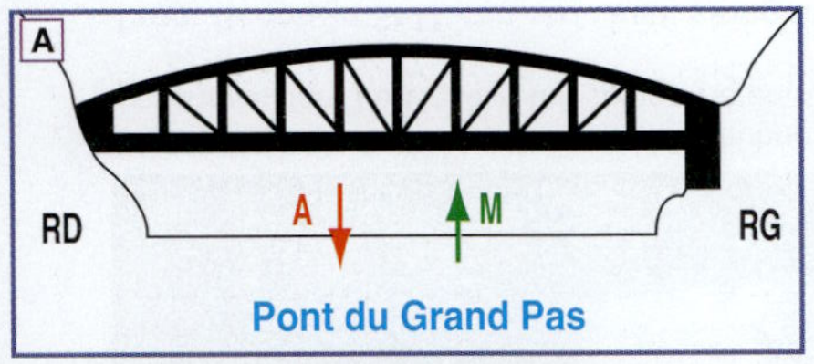

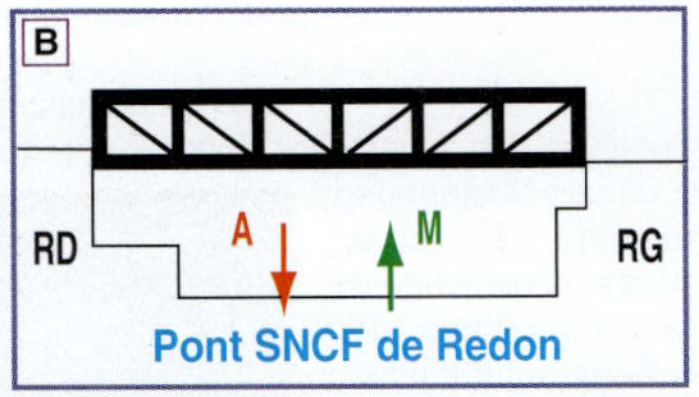

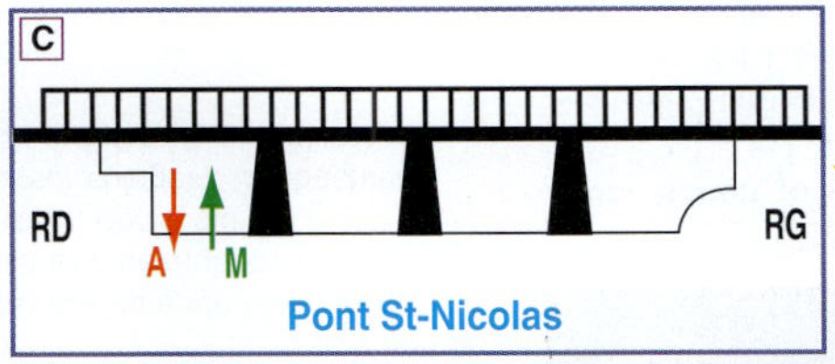

Ecluse 17 d'Isac - Hors service
Isac lock - Not in service
Schleuse Isac außer Betrieb

Grand Vannage
Grand Vannage
Grand Vannage
(Großes Wehr)

Grue 6 T
Port de Redon - Grand bassin - Payant
Tél. 02 99 71 35 28
Société location - Tél. 02 99 72 15 80 et 02 99 71 46 03
Redon port - Grand Bassin (fee charging)
6 ton crane - Tel. 02 99 71 35 28
Boat hire company - Tel. 02 99 72 15 80 and 02 99 71 46 03
Hafen Redon - Grand Bassin (Hafenbecken)
gebührenpflichtig - Tel. 02 99 71 35 28
Charterfirma - Tel. 02 99 72 15 80 und 02 99 71 46 03

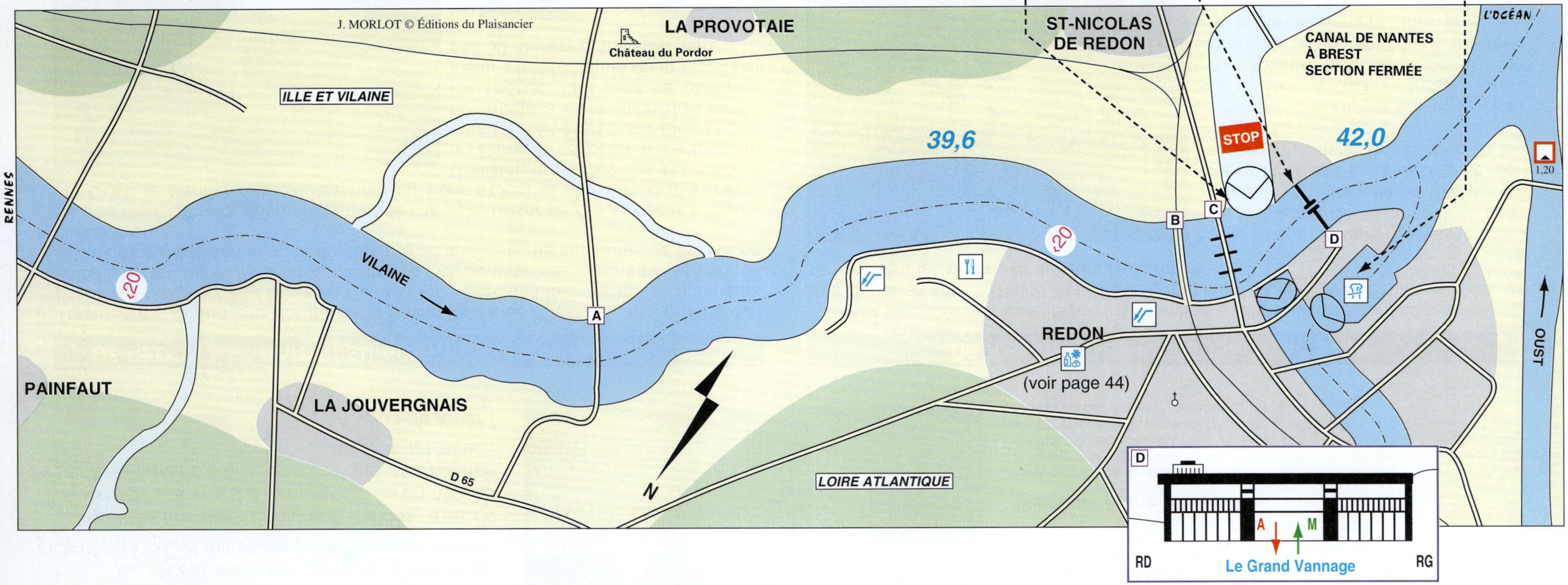

Redon : pont Saint Nicolas
Saint-Nicolas bridge
Brücke Saint-Nicolas

Redon : écluse 17, Isac
Lock 17, Isac
Schleuse 17, Isac

Redon : écluse 18, Oust
Lock 18, Oust
Schleuse 18, Oust

Bienvenue au Pays touristique de Vilaine

Une étoile d'eau brille en Bretagne Sud :
c'est le Pays de Redon et de Vilaine.

7 rivières qui convergent, 60 ponts et même plus, 2 grands marais peuplés d'oiseaux, 1000 paysages contrastés entre les vallées et les buttes boisées.

Ici, on est entre navigateurs : l'océan est tout proche, et les voiliers connaissent Redon.

Vedettes fluviales, péniches, canoës, avirons sillonnent les voies d'eau, tandis qu'un réseau de sentiers balisés s'offre aux piétons ou cyclistes de tous terrains...

A vous de jouer !

Willkommen im Lande der Vilaine

Redon und das Vilaineland sind ein Paradies für Naturliebhaber. Marschland, Heide, Wälder, Flüsse und Kanäle laden Sie ein zu erholsamem Urlaub. Hier können Sie nach Herzenlust schiffern, wandern, angeln und Ausflüge zu Pferd oder mit dem Geländefahrrad unternehmen.

Welcome to the Vilaine Area

Redon and the surrounding Vilaine area is the watery star of southern Brittany - there are marshlands, forests and inland waterways, in between valleys and wooded knowles. All sorts of boats make their way along the seven inland waterways in the area, whilst walkers and cyclists can use the numerous marked footpaths... It's up to you !!

DE REDON A ST-MARTIN-SUR-OUST CANAL DE NANTES A BREST

Traversant le Grand Site Naturel de la Basse Vallée de l'Oust, le canal montre des paysages magnifiques : cluse de l'Ile aux Pies avec ses falaises et ses grimpeurs (initiation - tél. 02 99 72 17 46), mortier de Glénac avec ses hérons et ses canoës (location), pentes des Landes de Lanvaux et de Couesmé couvertes de pins et de châtaigniers...
Des sentiers d'interprétation racontent le site : *Le Trésor de l'Ile aux Pies* à Bains-sur-Oust, le *Sentier des Châtaigniers* au Pont d'Oust et son *Mini-golf à thème* (Peillac), le *Sentier des Mariniers* et le *Barrage sonorisé* à l'écluse du Guélin (St-Martin-sur-Oust), en hommage à la tradition du chant... De Glénac, l'Aff peut se remonter jusqu'à la cité fleurie de la Gacilly et ses 30 ateliers d'artisanat d'art.

Von Redon nach St Martin sur Oust den Nantes-Brestkanal entlang.
Der Kanal fließt durch das bedeutende Naturgebiet des Ousttales. Lassen sie sich bezaubern von der "Ile aux Pies" ("Elsterninsel"), deren steile Kletterfelsen sich im Wasser spiegeln. Beobachten Sie vom Kanu aus Fischreiher und bleßhühner im Marschland von Glénac und schiffern Sie auf der Aff zum blumengeschmückten "La Gacilly" mit seinen vielen Kunsthandwerken.

From Redon to St Martin-sur-Oust, along the Nantes to Brest Canal.
The Canal flows through some awesome landscape, including the magnificent Natural Site of the Oust River's Lower Valley. There are cliffs, caps inhabited by herons, and tree-filled slopes, interspersed with Hands-On information points. There is the opportunity to go up to the quaint yet welcoming town of la Gacilly, and visit its craftshops

DE REDON A GUIPRY-MESSAC LA VILAINE

Ce n'est pas pour rien que Redon fut rattachée à l'Ille-et-Vilaine, lors de la création des départements : Redon était le port maritime de Rennes ! Et les bateaux y remontaient les pierres de tuffeau, l'ardoise, le sel.

Entre Redon et Guipry-Messac brillent le marais de Gannedel et ses oiseaux (La Chapelle-de-Brain), la voie et la chapelle gallo-romaine de Langon, et les rives encaissées de la cluse de Corbinières.
Le sel, encore lui, justement inspira une tradition à Guipry-Messac. Une crue violente avait épargné le sel entreposé, et une chapelle y fut édifiée en remerciement, tout près du port.

From Redon to Guipry-Messac, along the Vilaine River.

Standing out between Redon, once the shipping port of Rennes, and Guipry-Messac, are the Birds of the Gannedel Marsh and the historic gallo-roman chapel of Langon. The chapel built close to the port is a tradition at Guipry-Messac inspired by salt. Its construction was a token of thanks for a flood that spared the salt houses and therefore the local economy.

Von Redon nach Guipry-Messac, die Vilaine entlang.

Zwischen Redon und Guipry können Sie die interessante Marsch von Gannedel und ihren großen Vogelreichtum entdecken, aber auch Langons gallo-romanische Kapelle bewundern. Genießen Sie einen Aufenthalt an den Ufern der Felsen von Corbinières !

Pays d'Accueil Touristique de Vilaine
Place de la République
35600 REDON
Tél 02 99 72 72 11

REDON, CARREFOUR DES CANAUX BRETONS

Redon naquit avec son abbaye en 832, à la confluence de l'Oust et de la Vilaine : un site stratégique pour la Bretagne.
1000 ans plus tard, cette confluence prit un nouveau sens : c'est là que se croisent les deux grands canaux de Bretagne, le canal de Nantes à Brest et la liaison Manche-Océan.
On le devine, l'histoire du port de Redon fourmille d'anecdoctes et d'informations techniques sur les bateaux, les frets, les matelots. A découvrir : maisons d'armateurs du XVIIe et XVIIIe siècle, greniers à sel du XVIIe, bassin à flot avec son musée de la batellerie, péniches en cours de restauration, tour romane exceptionnelle de l'abbaye...

Redon, the Breton Canals Crossroads.
Seven waterways including not only the Nantes to Brest Canal but also the Atlantic-Channel link canal, now meet here emphasising its once strategic place in Redon's history. The unique preservation of this town's traditions in the form of its old sailors houses and boats in midrestauration enables you to enjoy a part of this town's great history. Redon is full of nautical information and seafaring anecdotes.

Redon, Knotenpunkt der bretonischen Wasserwege.
Führte die Lage an den natürlischen Wasserstraßen zu Redons Gründung, so machten die sich hier 1000 Jahre später kreuzenden bretonischen Kanäle (Nantes-Brestkanal und Atlantik-Ärmelkanal-Verbindung) Redon zu einem einflußreichen Hafenstädtchen. Ein Bummel durch Redon und sein altes Hafenviertel läßt Sie auf Schritt und Tritt Geschichte erleben.

DE REDON A L'OCEAN - LA VILAINE

Du temps des Bricks et des Goélettes, chargés de bois breton ou de charbon gallois, on jouait avec les courants de marées pour naviguer ici. Mais depuis 1970, un barrage dans l'estuaire bloque la marée montante.
A l'aval de Redon, le fleuve serpente dans une vallée très large. Sur la butte boisée de l'ancien château de Rieux, un parcours de découverte explique son histoire, peuplée de Seigneurs bretons, de Francs et de Vikings.
Après le pont et la halte de Cran (St-Dolay-Théhillac), la vallée se resserre au port de Foleux (Béganne-Nivillac) en une ria bretonne typique. La Roche-Bernard, bâtie sur un éperon rocheux, offre des promenades et un musée charmant, tandis qu'au barrage d'Arzal-Camoël on peut humer quelques embruns, en toute sécurité !

From Redon to the Atlantic, along the Vilaine River
Flowing downstream from Redon, the Vilaine River meanders through a wide valley, where you can learn about the ancient Rieux Castle and its Breton Noblemen. The town of La Roche-Bernard, built on a rocky outcrop, offers walks and a charming museum, whilst the Dam of Arzal enables you to inhale the seaspray in absolute safety.

Die Vilaine entlang, von Redon zu Atlantik.
Stromabwärts von Redon schlängelt sich die Vilaine durch ein weites Tal.
Ein Entdeckungsrundgang führt Sie auf die Spuren der Geschichte der alten Burg von Rieux. Das auf Felsen gebaute malerische "La Roche-Bernard" lockt Sie zu Spaziergängen und einem Besuch im Schiffahrtsmuseum, während Sie am Stauwehr von Arzal schon Seeluft atmen können.

Revenez quand vous voulez

Autour des voies d'eau, c'est tout un pays qui vit, et qui aime l'animation. L'abondance des fêtes estivales le montre (voir les documents touristiques), mais ici c'est ouvert toute l'année ! Fête d'octobre, musicales et gastronomiques autour du marron de Redon, Rando Ouest-France en mai avec ses parcours et animations pour tous les goûts...
Pour passer un week-end au vert ou une semaine douillette...

Come back whenever you want
The Vilaine area has a lively atmosphere all year round, enhanced especially around the festival times. Take your pick from the October Chestnut Festival *(Fête du marron)* or the May Walking Festival *(Rando Ouest-France)*.
To spend a weekend in the country or a quiet week, contact :

Kommen Sie wieder, wann immer es Ihnen beliebt !
An den Ufern der Wasser-straßen lebt ein Volk, das die Geselligkeit über alles liebt, wie die Vielfalt seiner Feste beweist. Entdecken Sie z.B das gesellige Maiwan-derfest *(Rando Ouest-France)* oder das im Oktober stattfindende "Fest der Marone" *(Fête du Marron)*.

Pays d'Accueil Touristique de Vilaine
Place de la République - 35600 REDON - Tél. 02 99 72 72 11
Offices de Tourisme :
Redon, Guipry-Messac, La Gacilly, Peillac, La Roche-Bernard, Pénestin, Langon.

Précieuse pour la navigation, l'eau concerne aussi l'agriculture, la vie sauvage des marais et rivières, les pêcheurs, chasseurs et promeneurs, et les robinets de milliers d'habitants...
C'est l'Institution d'Aménagement de la Vilaine qui gère ce patrimoine fragile, œuvrant à la compatibilité des usages et à la préservation de la qualité.

INSTITUTION D'AMÉNAGEMENT DE LA VILAINE

Giving and caring to all
Precious not only for navigation, water gives life to agriculture, the wildlife of the marshlands and rivers, and the fishermen, hunstmen and walkers too. In managing this delicate heritage, it is the aim of the Planning Institute of the Vilaine to incorporate the needs of all, whilst still preserving quality.

Das Wasser ist nicht nur für die Schiffahrt wertvoll, sondern auch für die Landwirtschaft, das natürliche Gleichgewicht der Flüsse und Marschen, für Angler, Jäger und Spaziergänger und die Wasserhähne von Millionen von Haushalten...
Das "Institut für die Nutzung der Vilaine" verwaltet dieses kostbare Erbe, indem es für die Vereinbarkeit der Wassernutzung und seine Qualität Sorge trägt.

LE CARREFOUR DE REDON

LE PARCOURS

A REDON, vous allez croiser le Canal de NANTES À BREST et entrer, à l'aval du Grand Vannage, en VILAINE MARITIME soumise aux effets de marées.

Pour accéder au Port de Plaisance du GRAND BASSIN (payant), passer le Grand Vannage (respecter les signaux) et contourner la pointe de la presqu'île.

L'ESCALE

Le port du GRAND BASSIN : 340 mètres de long, 60 mètres de large, 2,60 mètres de mouillage offre toutes prestations. Vitesse limitée à 4 km/h. A l'entrée : à gauche, la capitainerie (tél. 02 99 71 35 28) à droite, la grue pour mâter-dématêr.

La ville offre, bien sûr, toutes prestations. Une escale à ne pas manquer.

ADRESSES UTILES

Service navigation
116 route de Vannes - BP 49 - 35600 Redon
Tél. 02 99 71 03 78
Répondeur Plaisance
Tél. 02 99 59 11 12
Office du Tourisme
Place République
Tél. 02 99 71 06 04
Redon marine
Tél. 02 99 71 34 92
Société Location Bretagne Plaisance
Tél. 02 99 72 15 80
Comptoir Nautique de Redon
Tél. 02 99 71 46 03
Capitainerie du Port - 26 quai Surcout
Tél. 02 99 71 35 28

THE REDON CROSS-ROADS

THE TRIP

At REDON, you will cross the NANTES-BREST canal and, downstream of the great sluice-gates, enter the maritime section of the VILAINE, subject to the effects of the tides.

To get to the GRAND BASSIN pleasure boat harbour (pay to use), pass through the great sluice-gates (obey the signs) and go round the point of the peninsula.

PORT OF CALL

GRAND BASSIN harbour : 340 metres long, 60 metres wide, 2.60 metres water depth, all services. Speed limit 4KPH. Next to the entrance : on the left, the harbour masterís office, on the right, the crane for shipping and unshipping masts.

The town offers, of course, all amenities. This port of call is a must.

WASSERSTRAßENKREUZ REDON

STRECKENBESCHREIBUNG

In REDON kreuzt der Wasserwanderer den Canal de NANTES À BREST und gelangt mit der Passage des Wehrs Grand Vannage in die MARITIME VILAINE, die dem Tidenhub unterliegt.

Für die Zufahrt zum Sporthafen im großen Hafenbecken (gebührenpflichtig) das Wehr Grand Vannage passieren (Sichtzeichen beachten !) und die Spitze der Halbinsel umfahren.

AUFENTHALT

Hafen GRAND BASSIN : Länge 340 m, Breite 60 m, Fahrwassertiefe 2,60 m. Komplette Versorgungseinrichtungen. Zulässige Höchstgeschwindigkeit 4 km/Std. An der Einfahrt, links das Hafenamt, rechts Kran für das Umlegen/Aufrichten von Masten.

Redon bietet selbstverständlich alle erdenklichen Versorgungseinrichtungen. Ein Aufenthalt ist sehr zu empfehlen.

- **Église Saint-Sauveur 12e siècle** - Saint-Sauveur Church, 12th century - ***Kirche Saint-Sauveur, 12. Jh.*** / **Tour gothique 14e siècle** - Gothic tower, 14 th century - ***Gotischer Turm, 14. Jh.*** / **Abbaye Saint-Sauveur 17e siècle** - Saint-Sauveur Abbey, 17th century - ***Abtei Saint-Sauveur, 17. Jh.*** / **Jardin à la française** - French style garden - ***Frz. Garten (Barock)*** / **Remparts (vestiges)** - Ramparts (remains) - ***Reste der Stadtmauer*** / **Ile du Port** - Harbour island - ***Ile du Port*** / **Maisons d'armateurs 17e siècle** - Ship-owners'houses, 17th century - ***Stadthäuser der Reeder, 17. Jh.*** / **Grenier à sel** - Salt barn - ***Salzspeicher*** / **Hôtel Carmoy** - Carmoy town residence - ***Hôtel Carmoy (Patrizierhaus)*** / **Caserne des Douaniers** - Customs officers barracks - ***Kaserne der Zöllner*** / **Vieille ville** - Old town - ***Alte Stadt*** / **Cloître de la Retraite 17e siècle** - Cloister of the retreat, 17th century - ***Cloître de la Retraite (Kloster), 17. Jh.*** / **Cours Bertrand** - Cours Bertrand - ***Cours Bertrand*** / **Musée de la batellerie** - Museum of inland water transport - ***Binnenschiffahrts-Museum***

Grue 6 T
Port de Redon - Grand bassin - Payant
Tél. 02 99 71 35 28
Société location - Tél. 02 99 72 15 80 et 02 99 71 46 03
Redon port - Grand Bassin (fee charging)
6 ton crane - Tel. 02 99 71 35 28
Boat hire company - Tel. 02 99 72 15 80 and 02 99 71 46 03
Hafen Redon - Grand Bassin (Hafenbecken)
gebührenpflichtig - Tel. 02 99 71 35 28 und 02 99 71 46 03
Charterfirma - Tel. 02 99 72 15 80

Grand Vannage
(respecter la signalisation)
The great sluice-gates
(obey the signs)
Grand Vannage
(Sichtzeichen beachten)

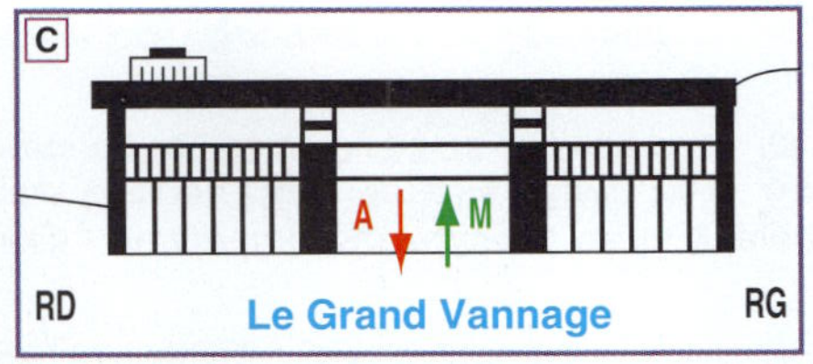

Halte nautique de Rieux
Rieux mooring station
Landungsplatz Rieux

WC
Port des Bellions
Bellions port
Hafen Bellions

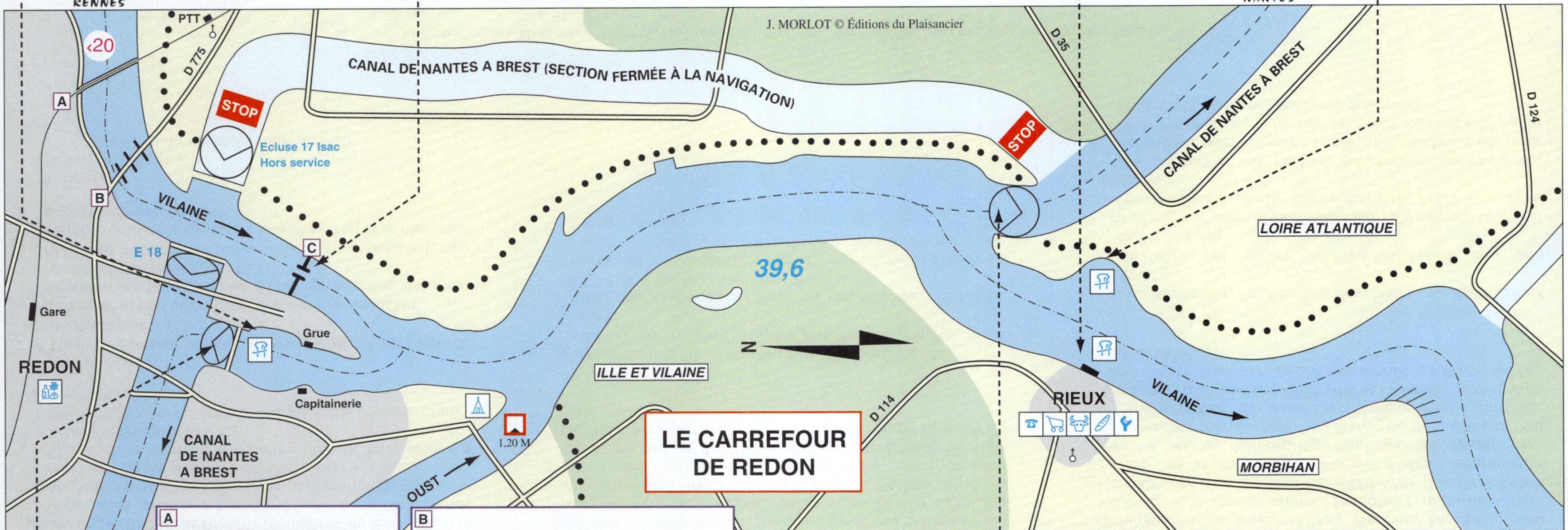

Écluse du Grand Bassin

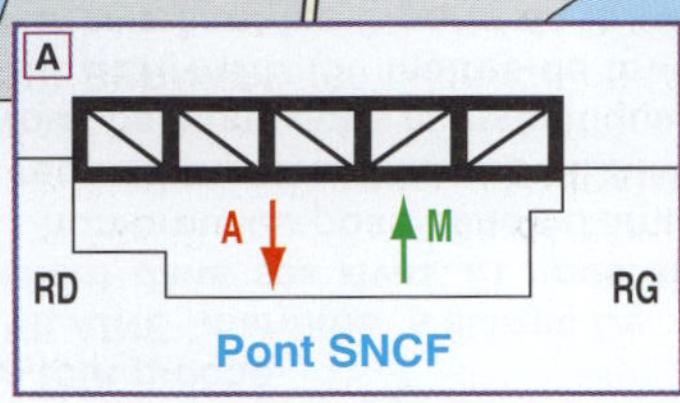

Écluse des Bellions

Le Grand Bassin
Grand Bassin
Grand Bassin
(Hafenbecken)

Le Grand Vannage
The great sluice gates
Grand Vannage
(Sichtzeichen beachten)

DE REDON A L'OCÉAN

LE PARCOURS

A l'écluse des BELLIONS, nous rejoignons l'accès à la branche SUD du CANAL DE NANTES À BREST. Juste à l'aval de cette écluse, les 2 haltes nautiques des BELLIONS et de RIEUX offrent les prestations minimums. A l'aval du Pont de CRAN, une halte nautique confortable avec toutes ressources au village tout proche.

Maintenant la VILAINE maritime s'élargit. De nombreux ruisselets débouchent dans ses rives. Et nous arrivons au port de FOLEUX : nombreuses possibilités d'amarrage, joli site, accastillage, réparations possibles. La VILAINE s'élargit de plus en plus. Nous passons sous le magnifique pont suspendu de la ROCHE BERNARD (50 mètres de tirant d'air) et nous pouvons amarrer à l'un des 2 ports de la ville. Toutes ressources. Ports à caractère nettement maritimes (la Roche Bernard fût célèbre pour ses constructions navales).

L'ultime étape de notre navigation fluviale nous amène à l'écluse du barrage d'ARZAL.

Attention **à la zone interdite à l'amont. Deux ports au choix : ARZAL ou CAMOËL.**

ACCÈS À L'OCÉAN

A l'aval du barrage, utiliser la carte SHOM N° 2381 pour la section maritime.

- **Sortir par bonne visibilité et demi-marée de jusant. Attention aux bouchots balisés par des perches. Déborder par le Nord la Tourelle du PETIT SÉCÉ.**
- **Entrer en VILAINE est assez difficile par mauvais temps bouché. Les vents de Sud et Ouest font lever la mer dans cet estuaire peu profond.**

ADRESSE UTILE

Affaires maritimes
Tél. 02 97 41 12 43 (répondeur Minitel)

FROM REDON TO OCEAN

THE TRIP

At the BELLIONS lock, we meet the access to the SOUTHERN branch of the NANTES-BREST CANAL. A short way downstream from this lock, the 2 mooring stations of BELLIONS and RIEUX offer minimal services. Below CRAN bridge, there is a comfortable mooring station with all facilities in the village just near.

Now the maritime VILAINE starts to widen and numerous brooklets flow into it. The next stopping place is the port of FOLEUX : many mooring possibilities, a pretty setting, boat outfitting, repair facilities. The VILAINE gets ever wider. You pass under the magnificent ROCHE BERNARD suspension bridge (50 metres headroom) and you can moor in one of the town's 2 ports. All sources of supply. These ports have a thoroughly maritime flavour (Roche Bernard used to be famous for its ship-building activities). The final stage of the river cruise takes you to the lock of the ARZAL barrage : keep away from the prohibited zone just upstream of it. You can choose between the ports of ARZAL and CAMOËL.

ACCESS TO THE OCEAN

Seawards from the barrage, use SHOM chart N° 2381.

- Go out when visibility is good and the outgoing tide is half down.

Steer clear of the mussel beds, marked with poles. Leave the PETIT SÉCÉ Tower to the South of you.

- Entering the VILAINE is rather difficult in bad overcast weather. Southerly and Westerly winds whip up the sea in this shallow estuary.

VON REDON BIS OCEAN

STRECKENBESCHREIBUNG

Der Südabschnitt des CANAL DE NANTES À BREST wird über die Schleuse BELLIONS erreicht. Direkt unterhalb dieser Schleuse bieten die 2 Landungsplätze BELLIONS und RIEUX die wesentlichsten Versorgungseinrichtungen. Unterhalb der Brücke CRAN befindet sich ein weiterer Landungsplatz, wo ein nahegelegener Ort eine reiche Auswahl an Geschäften bietet.

Hier erweitert sich der maritime Abschnitt der VILAINE. Zahlreiche Bäche münden in den Fluß. Bald wird der Hafen FOLEUX erreicht, der über zahlreiche Liegeplätze verfügt und in eine herrliche Landschaft gebettet ist. Schiffsausrüstungsgeschäfte, Bootswerkstätten. Die VILAINE wird immer breiter. Durchfahrt der großartigen Hängebrücke von LA ROCHE BERNARD (Durchfahrthöhe 50 m), wo in einem der zwei Stadthäfen festgemacht werden kann. Versorgungsmöglichkeiten jeder Art. Ausgesprochener Seehafen. La Roche Bernard war berühmt für seine Werften. Die letzte Etappe dieser Route führt den Wassertouristen zur Schleuse ARZAL. Vorsicht, Sperrgebiet oberhalb der Schleuse. Zwei Häfen stehen zur Wahl : ARZAL und CAMOËL.

ZUGANG ZUM MEER

Für das Meer-Revier unterhalb des Damms die Karte SHOM Nr. 2381.

- ***Ausfahrt bei guten Sichtverhältnissen und bei Ebbenhalbzeit.***

Vorsicht vor den Muschelzäunen, die durch Stangen gekennzeichnet sind. Die Turelle du PETIT SÉCÉ im Norden umfahren.

- ***Die Einfahrt in die VILAINE ist ziemlich schwierig bei schwerem Wetter und schlechter Sicht. Süd- und Westwinde führen in dieser nicht besonders tiefen Flußmündung zu beträchtlichem Schwell.***

AUX BELLIONS
- **Écluse d'accès en Vilaine** - Lock giving acces to the Vilaine - ***Eingangsschleuse für den Canal de Nantes à Brest***

A FOLEUX
- **Château de Léhèlec** - Château de Léhèlec - ***Schloß Léhèlec***

A LA ROCHE BERNARD
- **Vieilles maisons** - Old houses - ***Altstadthäuser*** / **Musée de la Vilaine Maritime** - Museum of the Vilaine Maritime - ***Naturkundemuseum maritime Vilaine*** / **Hôtel de Ville** - Town Hall - ***Rathaus*** / **Pont suspendu** - Suspension bridge - ***Hängebrücke*** / **Office du Tourisme Tél. 02 99 90 67 98** - Tourist office Tel. 02 99 90 67 98 - ***Fremdenverkehrsamt***

A ARZAL
- **Le barrage éclusé** - Barrage with lock - ***Sperrwerk und Schleuse***

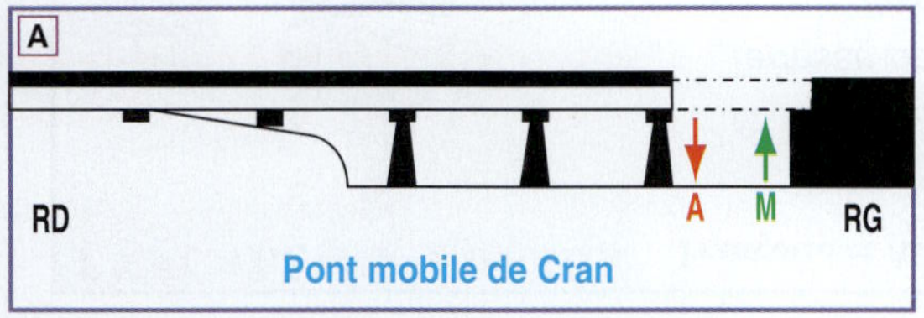

▲ **Pont mobile de Cran (voiliers mâtés = corner)**
Cran mobile bridge (masted sailing boats should hoot
Bewegliche Brücke Cran

Halte nautique de Cran
Quai droit
Cran mooring station
Vertical sided quay
Landungsplatz Cran
Senkrechter Kai

RAPPEL

Pour une meilleure lecture, le tracé de la voie navigable a été élargi par rapport à sa longueur.

REMINDER

For greater legibility, the navigable waterway has been drawn wider, out of scale with its length.

Es wird nocheinmal darauf hingewiesen, daß die Kanalkarte nicht maßstabsgetreu ist, da die Breite des Fahrwassers im Verhältnis zur Länge größer dargestellt wurde, um für einen besseren Überblick zu sorgen.

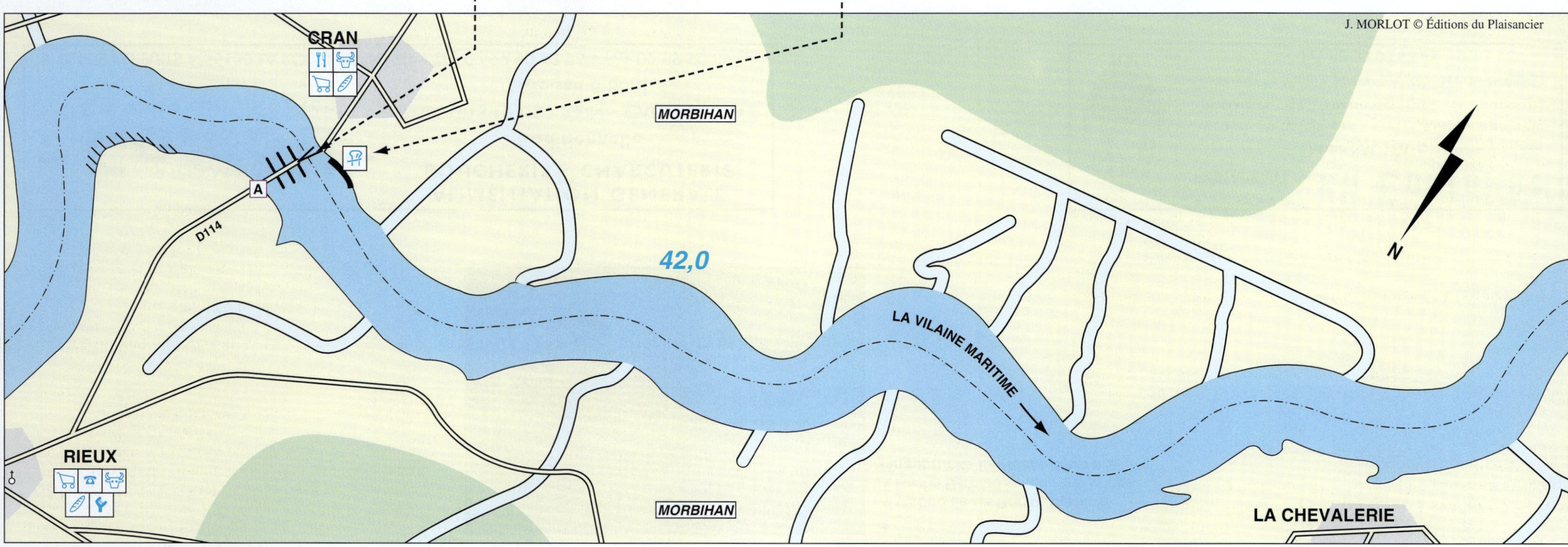

◄ **Port de Foleux**
Foleux port
Hafen Foleux

Nouveau port de la Roche Bernard
Roche Bernard new port
Neuer Hafen La Roche Bernard

La Roche Bernard : le port du Rhodoir
Rhodoir port
Hafen Rodoir

Le viaduc de La Roche Bernard
La Roche Bernard suspension bridge
Hängebrücke La Roche Bernard

RAPPEL

Pour une meilleure lecture, le tracé de la voie navigable a été élargi par rapport à sa longueur.

REMINDER

For greater legibility, the navigable waterway has been drawn wider, out of scale with its length.

Es wird nocheinmal darauf hingewiesen, daß die Kanalkarte nicht maßstabsgetreu ist, da die Breite des Fahrwassers im Verhältnis zur Länge größer dargestellt wurde, um für einen besseren Überblick zu sorgen.

grue

Port de Foleux (payant)

Foleux port (pay for use)

Hafen Foleux (gebührenpflichtig)

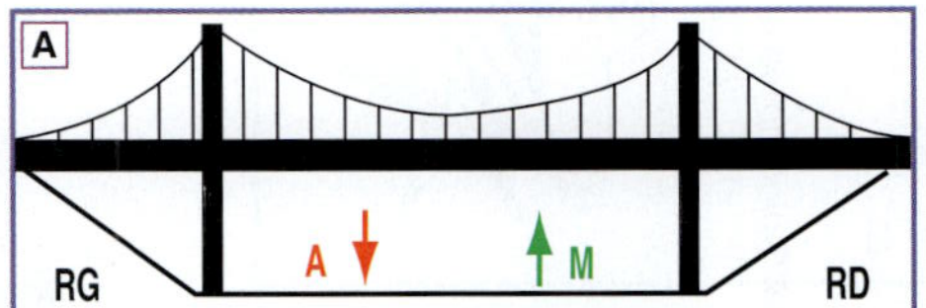

Pont de la Roche Bernard

Tirant d'air : 50 m

Port neuf de la Roche Bernard

1. capitainerie

Payant

Roche Bernard new port (pay to use)

1. Harbour master's office

Neuer Hafen La Roche Bernard

1. Hafenverwaltung

Gebührenpflichtig

grue

Vieux port du Rhodoir

2. capitainerie - Payant

Tél. 02 99 90 62 17

Rhodoir old port

2. harbour master's offices (pay to use)

Tel. 02 99 90 62 17

1,80

Alter Hafen Rhodoir

2. Hafenverwaltung

Gebührenpflichtig

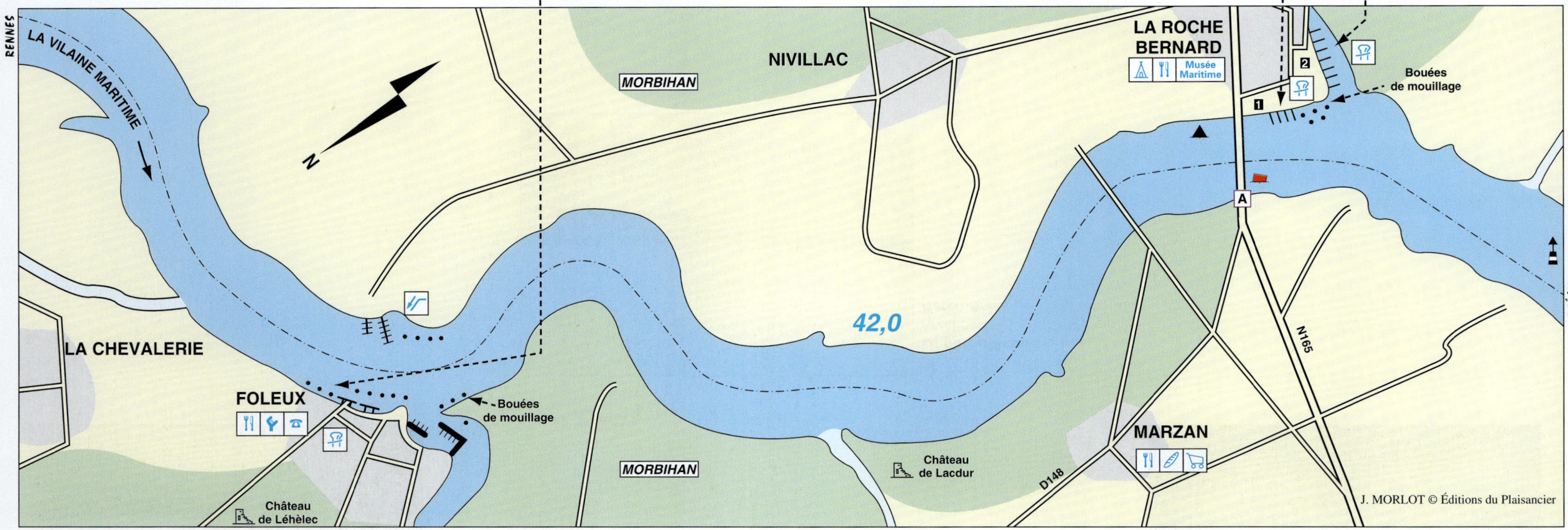

Le barrage d'Arzal
Arzal barrage
Sperrwerk Arzal

Le port de Camoël
Camoël port
Hafen Camoël

Le port d'Arzal
Arzal port
Hafen Arzal

Port d'Arzal - Payant Grue
Tél. 02 99 90 05 86
Arzal port - Pay to use
Tel. 02 99 90 05 86
Hafen Arzal - Gebührenpflichtig
Tel. 02 99 90 05 86

Zone interdite
Prohibited zone
Sperrgebiet

Port de Camoël - Payant
Tél. 02 99 90 05 86
Camoël port - Pay to use
Tel. 02 99 90 05 86
Hafen Camoël - Gebührenpflichtig
Tel. 02 99 90 05 86

Port de Tréhiguier - Tél. 02 99 90 30 02 (mairie)
Tréhiguier port - Tel. 02 99 90 30 02
Hafen Tréhiguier - Tel. 02 99 90 30 02

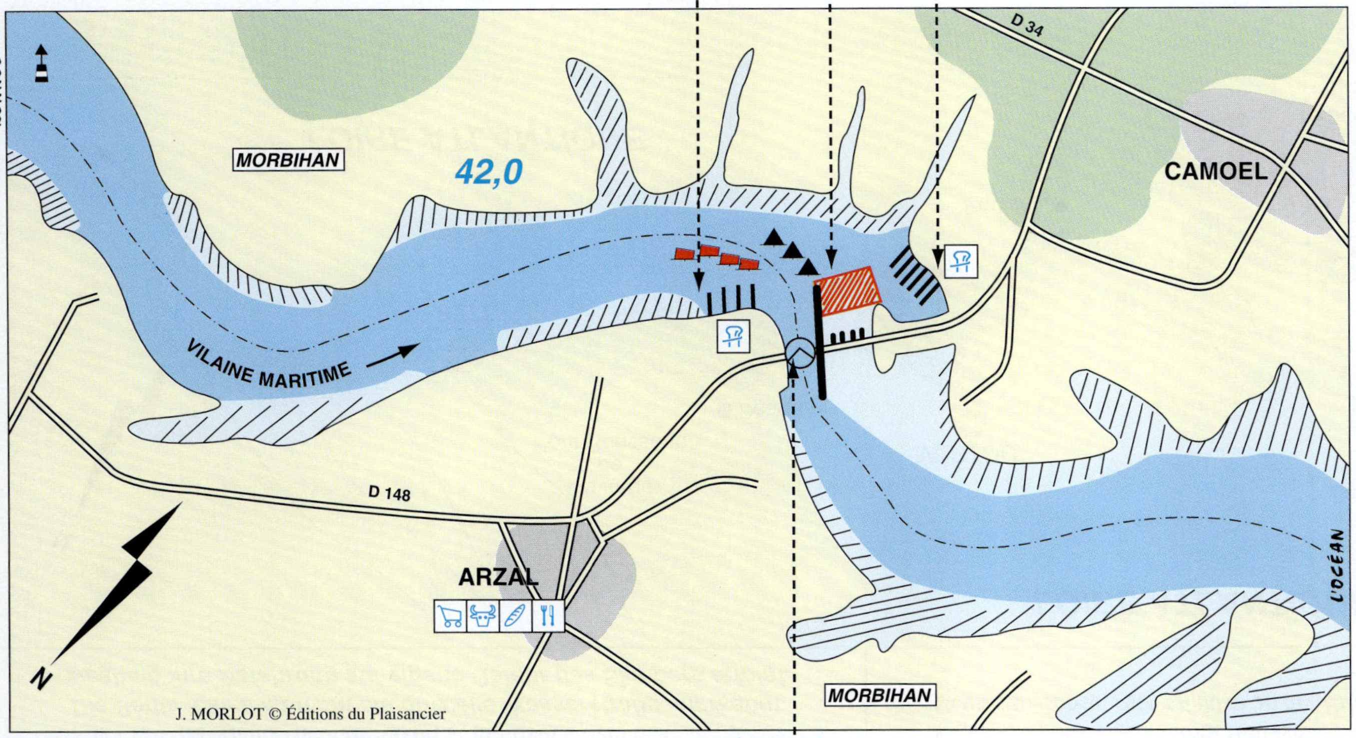

Écluse d'Arzal
Tél. 02 97 45 02 85
65 m x 13 m et 20 m x 13 m
Passage aux heures rondes de 7 h à 20 h

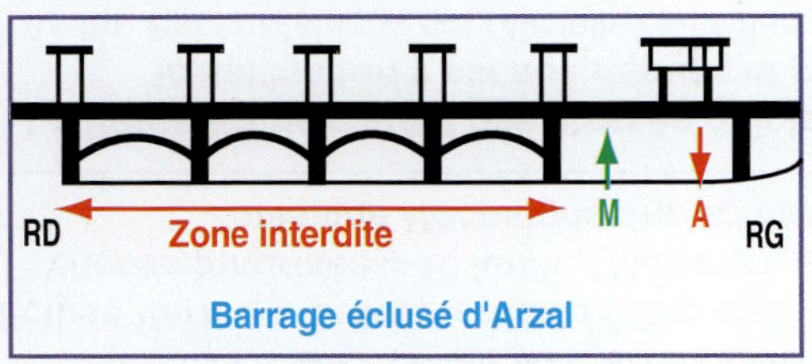

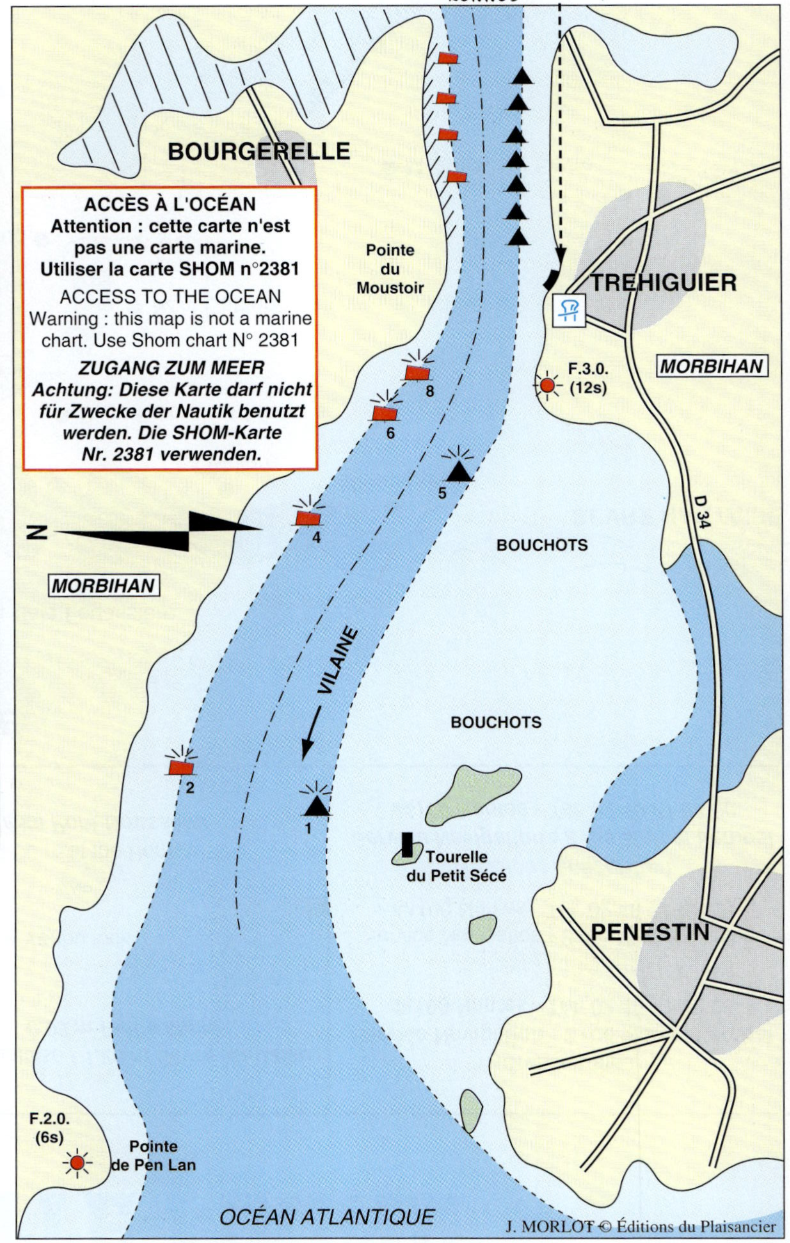

SÈVRE NANTAISE - PETITE MAINE

21,5 km = Sèvre Nantaise / 6 km = Petite Maine
1 Écluse Vertou = Sèvre Nantaise / One lock/ ***1 Schleuse* (32 m x 5,80 m)**
Vitesse autorisée = 10 km/h / Maximum speed allowed : 10 KPH /
Zulässige Höchstgeschwindigkeit : 10 km/Std.

La Petite Maine n'étant pas classée officiellement voie navigable, la navigation y est aux risques et périls de l'usager.
As the Petite Maine is not officially classified as a navigable waterway, navigation is undertaken at the user's own risk.
Die Petite Maine ist nicht als offizielle Wasserstraße anerkannt, weshalb ihre Befahrung auf eigene Gefahr des Skippers erfolgt.

- **1,20 m Sèvre Nantaise** / 1.20 m Sèvre Nantaise / ***1,20 m Sèvre Nantaise***
- **0,90 m Petite Maine** / 0.90 m Petite Maine / ***0,90 m Petite Maine***

- **5,50 m à l'écluse de Vertou** / 5.50 m at the Vertou lock / ***5,50 m an der Schleuse Vertou***

- **4,00 m à l'ouvrage de Pont Rousseau** / 4.00 m et the Pont Rousseau Construction / ***4,00 m an der Brücke Pont Rousseau***

Adresse utile :
Service Navigation : 2 rue Marcel Sembat
44100 Nantes - Tél. 02 40 71 02 00

Useful addresses
Service Navigation : 2 rue Marcel Sembat
44100 Nantes - Tél. 02 40 71 02 00

Nützliche anschriften
Service Navigation : 2 rue Marcel Sembat
44100 Nantes - Tél. 02 40 71 02 00

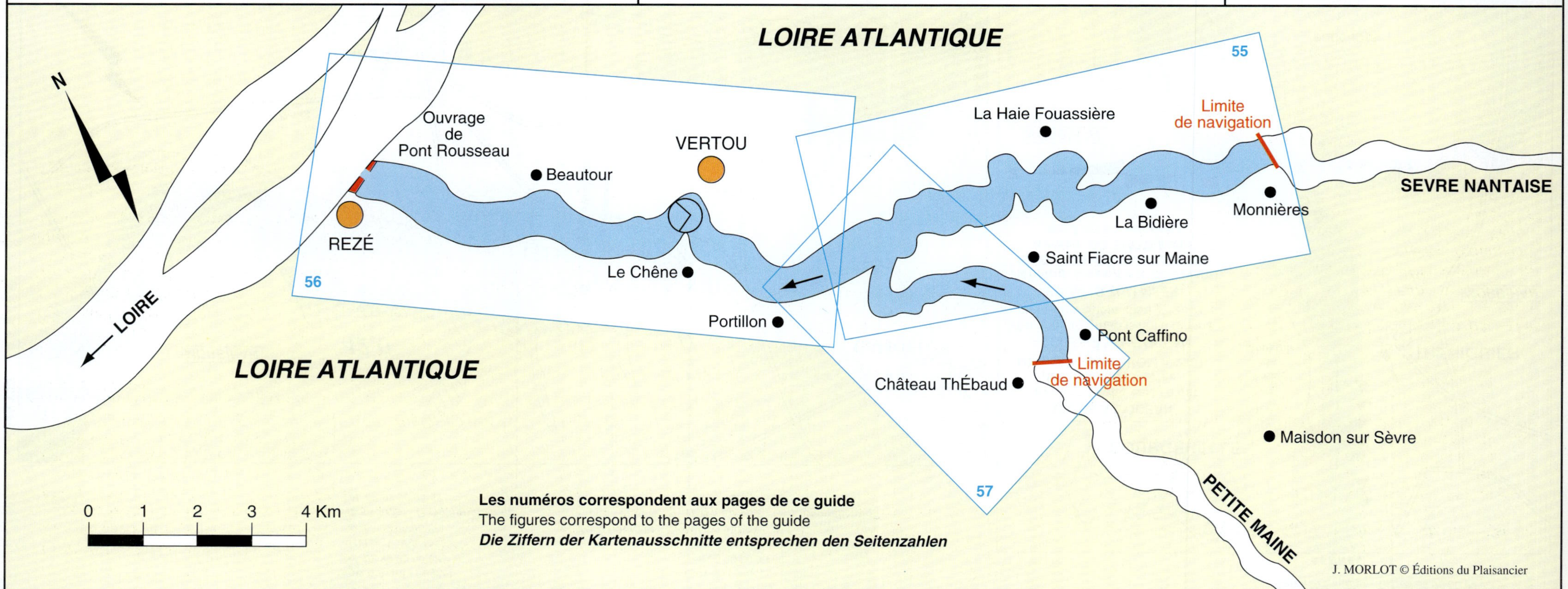

Les numéros correspondent aux pages de ce guide
The figures correspond to the pages of the guide
Die Ziffern der Kartenausschnitte entsprechen den Seitenzahlen

CONDITIONS DE NAVIGATION

La SÈVRE NANTAISE et la PETITE MAINE sont navigables pour des bateaux à faible tirant d'eau (voir tableau page 52) et accessibles par l'ouvrage de Pont Rousseau depuis 1 heure avant jusqu'à 1 heure après la P.M.

L'écluse de VERTOU divise le cours de la SÈVRE NANTAISE en deux parties. La partie aval ayant accès en Loire par le récent ouvrage de PONT ROUSSEAU.

La PETITE MAINE est navigable de PONT CAFFINO depuis l'aval de l'ancienne écluse désaffectée à son confluent avec la SÈVRE NANTAISE. Le tirant d'eau y est très limité.

TOURISME

Ces deux rivières offrent la possibilité de merveilleuses mini-croisières. Un effort méritoire a été fait pour le tourisme fluvial. Vous y traverserez (et goûterez) les délices du pays des grands crus des vins de Muscadets nantais (la Haie-Fouassière, Monnières, Saint Fiacre, Vallet, Mouzillon, Pallet-Gorges).

Des paysages champêtres pleins de charme.

ADRESSE UTILE

Service navigation : voir page 52.

NAVIGATION CONDITIONS

The SÈVRE NANTAISE and the PETITE MAINE are navigable for shallow draughted boats (see table on page 52).

The VERTOU lock divides the course of the SÈVRE NANTAISE into two parts. The lower part gives access to the Loire thanks to the recently constructed ROUSSEAU BRIDGE.

The PETITE MAINE is navigable from PONT CAFFINO, starting from the downstream side of the ancient disused lock, to the confluence with the SÈVRE NANTAISE. The water depth is very limited.

TOURISM

These two rivers offer the possibility of marvellous mini-cruises. A laudable effort has been made in favour of pleasure boating. You will travel through (and taste) the delights of the country of the "grands crus" of the Muscadet vineyard (la Haie-Fouassière, Monnières, Saint Fiacre, Vallet, Mouzillon, Pallet-Gorges).

This is rustic country-side, full of charm.

USEFUL ADRESS

Service navigation : see page 52.

SCHIFFAHRTSBEDINGUNGEN

Die SÈVRE NANTAISE und die PETITE MAINE sind für Kleinfahrzeuge mit geringer Tauchtiefe schiffbar (siehe Tabelle S. 52).

Die Schleuse VERTOU teilt die SÈVRE NANTAISE in zwei Teilstrecken auf. Der untere Teil ist seit kurzem durch ein Bauwerk in PONT ROUSSEAU mit der Loire verbunden.

Die PETITE MAINE ist schiffbar von unterhalb der ehemaligen Schleuse von PONT CAFFINO bis zum Zusammenfluß mit der SÈVRE NANTAISE. Die Fahrwassertiefe ist auf diesem Wasserweg sehr gering.

TOURISTISCHE HINWEISE

Diese beiden Flüsse bieten die Gelegenheit für herrliche Minitörns. Begrüßenswerte Anstrengungen wurden zugunsten des Wassertourismus gemacht. Der Skipper durchquert Regionen von großem gastronomischem Interesse, so z.B. die Weingebiete des Muscadet Nantais mit La Haie-Fouassière, Monnières, Saint Fiacre, Vallet, Monzillon, Pallet-Gorges, sowie reizvolle ländliche Gegenden.

NÜTZLICHE ANSCHRIFTEN

Service navigation : siehe Seite 52.

DE PORT DOMINO A L'OUVRAGE DE PONT ROUSSEAU (SÈVRE NANTAISE)

LE PARCOURS

Ce parcours n'est possible que pour des bateaux à faible tirant d'eau.

Quittant le quai de Port Domino (rampe de mise à l'eau), nous serpentons tout au long du cours de la SÈVRE NANTAISE dans un cadre champêtre dont nous apprécions la beauté sereine.

LES ESCALES

Elles sont nombreuses et pour certaines récemment bien aménagées pour le confort du plaisancier.

La halte de GUÉ JOUBERT avec tables de pique-nique permet une pause casse-croûte agréable.

La halte de La HAIE-FOUASSIÈRE très bien aménagée offre toutes les prestations souhaitées.

Celles de CANTERIE, la RAMÉE et PORTILLON, plus modestes sont néanmoins d'agréables arrêts.

Plus en aval : 2 ports.

VERTOU : bien aménagé, joli site, équipement complet, la ville offre toutes ressources.

Les LYS : port fréquenté par la plaisance locale, a l'avantage d'être proche de l'agglomération nantaise.

FROM PORT DOMINO TO THE PONT ROUSSEAU CONSTRUCTION (SÈVRE NANTAISE)

THE TRIP

This trip is only feasible for shallow draughted boats.

After quitting the quay of Port Domino (launching slipway), you follow the twists and turns of the SÈVRE NANTAISE for the entire length of its course, in a rustic setting whose serene beauty you will appreciate.

THE PORTS OF CALL

The mooring places are very numerous and some of them have been recently fitted out for the comfort of boating visitors. The GUÉ JOUBERT mooring with its picnic tables is a pleasant spot for a snack or meal. The very well equipped HAIE-FOUASSIÈRE mooring offers all the services you could desire. Those of CANTERIE, la RAMÉE and PORTILLON, though more modest, are nevertheless nice places to stop.

Further downstream : 2 ports

VERTOU : well laid out, pretty site, comprehensively equipped, good range of shops in town.

Les LYS : port much used by local boat owners, having the advantage of proximity to the Nantes conurbation.

VON PORT DOMINO BIS BRÜCKE PONT ROUSSEAU (SÈVRE NANTAISE)

STRECKENBESCHREIBUNG

Diese Strecke ist nur für Fahrzeuge mit geringer Tauchtiefe schiffbar.

Im Anschluß an die Kais in Port Domino (mit Rampe) zieht sich die SÈVRE NANTAISE in zahlreichen Schleifen durch eine ländliche Umgebung, deren beschauliche Schönheit den Skipper zweifelsohne beeindrucken wir.

AUFENTHALTE

Aufenthalte sind an zahlreichen Orten möglich, darunter an einigen, die in letzter Zeit für den Komfort der Wassertouristen ausgebaut wurden. Der Landungsplatz GUÉ JOUBERT mit Tischen und Bänken gestattet eine angenehme Zwischenmahlzeit. Der Landungsplatz HAIE-FOUASSIÈRE verfügt über alle erdenklichen Versorgungseinrichtungen. Die Einrichtungen der Landungsplätze CANTERIE, La RAMÉE und PORTILLON sind etwas bescheidener, aber nicht weniger angenehm.

Weiter stromabwärts 2 Häfen, u. zw.

VERTOU : Gut angelegt und ausgerüstet, schöne Umgebung alle erdenklichen Läden im Ort.

Les LYS : Hafen, der von den Sportschiffern am Ort genutzt wird. Bietet den Vorteil, in der Nähe des Ballungsgebietes von Nantes zu liegen.

- **Châteaux de Breil-Rochefort-Portereau-Rézé** - Châteaux of Breil, Rochefort, Portereau, Rézé - ***Schlösser Breil, Rochefort, Portereau, Rézé***
- **Écluse de Vertou** - Vertou lock - ***Schleuse Vertou***
- **Ouvrage de Pont Rousseau** - Pont Rousseau construction - ***Brücke Pont Rousseau***

A PORT DOMINO

- **Musée du vignoble** - Museum of the vineyard - ***Weinbau-Museum***

A VERTOU

- **Chaussée des Moines** - Monks' causeway - ***Chaussée des Moines*** / **Sarcophages 15e siècle** - 15th century sarcophagi - ***Steinsarg, 15. Jh.*** / **Tombes mérovingiennes** - Merovingian tombs - ***Merowingische Grabstätte***

A PORTILLON

- **Vignobles du Muscadet** - Muscadet vineyard - ***Weinberge des Muscadet***

A RÉZÉ

- **Cité radieuse Le Corbusier** - Le Corbusier's radiant city - ***Cité radieuse von Le Corbusier*** / **Hôtel de ville** - Town Hall - ***Rathaus***

Halte de Gué Joubert
Gué Joubert mooring station
Landungsplatz Gué Joubert

Halte de la Canterie
Canterie mooring station
Landungsplatz Canterie

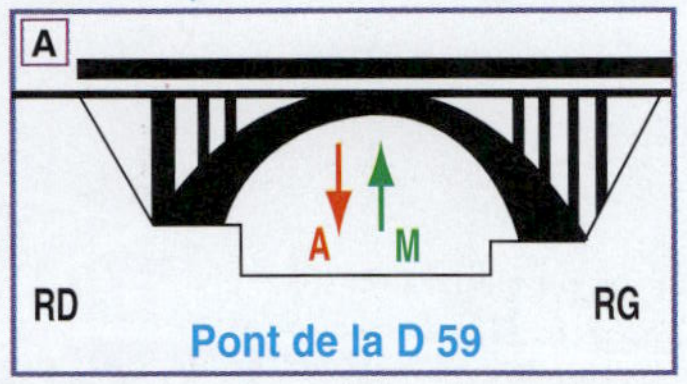

Halte de la Ramée
Ramée stopping point
Landungsplatz La Ramée

Halte de la Canterie
Canterie stopping point
Landungsplatz la Canterie

Site des cavernes
Caves site
Höhlen

WC Evier
Halte de la Haie Fouassière
La Haie Fouassière stopping point
Landungsplatz La Haie Fouassière

Halte de Gué Joubert
Gué Joubert stopping point
Landungsplatz Gué Joubert

Port Domino
Domino port
Hafen Domino

Terminus navigation
Navigation terminus
Ende des schiffbaren Abschnitts

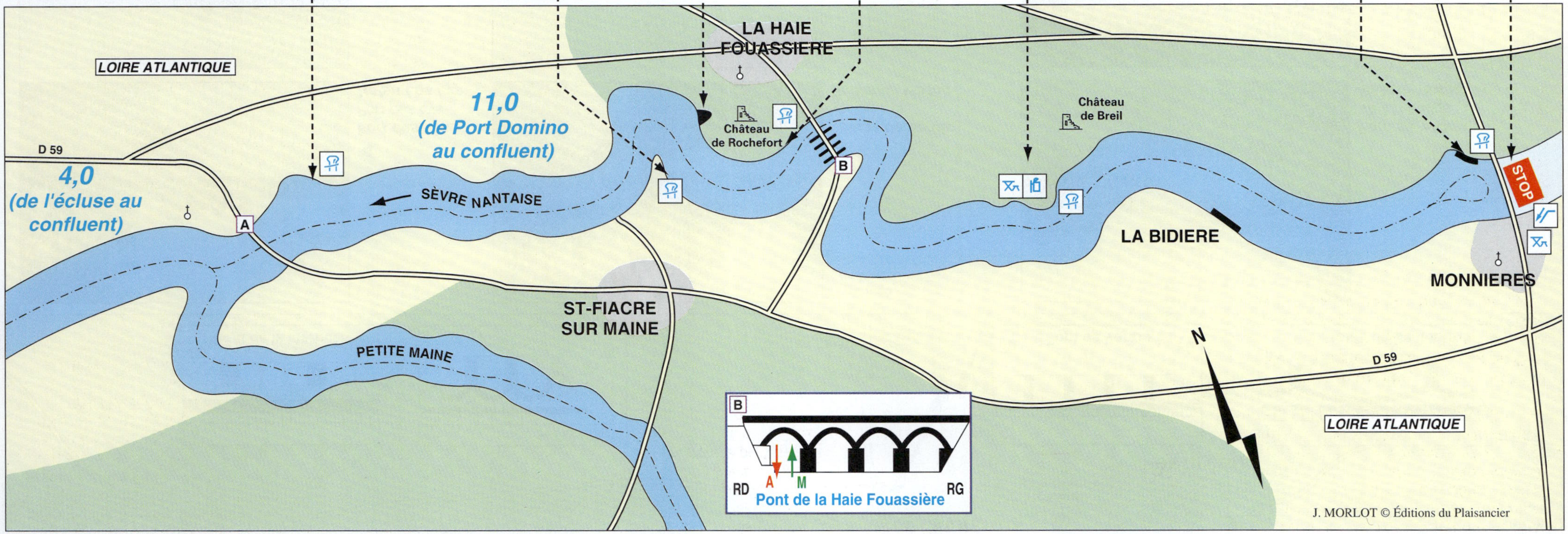

Halte de la Ramée
Ramée stopping point
Landungsplatz la Ramée

Halte de la Haie Fouassière
La Haie Fouassière stopping point
Landungsplatz La Haie Fouassière

Halte de la Haie Fouassière
La Haie Fouassière stopping point
Landungsplatz La Haie Fouassière

Port Domino
Domino port
Hafen Domino

Ouvrage de Pont Rousseau (respecter la signalisation)
Pont Rousseau construction (Obey sign panels)
Brücke Pont Rousseau (Sichtzeichen beachten)

Port des Lys - Pontons flottants
Port des Lys - Floating pontoons
Hafen Les Lys - Anlegestege

Port de Vertou. Stade - WC - Parc Loisirs
Port de Vertou - Sports stadium - Toilets - Leisure park
Hafen Vertou - Stadion - Sanitäranlagen - Freizeitpark

WC
Halte de Portillon
Portillon stopping point
Landungsplatz Portillon

Halte de la Ramée
Ramée stopping point
Landungsplatz La Ramée

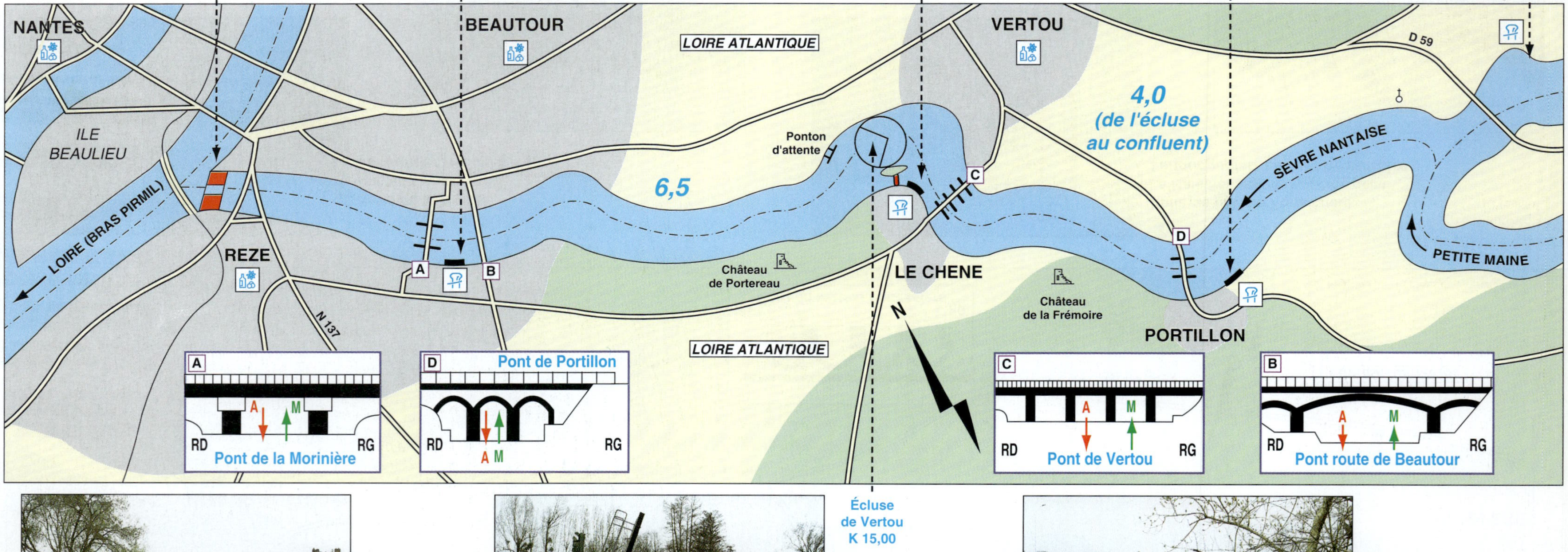

Port des Lys
Port des Lys
Hafen Les Lys

Écluse de Vertou
Vertou lock
Schleuse Vertou

Pont de Vertou
Vertou bridge
Brücke Vertou

Ouvrage de Pont Rousseau
Pont Rousseau construction
Brücke Pont Rousseau

Port de Vertou
Port de Vertou
Hafen Vertou

Pont route de Beautour
Beautour road bridge
Hafen Beautour

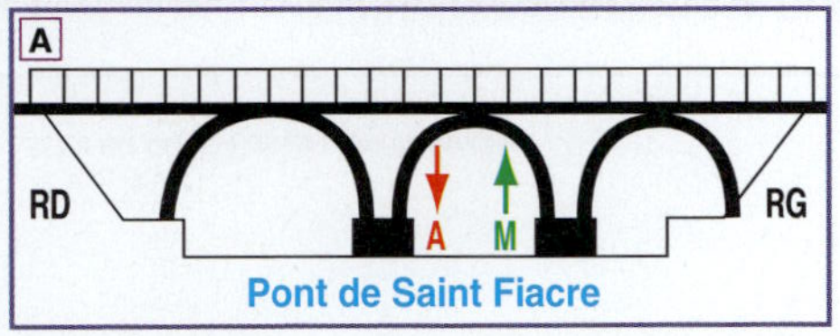

Halte de Saint-Fiacre
Saint-Fiacre stopping point
Landungsplatz Saint-Fiacre

Pont Caffino
Guinguette - Ponton
Pont Caffino
Dancing place - Pontoon
Pont Caffino
Ausflugslokal - Anlegesteg

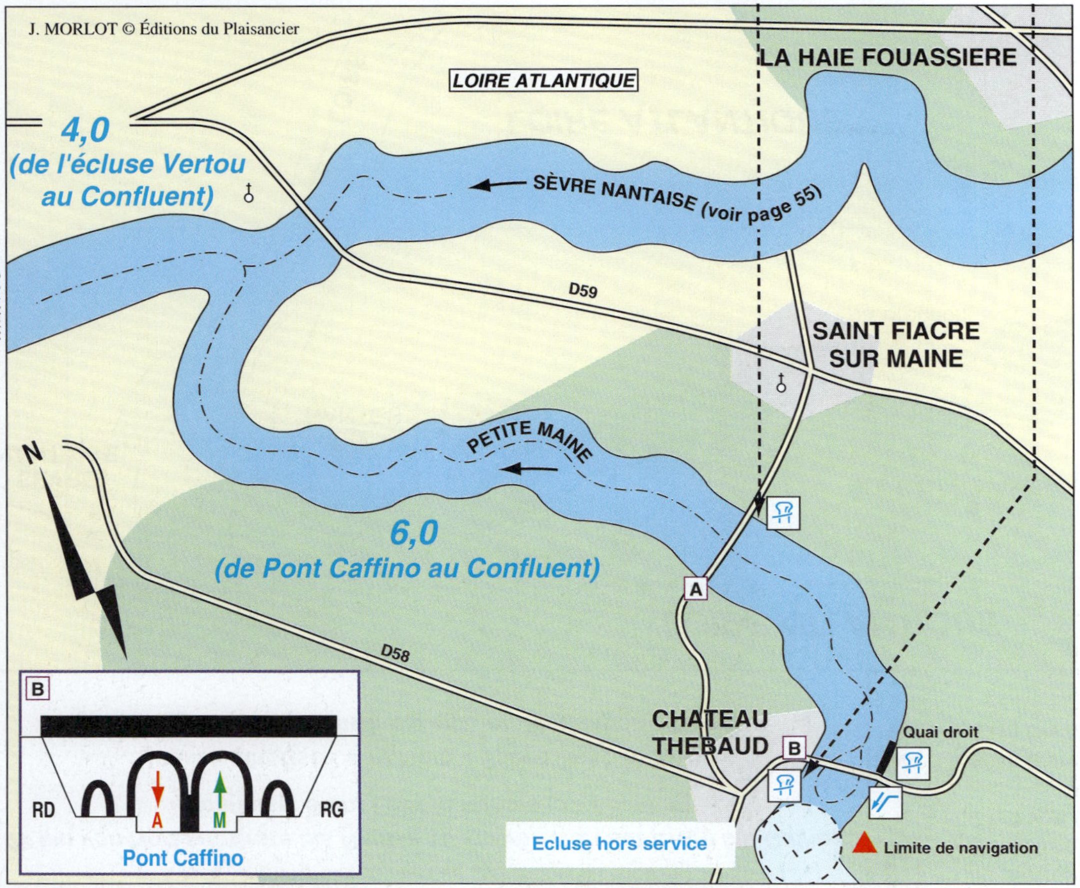

DE PONT CAFFINO AU CONFLUENT (PETITE MAINE)

LE PARCOURS

Une charmante mini-croisière accessible aux bateaux de très faible tirant d'eau. Pont Caffino offre un joli site dominé par des falaises R.D. Au fond, l'écluse désaffectée, limite de la navigation. Une petite guinguette, une rampe de mise à l'eau pour les bateaux. Et nous voici partis jusqu'à la halte, modeste, de SAINT FIACRE. Passé le pont, nous n'avons plus qu'à nous laisser glisser jusqu'au confluent dans un décor verdoyant et paisible.

FROM PONT CAFFINO TO THE CONFLUENCE (PETITE MAINE)

THE TRIP

A charming mini-cruise only possible for very shallow draughted craft. Port Caffino occupies a pretty site, dominated by cliffs on the right bank. You cannot go further than the disused lock. A little open air café / dancing place, a launching slipway. And so off you go as far as the modest SAINT FIACRE stopping point. After passing under the bridge, you have only to let your boat glide to the confluence, surrounded by peaceful and lush scenery.

VON PONT CAFFINO BIS ZUM ZUSAMMENFLUß (PETITE MAINE)

STRECKENBESCHREIBUNG

Ein reizender Minitörn für Fahrzeuge mit sehr geringem Tiefgang. Port Caffino liegt in einer schönen Umgebung, die von steilen Felswänden am rechten Ufer überragt wird. Im Hintergrund schließt eine stillgelegte Schleuse die schiffbare Strecke ab. Ausflugslokal, Rampe. Auf der Strecke kann in SAINT FIACRE an einem bescheidenen Landungsplatz angelegt werden. Nach der Brücke kann sich der Wassertourist in einer grünen und friedlichen Szenerie gemächlich dahingleiten lassen.

A SAINT-FIACRE SUR MAINE

- **Tour du Chasseloir** - Chasseloir Tower - ***Tour du Chasseloir*** / **Église** - Church - ***Kirche*** / **Métairie** - Small farm - ***Bauernhof*** / **Exposition des caves de la Cantrie** - Cantrie caves exhibition - ***Ausstellung der Kellerei La Cantrie*** / **Vignoble du Muscadet** - Muscadet vineyard - ***Weinberge des Muscadet***

Pont et rampe de St-Fiacre sur Maine
Port and slipway at St-Fiacre sur Maine
Hafen und Rampe St-Fiacre sur Maine

Pont de pont Caffino
Pont Caffino bridge
Hafen Pont Caffino

Rampe de Pont Caffino
Launching slipway at Pont Caffino
Rampe Pont Caffino

Écluse désaffectée de Pont Caffino
Disused lock at Pont Caffino
Stillgelegte Schleuse Pont Caffino

L'ERDRE

28 km de Nort sur Erdre à Nantes - 6 km de Nort sur Erdre à Quiheix
1 Écluse = Saint Félix à Nantes (50 m x 6,98 m)
28 kms from Nort sur Erdre to Nantes - 6 kms from Nort sur Erdre to Quiheix
1 lock : Saint Félix at Nantes (50 m x 6.98 metres)
28 km von Nort sur Erdre bis Nantes - 6 km von Nort sur Erdre bis Quiheix
1 Schleuse: Saint Félix in Nantes (50 x 6,98 m)

Vitesse autorisée = 10 km/h / Speed limit : 10 KPH /
zulässige Höchstgeschwindigkeit: an Werktagen 10 km/Std.

- **2 m de Nort sur Erdre à Quiheix** / 2 metres from Nort sur Erdre to Quiheix / ***2,00 m von Nort sur Erdre bis Quiheix***
- **1,60 de Quiheix à Nantes (2,50 m dans l'axe du chenal)** / 1.60 metres from Quiheix to Nantes (2.50 metres in the centre of the channel) / ***1,60 m von Quihex bis Nantes (2,50 m in Fahrrinnenmitte)***
- **2,40 m en retenue normale** / 2.40 metres at normal water level / ***2,40 m bei Normalwasserstand***

Adresse utiles:
- **Service Navigation**
2 rue Marcel Sembat
44100 Nantes Tél. 02 40 71 02 00
- **Affaires maritimes**
2 ter, Boulevard Allard
44100 Nantes Tél. 02 40 73 18 70
- **Douane**
7 place Général Mélinet
44100 Nantes
Tél. 02 40 44 34 00

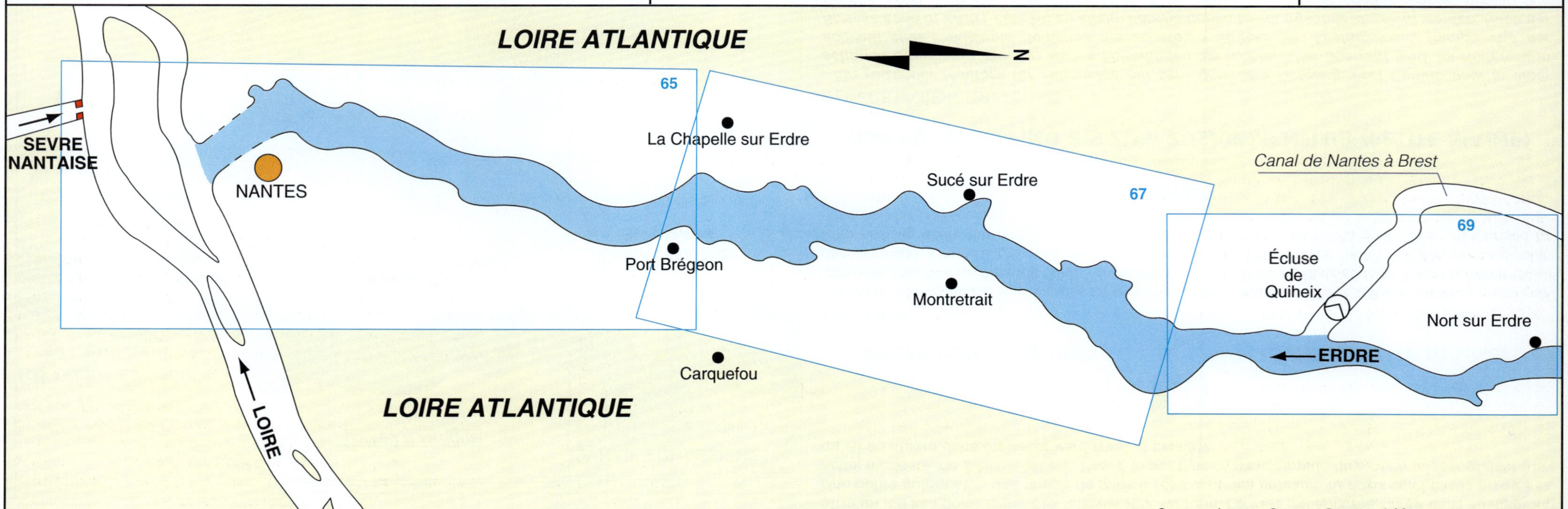

Les numéros correspondent aux pages de ce guide
The figures correspond to the pages of the guide
Die Ziffern der Kartenausschnitte entsprechen den Seitenzahlen

CONDITIONS DE NAVIGATION

La section de NANTES à l'écluse N°2 de QUIHEIX est incorporée au CANAL DE NANTES À BREST. Les bateaux à fort tirant d'eau devront bien garder l'axe du chenal balisé où ils auront, théoriquement, un mouillage de 2,50 mètres.

La section QUIHEIX à NORT SUR ERDRE n'offre qu'un mouillage de 1,20 mètres. Pour le passage en LOIRE par l'écluse N°1 SAINT FÉLIX, voir consignes page 64.

TOURISME

Le navigateur quittant l'ouvrage de PONT ROUSSEAU empruntera la LOIRE, le temps de la traversée de NANTES et ses quais chargés d'histoire. Il y côtoiera les bâtiments de haute mer, puis par l'écluse Saint Félix et le tunnel il retrouvera, au port de plaisance, le calme de la navigation fluviale.

La remontée de l'Erdre est pleine de charme, émaillée de jolies escales : SUCÉ SUR ERDRE et NORT SUR ERDRE ne manqueront pas de lui laisser de charmants souvenirs.

ADRESSES UTILES

Voir page 58.

NAVIGATION CONDITIONS

The section from NANTES to lock N° 2 at QUIHEIX forms part of the NANTES-BREST CANAL. Vessels with a deep draught must take care to remain right in the centre of the marked channel, where they will have, in theory, a water depth of 2.50 metres.

The section from QUIHEIX to NORT SUR ERDRE has a draught of only 1.20 metres. For the passage on to the LOIRE through the SAINT FÉLIX lock, N° 1, see the instructions on page 64.

TOURISM

The yachtsman who goes through the PONT ROUSSEAU construction will then follow the course of the LOIRE just for the space of the crossing through NANTES, with its history laden quays. He will initially find himself in the company of sea-going vessels. Then, after passing through the Saint Félix lock and the tunnel, he will reach the pleasure boat harbour and, with it, settle again into the calm of river navigation. The cruise up the Erdre is full of charm, punctuated by pretty ports of call : SUCÉ SUR ERDRE and NORT SUR ERDRE will not fail to leave him with enchanting memories.

USEFUL ADDRESSES

See page 58.

SCHIFFAHRTSBEDINGUNGEN

Der Abschnitt von NANTES bis zur Schleuse 2, QUIHEIX, ist Bestandteil des CANAL DE NANTES À BREST. Fahrzeuge mit großer Tauchtiefe müssen gewissenhaft Kurs in der Mitte der betonnten Fahrrinne halten, wo ihnen theoretisch eine Fahrwassertiefe von 2,50 m zur Verfügung steht.

Der Abschnitt QUIHEIX bis NORT SUR ERDRE besitzt eine Fahrwassertiefe von nur 1,20 m. Die Passage in die LOIRE erfolgt über die Schleuse 1, SAINT FÉLIX. Siehe hierzu die Hinweise auf Seite 64.

TOURISTISCHE HINWEISE

Beim Verlassen von PONT ROUSSEAU benutzt der Skipper die LOIRE und durchquert dabei die Stadt NANTES mit ihren geschichtsträchtigen Kais. Er fährt dabei an den Bauwerken der Hochseeschiffahrt vorbei, um schließlich nach der Passage der Schleuse Saint Félix und des Tunnels im Sportboothafen die Ruhe der Flußschiffahrt wiederzufinden.

Die Fahrt stromaufwärts auf der Erdre ist bezaubernd. Zahlreiche hübsche Aufenthaltsorte bieten sich dem Wasserwanderer an : Die charmanten Orte SUCÉ SUR ERDRE und NORT SUR ERDRE werden ihm noch lange in Erinnerung bleiben.

NÜTZLICHE ANSCHRIFTEN

Siehe Seite 58.

LA LOIRE ATLANTIQUE AU FIL DE L'EAU

Pays d'eau, la Loire-Atlantique peut se découvrir à travers ses voies navigables.

LA LOIRE

Navigable depuis l'estuaire jusqu'à Angers, le fleuve royal permet aux plaisanciers de remonter jusqu'au port de Nantes, et bien au-delà pour découvrir le charme des îles de Loire, aux confins de la Bretagne et de l'Anjou.

L'ERDRE

Classée « Grand Site National », la rivière se présente comme une succession de plans d'eau entourés de parcs, de manoirs et de marais protégeant une multitude d'oiseaux. On y pratique de nombreux loisirs nautiques.

La Loire à Ancenis (Ph. N. Lejeune)

LE CANAL DE NANTES À BREST

Bien aménagé pour le tourisme fluvial et présentant peu d'écluses sur cette première section, le Canal emprunte le lit de l'Isac, offrant des paysages variés et des haltes intéressantes pour découvrir le patrimoine local.

LA SÈVRE NANTAISE

Avec le nouveau barrage de Pont Rousseau, la Sèvre est navigable sur une vingtaine de kilomètres depuis son embouchure avec la Loire. Cette belle rivière permet de pénétrer au cœur du pays Nantais.

Discover Loire-Atlantique through its waterways.

THE RIVER LOIRE

The Loire is navigable from the estuary up to Angers. Sailors can go upstream as far as Nantes and even further up ; they can discover the charms of the river islands on the borders of the old provinces of Brittany and Anjou.

THE RIVER ERDRE

The Erdre now ranks among the « *Grand Site National* » of France ; it offers a series of water expanses bordered by lovely parks, manors, mansions and swamps where bird species take refuge. Many water sports are also available on the river.

THE NANTES-BREST CANAL

This canal is now dedicated to river cruising. It offers several locks on the first section then follows the bed of the river Isac where varied landcapes can be admired. Many stops will allow the cruiser to discover the local heritage.

THE SÈVRE NANTAISE

Thanks to a new dam, the river Sèvre has now become navigable on over 13 ml / 20 km from the confluence with the Loire upstream. This lovely river penetrates amidst the Muscadet growing region.

L'Erdre (Ph. M. Chauvin)

Loire-Atlantique – Auf Wasserstraßen durch eine wasserreiche Gegend

DIE LOIRE

Der » Fluß der Könige « ist von seiner Trichtermündung aus bis Angers schiffbar. Freizeitkapitäne können auf Loire den Hafen von Nantes erreichen, und sogar noch weiter flußaufwärts, im alten Grenzgebiet zwischen Bretagne und Anjou, den atemberaubenden Zauber der Loireinseln erkunden.

DIE ERDRE

Dieses » bedeutende nationale Naturdenkmal « ist zweifellos einer der schönsten Flüsse Frankreichs. Parkanlagen, Schlößchen und Landsitze, aber auch Sumpfgebiete, in denen unzählige Vögel ungestört leben, bilden den einmaligen Rahmen für die ausgedehnten Wasserflächen der Erdre, die sich ausgezeichnet für Wassersport aller Art eignen.

La Sèvre Nantaise (Ph. Evrard)

DER NANTES-BREST-KANAL

Nur wenige Schleusen weist der für Hausbooturlauber hervorragend ausgestattete Kanal in diesem ersten Teilabschnitt auf. Er folgt hier dem Bett des Flüßchens Isac mit abwechslungsreichen Landschaften, wo interessante Ortschaften dazu einladen, vor Anker zu gehen und die lokalen Sehenswürdigkeiten aufzuspüren.

DIE SEVRE NANTAISE

Dank des neuen Wehres bei Pont Rousseau ist die Sèvre nun ab ihrem Zusammenfluß mit der Loire von Nantes aus auf einer 20 Kilometer langen Strecke schiffbar. Dieser reizvolle Fluß ermöglicht es, tief ins Herz des Nanteser Weinanbaugebietes vorzudringen.

RESERVATION LOISIRS ACCUEIL

Avec Loisirs Accueil, votre réservation est facilitée, pour une escapade réussie en Loire-Atlantique. Demandez notre brochure :

- **Croisière en bateaux habitables.**
- **Meublés de vacances au bord de la mer.**
- **Thalassothérapie ou voile sur l'Atlantique...**

LOISIRS ACCUEIL

2 allée Baco - 44000 NANTES
Tél. : (00.33) 02.51.72.95.32
Fax : (00.33) 02.40.20.44.54

Loire-Atlantique, mariage de deux fortes personnalités. La Loire, le fleuve royal irriguant le cœur de la France, l'Atlantique, l'océan synonyme d'aventure et de découverte. Deux destins, l'un terrestre, l'autre maritime, se rencontre au sein d'un vaste estuaire.
Chaque chemin est une invite au voyage. Chaque village réserve une surprise au flâneur. Chaque saison offre un éventail de plaisirs différents.

LOIRE ATLANTIQUE TOURISME

COMITÉ DÉPARTEMENTAL DU TOURISME
2 ALLÉE BACO - F - 44000 NANTES
Tél. : (00.33) 02.51.72.95.30
Fax : (00.33) 02.40.20.44.54

Nantes, une cité sur l'eau à découvrir au fil de l'Erdre.

L'Erdre, la plus belle rivière de France...

Entre Bretagne et Loire, l'Erdre séduit par ses rives fleuries, bordées de châteaux et de demeures ancestrales. Classée grand site national, vous tomberez sous le charme de cette rivière à la nature sauvage et à la faune préservée.

Between Brittany and the Loire, the Erdre seduces by its blooming rivers, bordered by castles and ancestral residences. Listed as an important national site, you will be captivated by this river that reveals its wild nature and its preserved fauna.

Zwischen der Bretagne und der Loire liegt die Erdre, die es versteht, Sie mit ihren blumenreichen Ufern und den Schlössern und vorzeitlichen Bauten in ihrer Umgebung zu verzaubern. Es handelt sich um ein landschaftlich geschütztes Gebiet ; der Charme dieses naturbelassenen Flusses und die intakte Fauna werden Sie verführen.

Profitez de tous les plaisirs de la plaisance.

Au fil de l'eau, l'Erdre vous offre un éventail de loisirs et de sports nautiques : balades en bateau de croisière, aviron, voile, canoë-kayak, bateaux électriques... à pratiquer toute l'année !

Along the water, the Erdre provides you with a whole range of leisure activities and water sports : trips in cruising boats, rowing, saling, canoeing, electrically run boats... available all year round !

Entlang des Flusses werden Ihnen eine Reihe an Freizeitaktivitäten und Wassersport angeboten : Dampferfahrten, Rudern, Segeln, Kayak, Motorboote... das ganze Jahr über !

TIRANT D'AIR SOUS LES PONTS À NANTES À LA COTE NORMALE DU PLAN D'EAU DE L'ERDRE (4,08 m NGF)		
	St Mihiel	3,90 m
	Passerelle Ile de Versailles	6,80 m
	Motte Rouge	7,00 m
	Tortière	7,00 m
	Jonelière	10,31 m
	A821	10,42 m
	Sucé / Erdre	6,18 m

Au cœur de Nantes, le Port de l'Erdre et sa Capitainerie vous accueillent.

Dès votre arrivée au port, toute l'équipe de la Capitainerie est là pour répondre à toutes vos attentes (carburant, eau, électricité, sanitaires...), sans oublier les commerces de proximité pour votre confort à quai. A une encablure, le canal Saint Félix vous relie à la Loire. Vous pourrez à tout moment répondre à l'appel du grand large.

On your arrival at the port the whole team at the harbour master's office is at hand to meet all your requirements (fuel, water, electricity, lavatories...) and not forgetting the nearby shops to enhance your comfort on the quay. At a cable's length away you can join the Loire at the Saint Felix canal. At any moment you can beckon to the call of the high seas.

Sobald Sie am Hafen ankommen, erwartet Sie die Mannschaft des Hafenmeisteramts und kümmert sich um all Ihre Anliegen (Treibstoff, Wasser, Strom, sanitäre Einrichtungen...), ohne dabei die Geschäfte in der Nähe der Anlegestellen zu vergessen. Nur eine Taulänge weiter verbindet Sie der St-Felix-Kanal mit der Loire. Sie können somit, wann immer Sie wollen, ins Weite hinhaus.

Nantes, ville ouverte sur toutes les cultures.

Capitale historique de la Bretagne, tournée vers l'Océan, Nantes témoigne de sa vocation maritime. Son patrimoine historique et culturel, ses nombreux commerçants et artisans font de Nantes une ville de rencontres et d'échanges, où il fait bon jeter l'ancre.

Historic capital of Brittany, looking out towards the Atlantic, Nantes is evidence of its maritime vocation. Its historical and cultural heritage, its numerous traders and craftsmen make the city of Nantes a cross-roads for encounters and exchanges, where it is pleasant to cast anchor.

Als historische Hauptstadt der Bretagne ist Nantes auf den Atlantik hin ausgerichtet und liegt Zeugnis ab über ihre maritime Berufung. Ihre geschichtliches und kulturelles Erbe, sowie die zahlreichen Geschäfte und Handwerker machen aus Nantes eine Stadt des wirtschaftlichen und kulturellen Austauschs, in der es sich lohnt, vor Anker zu gehen.

La Ville de Nantes vous souhaite bienvenue à bord.

Les amoureux de la plaisance vont être servis !

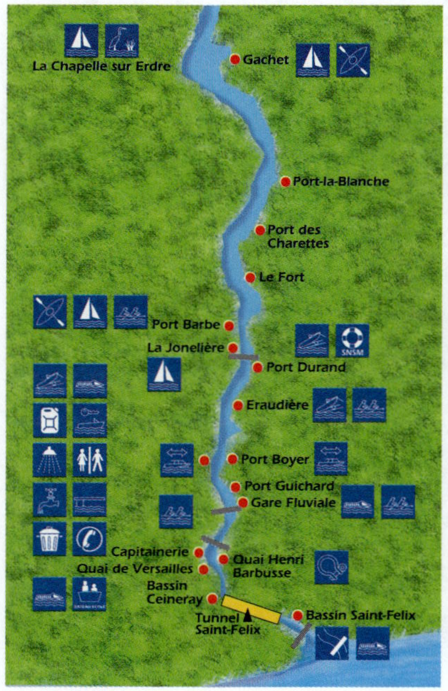

Accueil à la capitainerie.

- Permanence téléphonique et V.H.F. canal 9.
- Renseignements nautiques et touristiques.
- Accueil des bateaux au ponton principal.
- Gratuité des 2 premières nuits pour les bateaux de passage.
- Vente de carburants (Gasoil - Essence).
- Avitaillement (eau, électricité) : gratuit au ponton principal dans la limite des places disponibles.
- Mise à disposition des sanitaires.
- Salle de réunion.
- Accueil et placements à quai des abonnés.
- Aide assistance sur les quais et sur l'eau.

Port de l'Erdre

Services de la Capitainerie

- Main-d'œuvre : 170,00 F/T.T.C. l'heure (minimum facturé 85,00 F/T.T.C.).
- Carburant Capitainerie / Ile de Versailles) : affiché à la pompe, en fonction des cours.
- Mâtage ou démâtage (forfait ....150,00 F/T.T.C.).
  + tarif main-d'œuvre avec forfait minimum de 85,00 F.
  Le mâtage et le démâtage seront proposés en Erdre et Loire dès réalisation ou mise à disposition d'un équipement spécifique par la Ville de Nantes.
- Utilisation des douches (Capitainerie Ile de Versailles) :
  1 jeton = 12,00 F/T.T.C.
- Location des bureaux d'accueil aux professionnels du tourisme fluvial :
  - Un mois d'hiver .... 620,00 F/T.T.C.
  - Un mois d'été .... 1 250,00 F/T.T.C.
  - Six mois .... 5 150,00 F/T.T.C.
  - Une année .... 7 000,00 F/T.T.C.
- Location de salle de réunion du Ier étage (uniquement pour les activités liées au tourisme fluvial)
- Association a but non lucratif
  - Demi-journée .... 150,00 F/T.T.C.
- Société commerciale, vente sur place interdite
  - la demi-journée .... 330,00 F/T.T.C.

Les tarifs 1997 seront révisables en fin d'année.

Heures d'ouverture 97

Du Ier avril au 30 septembre

- tous les jours
- de 9 h 00 à 12 h 00
  et de 14 h 00 à 19 h 00

Du Ier octobre au 31 mars

- Du lundi au vendredi
  de 9h00 à 12h00
- Le samedi et le dimanche
  de 9h00à12h00
  et de 14h00 à 18h00

A deux pas du port, tous les commerces de proximité.

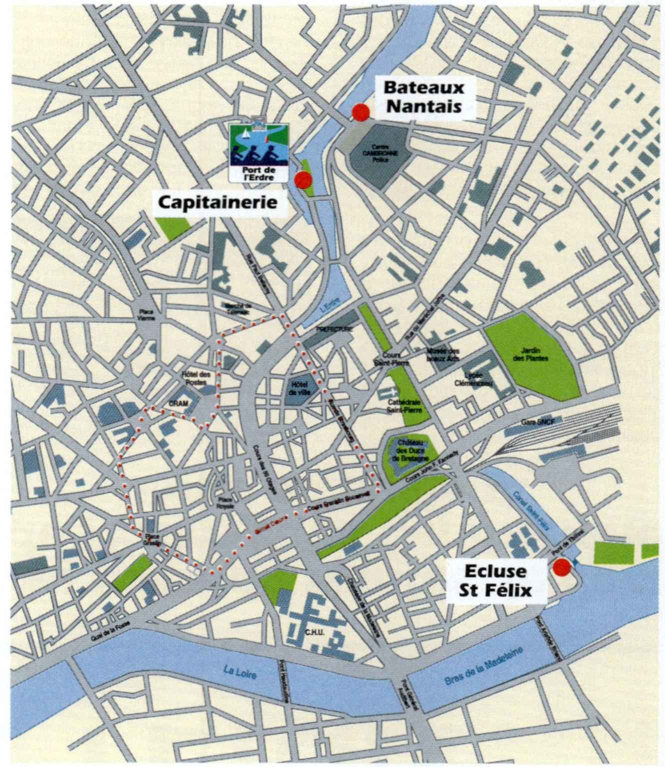

Capitainerie du port de l'Erdre - Ile de Versailles

Tél. 02 40 37 04 62
Tramway : station Saint-Mihiel
VHF : canal 9 / Ecluse VHF canal 20

DE L'OUVRAGE DE PONT ROUSSEAU A NORT SUR ERDRE

LE PARCOURS

Nous entrons en LOIRE par l'OUVRAGE DE PONT ROUSSEAU (voir horaires page 53) et empruntons le bras de la Madeleine. Un arrêt est possible aux pontons à l'aval du Pont Anne de Bretagne.

L'accès à l'ERDRE (première section du Canal de Nantes à Brest) se fait par l'écluse SAINT FÉLIX (ouverture en fonction des marées : 3h00 avant et après la pleine mer. Fermeture totale les dimanches de novembre à mars inclus et jours chômés). Après le bassin de Malakoff, nous passons dans un tunnel de 800 mètres, éclairé, qui débouche dans le port de plaisance.

La remontée de l'ERDRE se fait selon un chenal balisé. Vitesse limitée (voir page 59). Nous traversons le lac de MAZEROLLES véritable petite mer, très poissonneuse.

Au km 21,7 à QUIHEIX, le canal quitte l'ERDRE qui est navigable, en amont, sur 6 km, jusqu'à NORT SUR ERDRE et son joli petit port de plaisance. C'est la limite de navigation.

FROM PONT ROUSSEAU CONSTRUCTION TO NORT SUR ERDRE

THE TRIP

You get onto the LOIRE by going through the PONT ROUSSEAU CONSTRUCTION and you take the Madeleine branch of the river. It is possible to make a stop at the pontoons downstream from the Anne de Bretagne bridge.

You have access to the ERDRE through the SAINT FÉLIX lock (operation varies according to the tides : 3 hours before and after high tide. No lock operation at all on Sundays from November to March inclusive or on public holidays). After the Malakoff basin, you go through a lit tunnel 800 metres long, which takes you to the pleasure boat harbour.

You follow the course of the ERDRE in a marked channel. There is a speed limit (see page 59). You cross the MAZEROLLES lake, almost an inland sea and well stocked with fish.

At the 21.7 kilometre distance, the canal leaves the ERDRE, but the river remains navigable for a further 6 kms upstream, as far as NORT SUR ERDRE and its handsome pleasure boat harbour. You can't sail any further.

VON SPERRWERK PONT ROUSSEAU BIS NORT SUR ERDRE

STRECKENBESCHREIBUNG

Die Einfahrt in die LOIRE erfolgt über das SPERRWERK PONT ROUSSEAU und den Seitenarm La Madeleine. Liegemöglichkeiten existieren an den Stegen unterhalb der Brücke Anne de Bretagne.

Die Schleuse SAINT FÉLIX (Schleusenzeiten entsprechend der Tidenbedingungen 3 Std. vor und nach dem Hochwasser. Von November bis März sonntags und während Stillegungsperioden zu Wartungs- und Reparaturzwecken) keine Schleusung. Hinter dem Becken Malakoff liegt ein Tunnel von 800 m Länge mit Innenbeleuchtung, der in den Sporthafen führt.

Die Fahrt stromaufwärts auf der ERDRE erfolgt in einer betonnten Fahrrinne. Geschwindigkeitsbegrenzung beachten (s.S. 59). Durchquerung des sehr fischreichen Sees MAZEROLLES, der wie ein Meer anmutet.

Bei QUIHEIX, km 21,7, verläßt der Kanal die ERDRE. Diese ist noch schiffbar bis NORT SUR ERDRE (weitere 6 km), wo den Wasserwanderer ein hübscher Sporthafen erwartet.

A NANTES

- **Château 15ᵉ siècle** - Castle, 15th century - ***Schloß 15. Jh.*** / **Cathédrale Saint-Pierre et Saint-Paul** - Saint Pierre and Saint Paul Cathedral - ***Kathedrale Saint Pierre und Saint Paul*** / **Musées** - Museums - ***Museen*** / **Palais Dobrée** - Dobrée Palace - ***Palais Dobrée*** / **Églises St-Croix et St-Nicolas** - Sainte Croix & Saint Nicolas Churches - ***Kirchen Sainte Croix und Saint Nicolas*** / **Chapelle de l'Oratone** - Oratone Chapel - ***Kapelle Oratone*** / **Préfecture** - Préfécture - ***Präfektur*** / **Maison des apothicaires** - Apothecaries'house - ***Maison des apothicaires*** / **Palais de la Bourse** - Stock exchange - ***Börsenpalast*** / **Jardin des plantes** - Botanical garden - ***Botanischer Garten*** / **Vieux quartiers** - Old quarters - ***Altstadtviertel*** / **Quai de la Fosse** - Quai de la Fosse - ***Quai de la Fosse***

A SUCÉ SUR ERDRE

- **Site du port** - Setting of the port - ***Hafen*** / ***Le Trou de Souris*** - Le Trou de Souris - ***Trou de Souris (etwa : Nadelöhr)***

A NORT SUR ERDRE

- **Site du port** - Setting of the port - ***Hafen***

Sèvre Nantaise
Ouvrage de pont Rousseau
Sèvre Nantaise
Pont Rousseau construction
Sèvre Nantaise
Sperrwerk Pont Rousseau

Tunnel de St-Félix - 800 m - Eclairé
St-Félix tunnel, 800 m long, lit
Tunnel St-Félix, 800 m, Innenbeleuchtung

Port de Plaisance
Bassin Ceineray
Pleasure boat harbour
Ceineray basin
Sporthafen
Becken Ceineray

Port de Plaisance
Ile de Versailles
Pleasure boat harbour
Versailles island
Sporthafen
Ile de Versailles

RAPPEL
Pour une meilleure lecture, le tracé de la voie navigable a été élargi par rapport à sa longueur.
REMINDER
For greater legibility, the navigable waterway has been drawn wider, out of scale with its length.

Es wird nocheinmal darauf hingewiesen, daß die Kanalkarte nicht maßstabsgetreu ist, da die Breite des Fahrwassers im Verhältnis zur Länge größer dargestellt wurde, um für einen besseren Überblick zu sorgen.

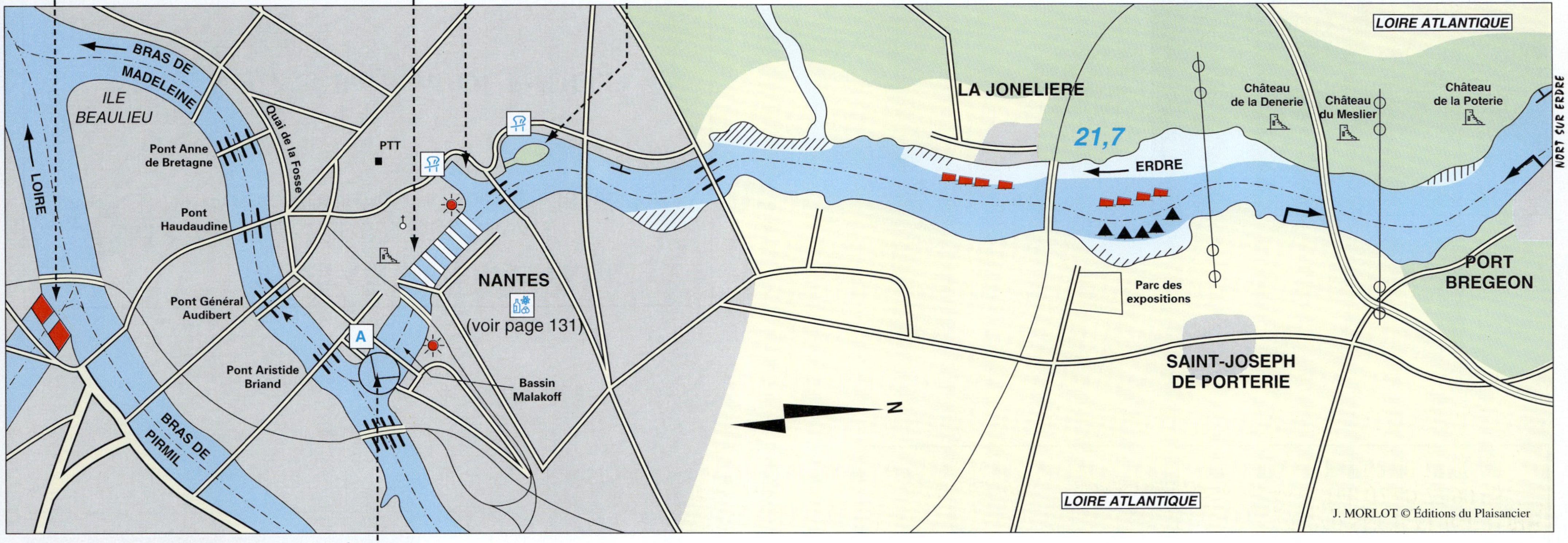

Écluse de Saint-Félix
Saint-Félix lock
Schleuse Saint-Félix

Le bassin Malakoff
Malakoff basin
Becken Malakoff

Entrée du souterrain
Tunnel entrance
Tunneleinfahrt

Bras de l'île de Versailles
Arm of Versailles island
Seitenarm Ile de Versailles

Sucé sur Erdre :
le bassin Sud et le "Trou de Souris"
The South basin and the "Mouse Hole"
Südbecken und Engstelle "Trou de Souris"

Sucé sur Erdre :
le bassin Nord
The North basin
Nordbecken

RAPPEL

Pour une meilleure lecture, le tracé de la voie navigable a été élargi par rapport à sa longueur.

REMINDER

For greater legibility, the navigable waterway has been drawn wider, out of scale with its length.

Es wird nocheinmal darauf hingewiesen, daß die Kanalkarte nicht maßstabsgetreu ist, da die Breite des Fahrwassers im Verhältnis zur Länge größer dargestellt wurde, um für einen besseren Überblick zu sorgen.

Cale de la Grimaudière

Ponton du Club A.N.C.R.E.
Club A.N.C.R.E. pontoon
Anlegesteg des Club A.N.C.R.E.

Port Jean - Club S.N.O.
Jean port - Club S.N.O.
Hafen Jean - Club S.N.O.

Passage étroit "le Trou de Souris"
Corner
Narrow passage "Mouse hole"
Hoot
Engstelle "Trou de Souris"
Schallsignal geben

Port de Sucé
Ponton flottant
Sucé port
Floating pontoon
Hafen Sucé
Anlegesteg

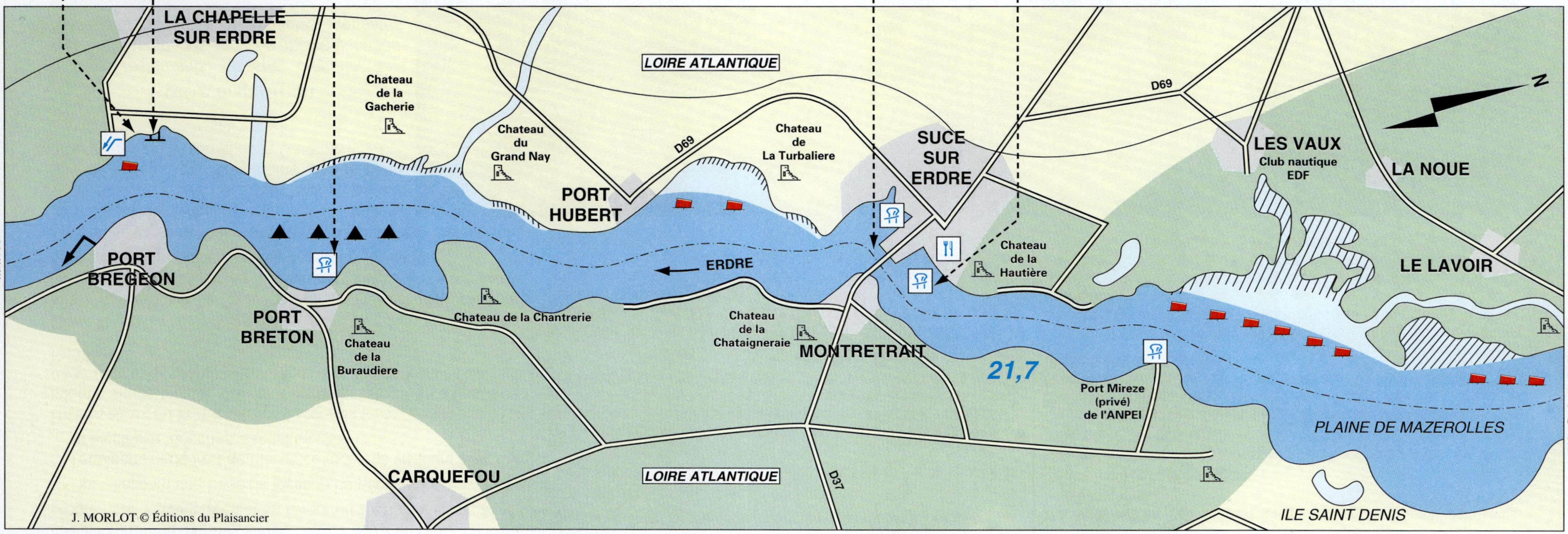

NORT SUR ERDRE
Station Verte de Vacances

Point final de l'Erdre navigable, à proximité du départ du Canal de Nantes à Brest, Nort sur Erdre a connu un important trafic fluvial interrompu dans les années 60. La ville a entrepris un vaste programme d'aménagement en faveur du Tourisme fluvial, avec :

- l'installation d'une Base de location de pénichettes,
- l'équipement de Port de Plaisance (pontons visiteurs avec eau et électricité, douches, sanitaires...).

Un surveillant du Port saura vous accueillir toute l'année à la capitainerie située face au Port et à proximité d'un Plan d'Eau aménagé (parcours sportif, pique-nique, location de canoës au Club Nautique).

Outre l'Erdre et ses berges verdoyantes, la commune est également traversée par le Canal de Nantes à Brest riche de nombreuses écluses et par sa « rigole alimentaire » qui franchit la Vallée de l'Erdre grâce à de remarquables Arcades.

Six circuits de randonnée parfaitement balisés et entretenus, vous permettront de découvrir cette station verte de vacances, ses zones de marais, son passage à gué de l'Erdre, son hippodrome et ses parcs arborés du Port Mulon et de la Garenne.

End point of the navigable Erdre river, near the starting lock of the canal from Nantes to Brest, the city of Nort sur Erdre had an important river trade trafic till the sixties. A recent development and equipment program has been initiated, in order to promote the river tourism, including :

- *the creation of a river base for boat menting,*
- *the equipment of the « Bassin » and Port Mulon » ports (pontoons, water, power supply, toilets and showers).*

All the year long, a caretaker will welcome you in the « Capitainerie » on the quay, nearby the new small lake with pic-niq area. In the sailing club, it is also possible to rent canoes for discovering the Wild Erdre following a meandering and picturesque course in the northeastern part of the district.

In the Nort sur Erdre district may also be seen the canal from Nantes to Brest with its looks and the supplying channel crossing Erdre's valley by the mean of arcades bridges.
Six marked pathways will allow you to discover this green place for holidays, its marches, race-course and the tree planted parcs of « Port Mulon » and « La Garenne »

An Ende des schiffbares Fluß Erdre, in der Nähe von dem Nantes zu Brest Kanal, Nort sur Erdre hat einen großen Wasserverkehr bis in den sechzigen Jahren gekannt.

Die Stadt hat ein neues Ausstattingprogramm für Wasser Tourismus untergenommen :

- Stitz punkt einer Charterfirma
- Sportboothafen mit Anlegponton, Wassersapfstelle, Stromanschlüsse, Sanitäranlagen.

Ein Hafenwächter wird Sie jahrelang willkommen. Am Kai befindet sich das Hafenamt in der Nähe eines kleines See mit mehrere Sportmöglichkeiten. In der Stadt sind alle wichtige Geschäfte und Restauranten leicht zugänglich.

In Nort sur Erdre gibt es die bemerktbare Erdre, so wie die kleine Rinne, die das Wasser dem Kanal bringt und dank Bogenbrücke Tälchen überspring.
Sechs bezeichnete Spazrengangwege werden Sie diese grüne Urlaubplatz mit seinen Sampfe, seiner Pferderennbahn und Baum bepflarzte « Port Mulon » and « La Garenne » Parke aufdecken lassen.

Photo : Studio Théau • Nort-sur-Erdre

A votre disposition

6 hôtels-restaurants, pizzeria, crêperie, tous commerces, grandes surfaces, marchés hebdomadaires, médecins, pharmacies, dentistes, banques, garages.

Equipements communaux :

*Camping **, Gîte d'Etape, Gîtes Ruraux (2 épis), Are de service Camping-Cars, Accueil Touristique.*

Renseignements :

13 Place du Bassin
44390 NORT SUR ERDRE
Tél. 02.40.29.53.76 ou 02.51.12.00.70

RAPPEL

Pour une meilleure lecture, le tracé de la voie navigable a été élargi par rapport à sa longueur.

REMINDER

For greater legibility, the navigable waterway has been drawn wider, out of scale with its length.

Es wird nocheinmal darauf hingewiesen, daß die Kanalkarte nicht maßstabsgetreu ist, da die Breite des Fahrwassers im Verhältnis zur Länge größer dargestellt wurde, um für einen besseren Überblick zu sorgen.

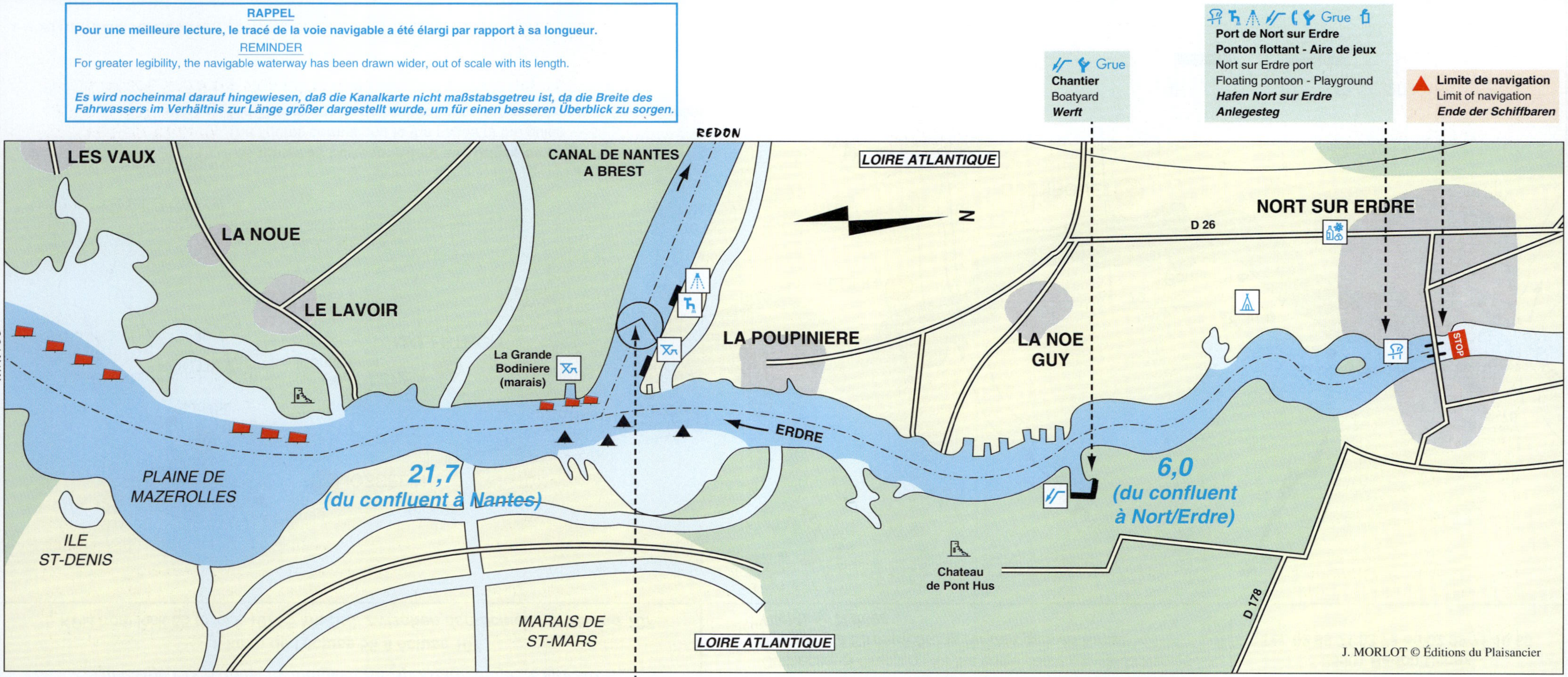

CANAL DE NANTES À BREST

(de Quiheix à Pontivy)

184,239 km de Quiheix à Pontivy / 184.239 kms from Quiheix to Pontivy
184,239 km von Quiheix bis Pontivy

106 Écluses de 26,50 m x 4,70 m - Dimensions bateaux autorisées (25 m x 4 m)
106 locks 26.50 m long x 4.70 m wide - Max dimensions of boats accepted 25 x 4 m
106 Schleusen von 26,5 x 4,7 m - zulässige Fahrzeugabmessungen: 25 x 4 m

Vitesse autorisée = plaisance 8 km/h / Maximum speed permitted : leisure craft = 8 KPH/
zulässige Höchstgeschwindigkeit für Sportfahrzeuge: 8 km/Std.

5 km/h de l'écluse 55 à écluse 107
5 KPH from lock 55 to lock 107/ ***5 km/Std. zwischen den Schleusen 55 und 107***

- **Nantes à Redon = 1,10 m** / Nantes to Redon : 1.10 m / ***zwischen Nantes und Redon: 1,10 m***
- **Redon à Josselin = 1,80 m** / Redon to Josselin : 1.80 m / ***zwischen Redon und Josselin: 1,80 m***
- **Josselin à Pontivy = 0,80 m** / Josselin to Pontivy: 0.80 m / ***zwischen Josselin und Pontivy***

- **2,40 m** / 2.40 m / ***2,40 m***

Sens conventionnel : pour tout le canal = vers Nantes /
Conventional direction : for the entire canal = towards Nantes /
festgelegte Stromrichtung für den ganzen Kanal Richtung Nantes

Adresses utiles :

Service Navigation

De Quiheix à St-Nicolas de Redon
2 rue Marcel Sembat
44100 Nantes - Tél. 02 40 71 02 00

De Redon à Pontivy
116 route de Vannes
35601 Redon Cedex
Tél. 02 99 71 03 78 ou 02 99 71 10 66

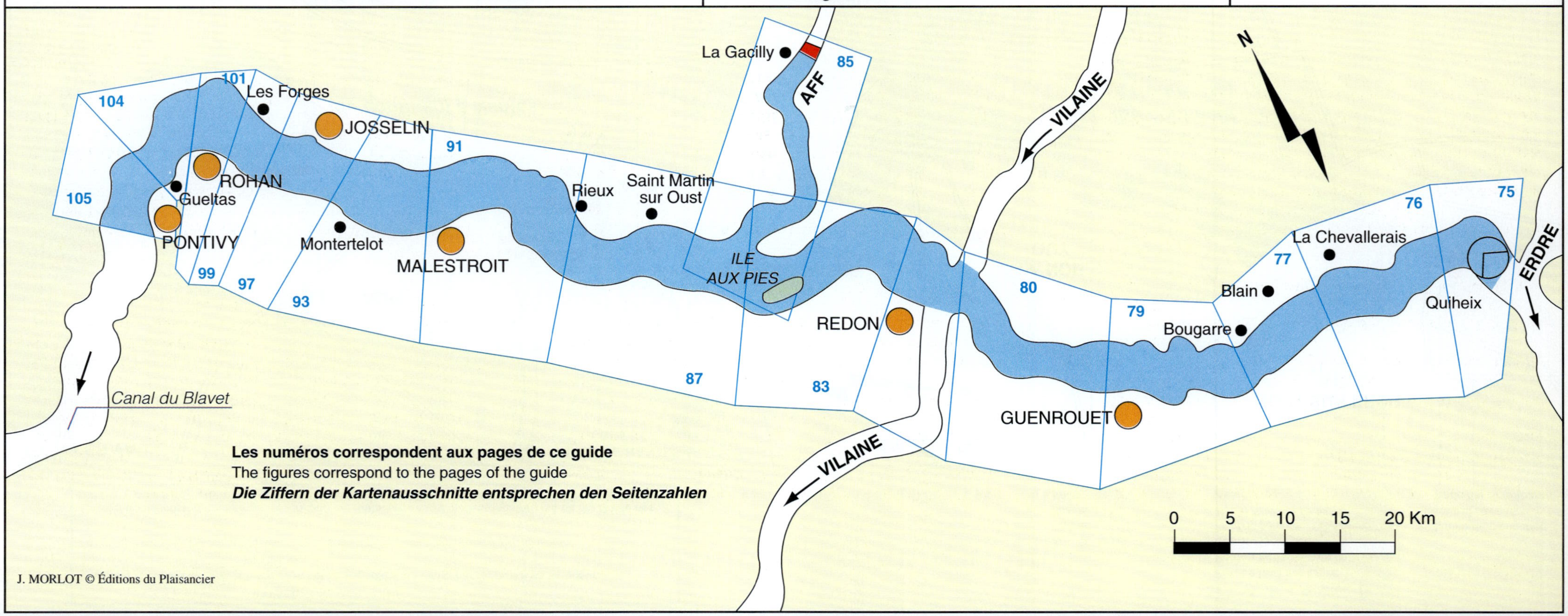

Les numéros correspondent aux pages de ce guide
The figures correspond to the pages of the guide
Die Ziffern der Kartenausschnitte entsprechen den Seitenzahlen

CONDITIONS DE NAVIGATION

La première section du Canal de Nantes à l'écluse de QUIHEIX emprunte l'ERDRE. Elle est décrite dans ce guide pages 58 à 69.

La section de PONTIVY à CARHAIX n'est plus navigable depuis la construction du barrage de GUERLÉDAN en 1920.

La section de QUIHEIX à PONTIVY est navigable par des bateaux n'ayant pas un trop fort tirant d'eau (voir page 70).

Le chenal, sauf indication contraire, se situe entre 5 à 10 m de la rive du chemin de halage.

Horaires d'éclusage : du 1er avril au 30 septembre : 6 h 30 à 19 h 30.

Déjeuner éclusiers : 12 h 30 à 13 h 30.

TOURISME

Le canal reliant les deux grandes villes de Nantes et Brest fut ouvert en 1838.

La section actuellement navigable traverse une région boisée, et s'enfonce après REDON dans la Bretagne profonde l'ARGOAT dont le charme, parfois envoûtant ne manquera pas de vous fasciner. Les hauts lieux du parcours vous laisseront des souvenirs inoubliables : JOSSELIN, REDON, l'ILE AUX PIES, MALESTROIT, ROHAN, les Échelles d'écluses et bien d'autres, vous seront signalés aux pages correspondantes de ce guide.

ADRESSES UTILES

Voir page 70.

NAVIGATION CONDITIONS

The first section of the canal, from Nantes to the QUIHEIX lock, uses the bed of the ERDRE. It is described in this guide on pages 58 to 69.

The section from PONTIVY to CARHAIX has not been navigable since the construction in 1920 of the Guerlédan dam.

The section from QUIHEIX to PONTIVY is navigable for boats whose draught is not too deep (see page 70).

The channel is between 5 and 10 m from the tow-path bank, except in places where specific indications show otherwise.

Lock operating hours : from April 1 to September 30 : 6.30 to 19.30 hours

Lock keepers' lunch break : 12.30 to 13.30.

TOURISM

The canal linking the two large towns of Nantes and Brest was opened in 1838.

The section that is presently navigable crosses a wooded region and, after REDON, burrows into the heart of hidden inland Brittany, the ARGOAT, whose mysterious magic will certainly fascinate you. The highlights of the trip will leave you with unforgettable memories : JOSSELIN, REDON, l'ILE AUX PIES, MALESTROIT, ROHAN, the flights of locks and many other features will be brought to your attention in the appropriate pages of this guide.

USEFULL ADDRESSES

See page 70.

SCHIFFAHRTSBEDINGUNGEN

Der erste Abschnitt des Canal de Nantes à Brest verläuft bis QUIHEIX in der ERDRE. Beschreibung s.S. 58 - 69.

Der Abschnitt zwischen PONTIVY und CARHAIX ist seit dem Bau des Damms von GUERLÉDAN (1920-28) nicht mehr schiffbar.

Der Abschnitt QUILHEIX-PONTIVY ist für Fahrzeuge mit geringer Tauchtiefe schiffbar (s.S. 70).

Wenn nicht anders angezeigt, verläuft die Fahrrinne in 5 bis 10 m Abstand vom Treidelufer.

Schleusungszeiten : 1. April bis 30. September von 06.30 bis 19.30 Uhr.

Mittagsruhe der Schleusenwärter von 12.30 bis 13.30 Uhr.

TOURISTISCHE HINWEISE

Die Kanalverbindung der beiden Großstädte Nantes und Brest wurde 1838 dem Verkehr übergeben.

Der zur Zeit schiffbare Teil durchquert eine bewaldete Gegend und dringt nach REDON in die tiefe Bretagne, auf Bretonisch ARGOAT, ein. Dessen großer Reiz wird den Wasserwanderer beeindrucken. Berühmte Städte wie JOSSELIN, REDON, die ILE AUX PIES, MALESTROIT, ROHAN und die bewundernswerten Kanalbauwerke, darunter einige Schleusenketten, werden auf den nachfolgenden Seiten beschrieben. Der Skipper wird ohne Zweifel unvergeßliche Erinnerungen heimbringen.

NÜTZLICHE ANSCHRIFTEN

Siehe Seite 70.

PAYS DES TROIS RIVIERES

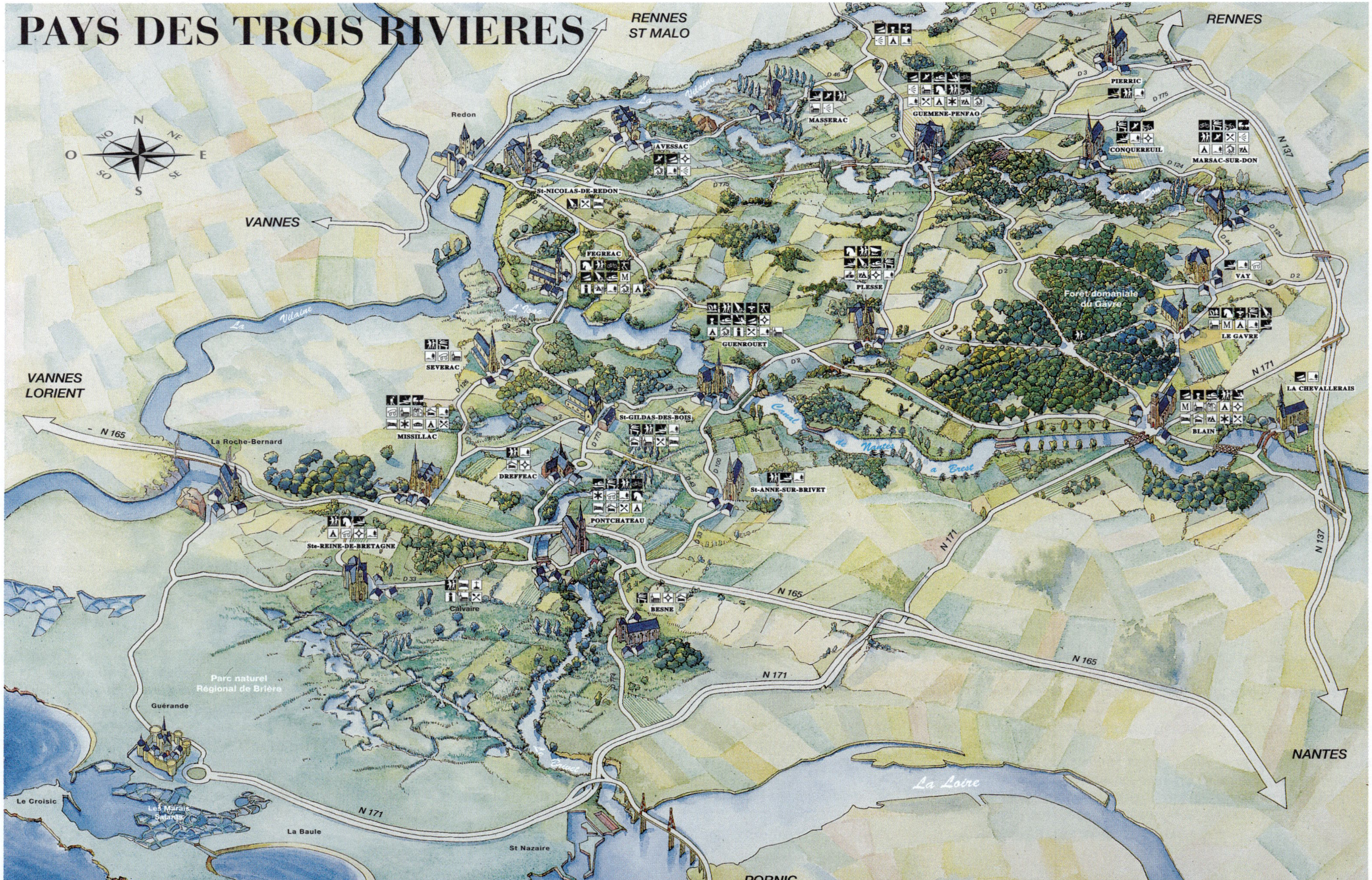

Pays d'accueil touristique des trois rivières
rue Charles de Gaulle 44130 Blain Tel : 40 79 16 65

PAYS D'ACCUEIL TOURISTIQUE DES TROIS RIVIÈRES

Le Canal de Nantes à Brest fut créé pour des raisons d'ordre militaire, mais sa vocation est aujourd'hui touristique. Tout en suivant les écluses qui jalonnent votre parcours, vous pouvez apprécier les multiples facettes de notre pays des Trois Rivières : **Blain**, son château, demeure des Clisson et des Rohan, mais aussi son musée avec sa collection de fèves des rois unique en France ; **Guenrouët** et sa base de loisirs (piscine ludique, minigolf paysager) ; **Fégréac** et son musée sur l'ouvrage d'art que représente le canal de Nantes à Brest. Outre ces trois cités traversées par le canal, vous découvrirez au cours de vos promenades à pied, à vélo tous les charmes de notre pays : la **vallée du Don** au décor sauvage, la **vallée du Brivet** qui inspire calme et repos et la **forêt du Gâvre** havre de paix, poumon vert de la Loire-Atlantique.

Tout ceci en parfaite harmonie avec de multiples activités et découvertes (randonnées pédestres, VTT, équestres, canoës, pêche, balade en calèche, parcs animaliers, chapelles, manoirs, fours à pains, lavoirs...)

Au fil de nos rivières, laissez vous guider par un accueil chaleureux dans un gîte, en hôtel ou en camping et par les produits du terroir : le gibier, le cèpe, la pomme... que nos chefs cuisinent à merveille.

A votre disposition notre documentation touristique :

- Guide pratique
- Carte touristique
- Carte de la forêt du Gâvre
- Dépliant sur la gastronomie
- Dépliant sur le patrimoine

Contact :
Pays d'Accueil des Trois Rivières
Hôtel de Ville
Rue Charles de Gaulle
44130 BLAIN
Tél. : 02.40.79.16.65
Fax : 02.40.79.83.72

The Nantes to Brest canal was originally dug for military purposes but today it is dedicated to water cruising. While sailing from lock to lock, you can appreciate the variety of the Land of the Three Rivers (Pays des Trois Rivières) -- the château of **Blain** which was the dwelling of the famous families of Rohan and Clisson ; the town also offers a very peculiar collection of Twelve Night cake's charms, unique in France. **Genrouët** is appreciated for its swimming pool equipped with slides and its mini-golf. The museum of **Fégréac** is dedicated to the canal and is worth visiting. Do not miss the **Don valley**, very wild, as well as the **Brivet valley** where peace and quiet can be enjoyed ; the **Gavre forest** is also an ideal place for a stroll. Cycling, rambling, canoeing, riding together with manors chapels, traditional bread ovens... rank among the many activities or places of interest in our region.

When visiting the Land of the Three Rivers, many good local restaurants will be delighted to have your call.

For further information, the following litterature is available

- Practicle guide,
- Map of the Gavre forest
- Tourist map,
- Leaflet on Heritage,
- Leaflet on local gastronomy.

Please write to :
Pays d'Accueil des Trois Rivières
Hôtel de Ville
Rue Charles de Gaulle
F 44130 BLAIN
Tél. : 33 / 240.791.665
Fax : 33 / 240.798.372

Der Nantes-Brest-Kanal, ursprünglich für militärische Zwecke erbaut, dient heute ausschließlich der Freizeitschiffahrt. Im Rhytmus seiner Schleusen eröffnet er die ganze Vielfalt dieser Region : Das Schloß von **Blain**, Sitz des Adelsgeschlechts der Clisson und Rohanfamilien. In Blain befindet sich auch ein Museum mit einer in Frankreich einmaligen Sammlung kleiner bohnenförmigen Keramikorder Glasfiguren, "fèves des rois" genannt ; in **Guenrouët** gibt es einen herrlichen Freizeitpark mit Schwimmbad und Mini Golf ; in **Fégréac** ist dem Nantes-Brest-Kanal ein eigenes Museum gewidmet ; und im ganzen Gebiet des "Pays des Trois Rivières" vom sanften **Brivetal**, über die wilde Landschaft des **Dontals** bis zum **Gâvre-Wald** finden Sie ein reiches Angebot an Outdoor-Aktivitäten (Wandern, Reiten, Kanufahren, Mountainbike...) und architektonischen Sehenswürdigkeiten : Kapellen, Schlösser,...u.v.m.

Nicht zu versäumen sind die ortstypischen Spezialitäten in einem der freundlichen Restaurants entlang des Flüsse.

Foldende Informationsbroschüren erhalten Sie bei u.g. Verkehrsbüro :

- Praktischer Führer
- Situationskarte vom Gâvre-Wald
- Übersichtskarte
- Kulturführer
- Gastronomieführer

Pays d'Accueil des Trois Rivières
Hôtel de Ville - Rue Charles de Gaulle
F 44130 BLAIN
Tél. : 33 / 240.791.665
Fax : 33 / 240.798.372

pays d'accueil Loire-Atlantique
les 3 rivières
l'Isac.leDon.leBrivet

LOIRE ATLANTIQUE
TOURISME

DE QUIHEIX A BOUGARRE

LE PARCOURS

L'écluse de QUIHEIX nous ouvre la navigation en canal. A l'écluse, nous bénéficions d'une projection VIDÉO en plusieurs langues présentant la navigation sur le canal.

Et c'est l'enchantement d'une navigation paisible sans difficultés. Rester à une dizaine de mètres de la rive côté halage.

La montée des écluses 2 à 7 nous mène au bief de partage long de 8,4 km, dans lequel la halte de BOUT DE BOIS offre toutes les prestations nécessaires au plaisancier.

Passé l'écluse 8, nous amorçons la descente. Mais attention, le sens conventionnel étant dirigé vers NANTES tout au long du canal, la rive droite est officiellement sur votre gauche.

La halte de la CHEVALLERAIS, complète, offre une aire de jeux pour les enfants. Après l'écluse 11, nous arrivons au Port de BLAIN, bien équipé pour une escale agréable.

FROM QUIHEIX TO BOUGARRE

THE TRIP

The QUIHEIX lock takes you from the Erdre onto the canal proper. At the lock you can watch a VIDEO in several languages presenting navigation on the canal.

You will relish the pleasures of peaceful cruising with no navigational difficulties. Stay about ten metres from the tow-path bank.

The climb through locks 2 to 7 will take you to the 8.4 kms long summit level pound, in which the BOUT DE BOIS mooring all necessary services for boaters.

After lock N° 8 you start the descent. But be mindful that, as the conventional direction is towards NANTES for the whole length of the canal, the right bank is officially on your left.

The well equipped CHEVALLERAIS mooring station has a children's play area. Following lock N° 11, you arrive at the port of BLAIN, which has everything that makes an agreeable port of call.

VON QUIHEIX BIS BOUGARRE

STRECKENBESCHREIBUNG

Die Navigation auf dem Kanal beginnt an der Schleuse QUIHEIX. Hier wird ein FILM in mehreren Sprachen über die Schiffahrt auf dieser Wasserstraße gezeigt.

Anschließend beginnt die ruhige und problemlose Fahrt auf dem Kanal. Kurs in ca. 10 m Entfernung vom Treidelufer halten.

Mit den Schleusen 2 bis 7 klettert der Wasserwanderer bis zur 8,4 km langen Scheitelhaltung. Dort bietet der Landungsplatz BOUT DE BOIS alle Versorgungseinrichtungen, die der Sportschiffer benötigt.

Nach der Schleuse 8 beginnt der Abstieg. Aber Achtung, die Kanalordnung legt die Talfahrt in Richtung NANTES fest, d.h. der Schiffsführer hat das rechte Ufer offiziell zu seiner linken Hand.

Der mit allen Versorgungseinrichtungen versehene Landungsplatz La CHEVALLERAIS besitzt einen Kinderspielplatz. Nach der Schleuse 11 erreicht der Wasserwanderer den gut ausgerüsteten Hafen BLAIN, der angenehme Aufenthaltsbedingungen bietet.

A QUIHEIX

- **Vidéo à l'écluse** - Video at the lock - ***Filmvorstellung zur Kanalgeschichte*** / **Site du bief de partage** - Setting of the summit pound - ***Umgebung der Scheitelhaltung***

A BLAIN

- **Château de la Groulaie** - Château de la Groulaie - ***Schloß Groulaie*** / **Chapelle St-Roch 15e siècle** - St-Roch Chapel, 15th century - ***Kapelle St-Roch, 15. Jh.*** / **Moulin** - Mill - ***Mühle*** / **Musées des Arts et Traditions Populaires** - Museum of popular arts and traditions - ***Volkskundemuseum*** / **Forêts de la Groulaie et du Gâvre** - La Groulaie and Gâvre forests - ***Forste Groulaie und Gâvre***

RAPPEL
Pour une meilleure lecture, le tracé de la voie navigable a été élargi par rapport à sa longueur.

REMINDER
For greater legibility, the navigable waterway has been drawn wider, out of scale with its length.

Es wird nocheinmal darauf hingewiesen, daß die Kanalkarte nicht maßstabsgetreu ist, da die Breite des Fahrwassers im Verhältnis zur Länge größer dargestellt wurde, um für einen besseren Überblick zu sorgen.

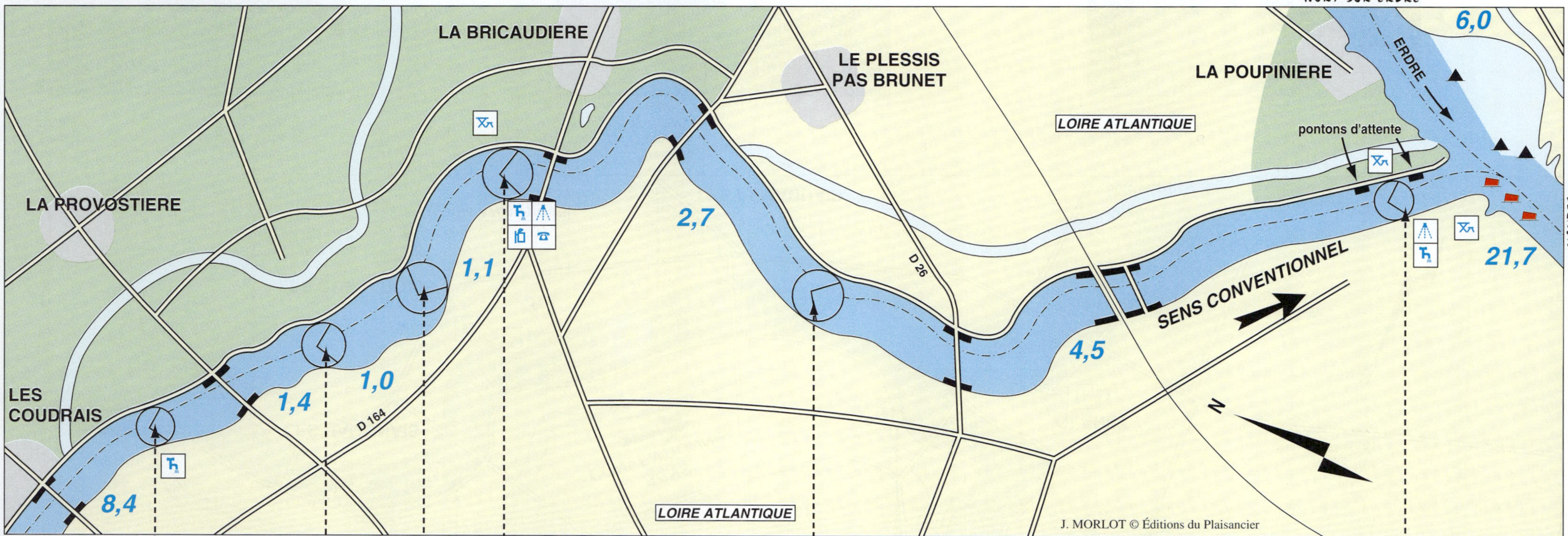

Écluse n°7 Le Pas d'Héric K 32,290	Écluse n°6 Cramazeul K 30,900	Écluse n°5 La Haie Parcoret K 29,939	Écluse n°4 La Rabinière K 28,865	Écluse n°3 La Tindière K 26,165	Écluse n°2 Quiheix K 21,654
2,60	2,68	2,47	2,71	2,68	2,61

Écluse et halte de la Rabinière
Rabinière lock and mooring
Schleuse und Landungsplatz La Rabinière

Pont sur le canal à l'amont de Quiheix
Bridge over the canal upstream from Quiheix
Kanalbrücke oberhalb Quiheix

Arrivée à l'aval de l'écluse de Quiheix
Arrival at the downstream side of the Quiheix lock
Ankunft im Unterwasser der Schleuse Quiheix

RAPPEL

Pour une meilleure lecture, le tracé de la voie navigable a été élargi par rapport à sa longueur.

REMINDER

For greater legibility, the navigable waterway has been drawn wider, out of scale with its length.

Es wird nocheinmal darauf hingewiesen, daß die Kanalkarte nicht maßstabsgetreu ist, da die Breite des Fahrwassers im Verhältnis zur Länge größer dargestellt wurde, um für einen besseren Überblick zu sorgen.

WC

Halte nautique de la Chevallerais
4 anneaux - Aire de jeux - Quai incliné
Chevallerais mooring station
4 rings - playground - sloping quay
Landungsplatz La Chevallerais
4 Ringe - Spielplatz - senkrechter Kai

WC

Halte nautique de Bout de Bois - 6 bollards
Quai droit - Documentation canal-faune-flore
Bout de Bois mooring station - 6 bollards
Vertical sided quay - Information literature on the canal, fauna & flora
Landungsplatz Bout de Bois - 6 Poller
senkrechter Kai - Schautafel der Tier- u. Planzenwelt des Kanals

Réservoir de Bout de Bois
Bout de Bois reservoir
Reservoir Bout de Bois

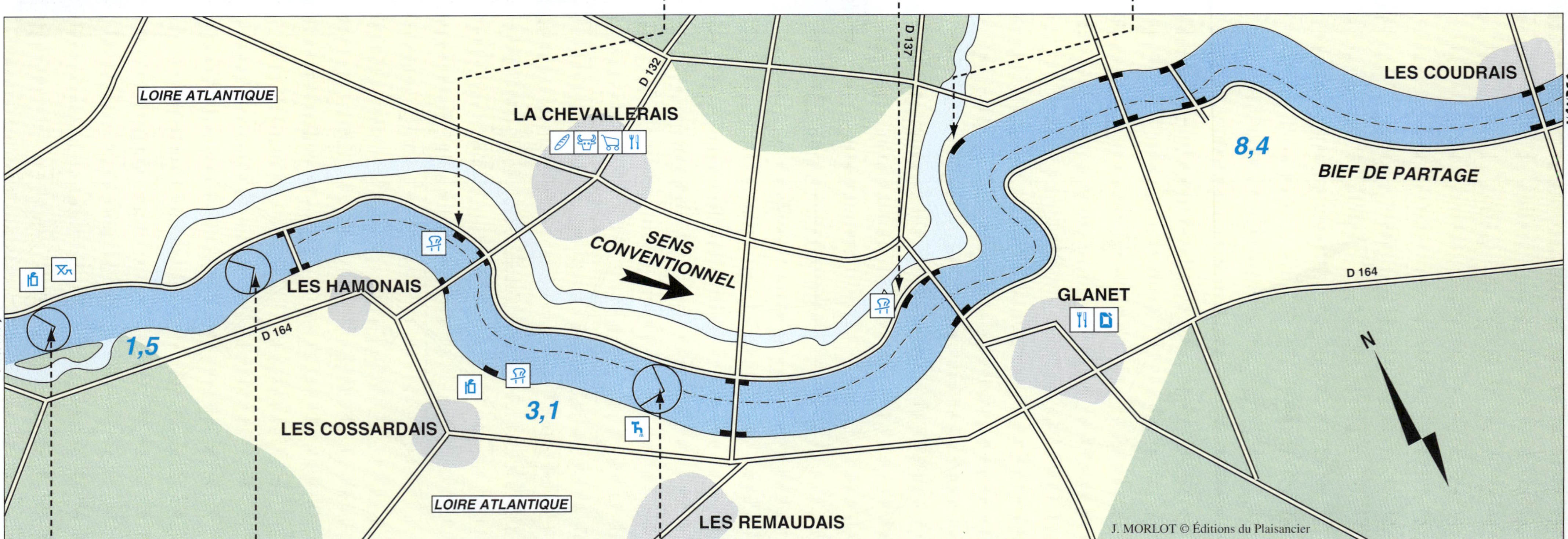

Écluse n°10
Le Terrier
K 45,305
1.12

Écluse n°9
Gué de l'Atelier
K 43,783
2.22

Écluse n°8
Les Remaudais
K 40,650
2.65

Pont amont de l'écluse 9 de l'Atelier
Bridge upstream from the Atelier lock, N° 9
Brücke im Oberwasser der Schleuse 9, Atelier

Halte nautique de la Chevallerais
Chevallerais mooring station
Landungsplatz Chevallerais

Halte nautique de Bout de Bois
Bout de Bois mooring station
Landungsplatz Bout de Bois

Pont et écluse de Bourgarre

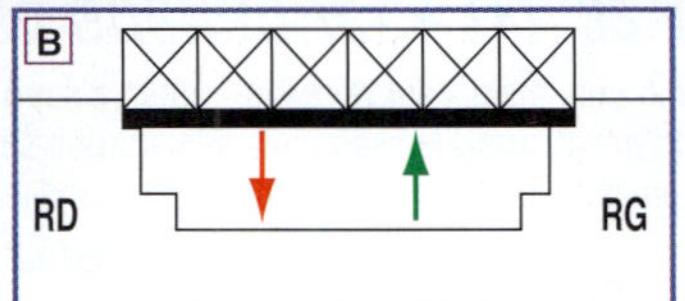

Pont rail de Blain

Port de Blain
Ponton flottant
Blain port
Floating pontoon
Hafen Blain
Anlegesteg

WC

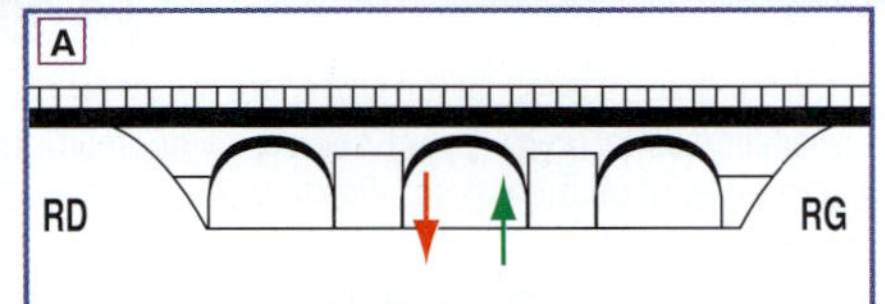

Pont Croix Rouge à Blain

▲ Digue submergée

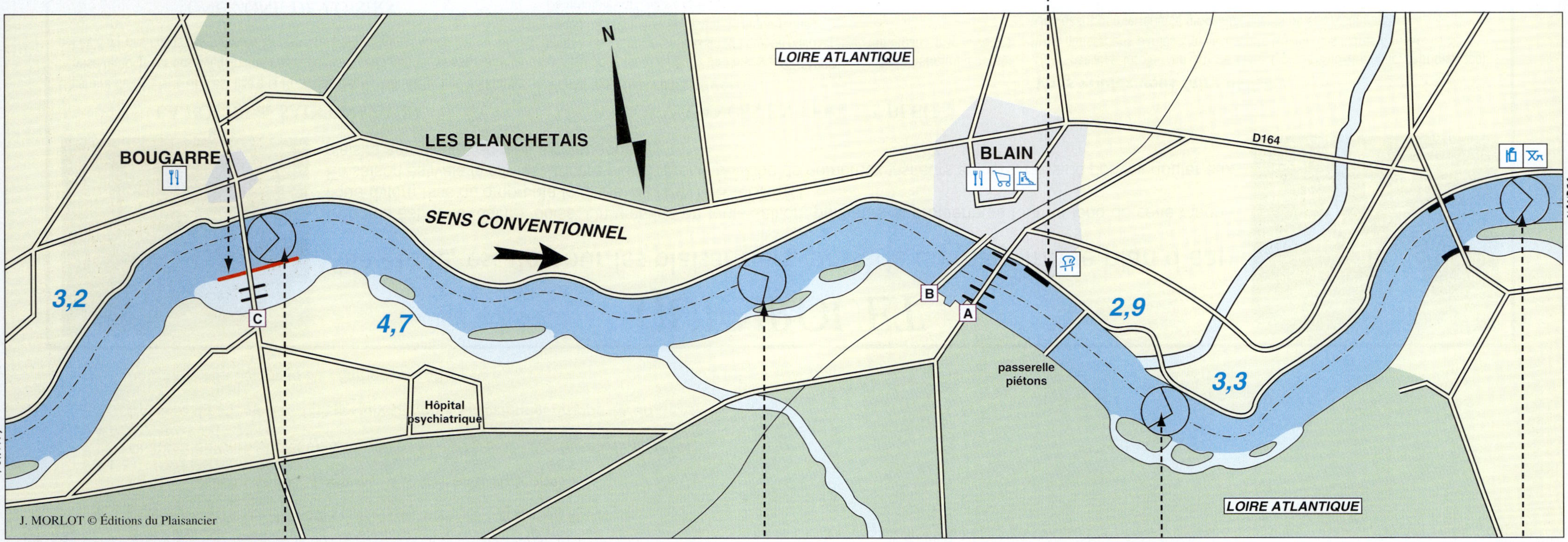

Écluse 13
Bougarre
K 56,226
1,98

Écluse 12
La Paudais
K 51,523
Tél. 02 40 79 00 75
2,61

Écluse 11
Blain (La Prée)
K 48,651
1,49

Écluse 10
Le Terrier
K 45,305
1,12

◀ **Blain :**
le port et le pont de la Croix Rouge
Croix Rouge port and bridge
Hafen und Brücke Croix Rouge

DE BOUGARRE A REDON

LE PARCOURS

Passé l'écluse n°13 de BOUGARRE, le chenal suit à 10 m environ, la rive du côté du chemin de halage. A l'écluse n°14 : eau et poubelle. GUENROUET nous offre un port agréable, dans un cadre charmant. Puis c'est un long bief de 22,8 km qui nous mène à l'écluse n°17 des Bellions par laquelle nous entrons en Vilaine jusqu'à Redon.

Le parcours des Bellions à Redon est décrit pages 44 et 46. Vous y reporter ainsi qu'à la carte page 47.

FROM BOUGARRE TO REDON

THE TRIP

Past the BOUGARRE lock, N° 13, the channel follows the bank on the tow-path side, at a distance of approx. 10 m. At lock N° 14, water and garbage bins. GUENROUET has a pleasant port in a charming setting. Next there is a 22.8 kms long pound that leads to lock N° 17, BELLIONS, and this gives access to the VILAINE, which you will follow as far as REDON.

The trip from the BELLIONS to REDON is described on pages 44 and 46, which you should consult together with the map on page 47.

VON BOUGARRE BIS REDON

STRECKENBESCHREIBUNG

Hinter der Schleuse 13, BOUGARRE, verläuft das Fahrwasser in ca. 10 m Abstand vom Treidelufer. Wasserzapfstelle und Müllbehälter an der Schleuse 14. In GUENROUET findet der Wasserwanderer einen angenehmen Hafen in einer reizenden Umgebung. Anschließend führt eine lange Haltung von 22,8 km bis zur Schleuse 17, Les Bellions, die den Weg in die Vilaine freigibt und eine Fahrt bis Redon gestattet. Beschreibung der Strecke Les BELLIONS bis Redon s.S. 44 - 46 und Karte S. 47.

A GUENROUET
- **Site agréable** - Pleasant site - ***Angenehme Umgebung*** / **Nombreux oiseaux** - Numerous birds - ***reiche Vogelwelt*** / **Chapelles du Cougou et Bolhet** - Cougou and Bolhet Chapels - ***Kapellen Le Cougou und Bolhet*** / **Marais de Marongle** - Marongle marshes - ***Moor von Marongle***

A NOTRE DAME DE GRÂCE
- **Église** - Church - ***Kirche*** / **Fontaine** - Fountain - ***Springbrunnen***

A L'ÉCLUSE DE MELNEUF
- **Château de Carheil (1659)** - Château de Carheil (1659) - ***Schloß Carheil (1659)***

A PONT MINY-FÉGRÉAC
- **Calvaire du 15e siècle** - 15th century Calvary - ***Kreuzigungsgruppe 15. Jh.***

A REDON
- **Voir page 36** - See page 36 - ***Siehe Seite 36***

Port de Guenrouet - Aire de jeux
Société de location
Guenrouet port - Playground
Boat hire company
Hafen Guenrouet - Spielplatz
Charterbootfirma

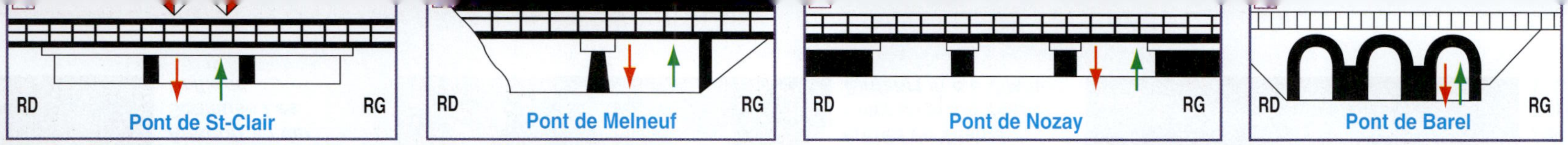

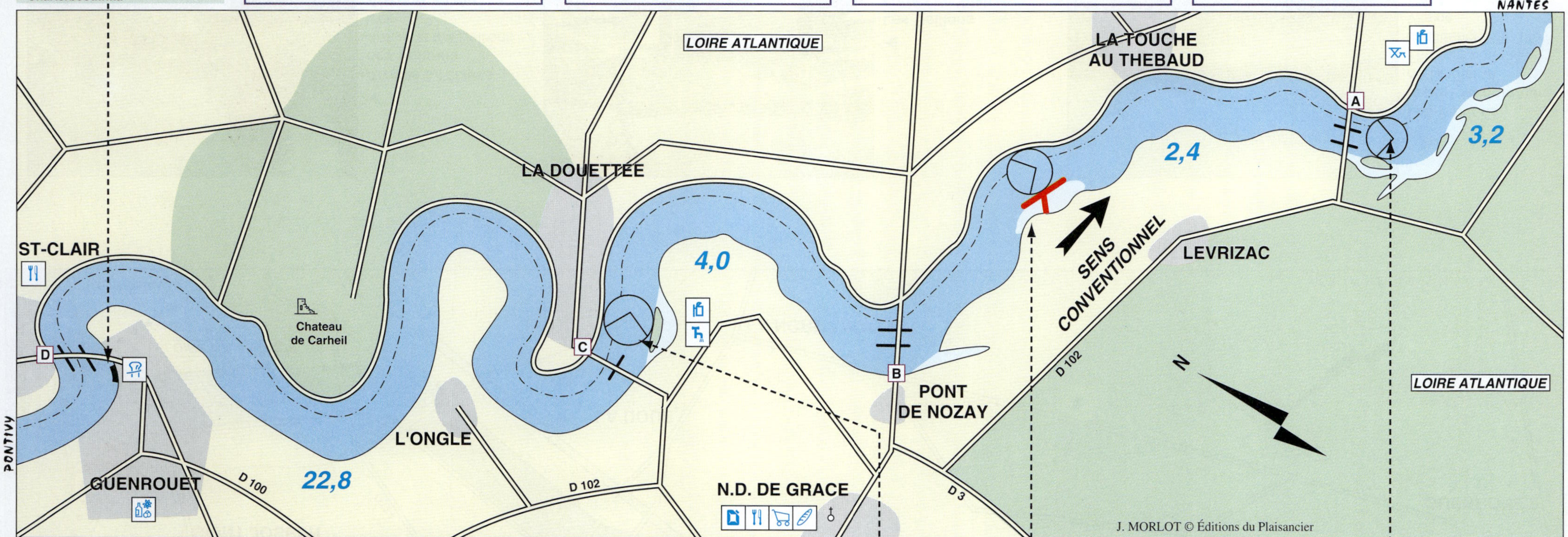

Écluse n°16
Melneuf
K 65,920
2,00

Écluse n°15
La Touche
K 61,860
2,00

Écluse n°14
Barel
K 59,476
1,47

Port des Bellions
Bellions port
Hafen Bellions

Pont Miny
Miny bridge
Brücke Miny

RAPPEL
Pour une meilleure lecture, le tracé de la voie navigable a été élargi par rapport à sa longueur.
REMINDER
For greater legibility, the navigable waterway has been drawn wider, out of scale with its length.
Es wird nocheinmal darauf hingewiesen, daß die Kanalkarte nicht maßstabsgetreu ist, da die Breite des Fahrwassers im Verhältnis zur Länge größer dargestellt wurde, um für einen besseren Überblick zu sorgen.

Port de Guenrouet
Aire de jeux - Société de location
Guenrouet port
Playground - Boat hire company
Hafen Guenrouet
Spielplatz - Charterbootfirma

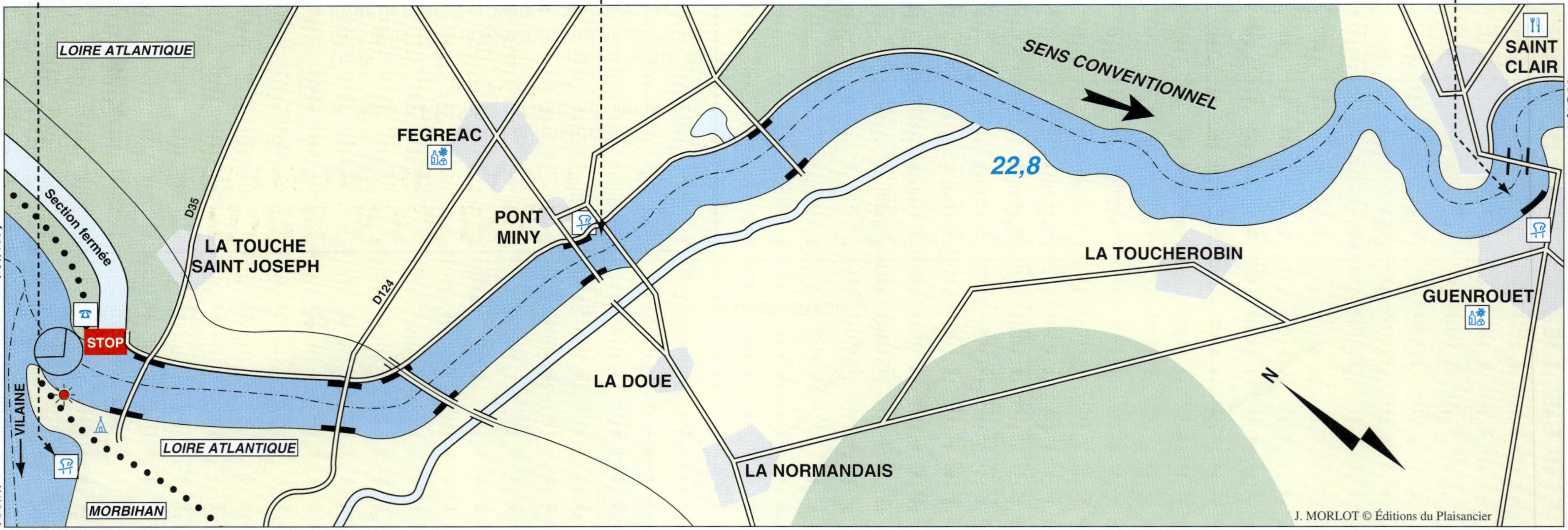

Arrivée à l'écluse des Bellions
Arrival at the Bellions lock
Ankunft an der Schleuse Les Bellions

Les Bellions : entrée en Vilaine
Entry on to the Vilaine
Einfahrt in die Vilaine

Les Bellions : le port au confluent de la Vilaine
The port and the confluence with the Vilaine
Der Hafen an der Einmündung der Vilaine

LE CARREFOUR DE REDON

De l'écluse 17 Les Bellions à l'écluse 18 d'Oust (ou de Redon).
Voir texte et carte pages 44, 45 et 46.

THE REDON CROSS-ROADS

From lock N° 17, Bellions, to lock N° 18, Oust (or Redon).
See text and map on pages 44, 45 and 46.

REDON-KREUZUNG

Von der Schleuse 17, Les Bellions, bis zur Schleuse 18, Oust (oder Redon).
Siehe Beschreibung und Karte auf den Seiten 44, 45 und 46.

Écluse 17 des Bellions
Lock N° 17, Bellions
Schleuse 17, Les Bellions

Halte nautique des Bellions
Bellions mooring station
Landungsplatz Les Bellions

La Vilaine aux Bellions
The Vilaine at the Bellions
Die Vilaine an der Schleuse Bellions

Redon :
l'écluse du Grand Bassin
The Grand Bassin lock
Schleuse des Grand Bassin

DE REDON A RIEUX

LE PARCOURS

Sortant du grand bassin de REDON, nous entrons dans un long bief de 10,4 km qui va nous mener au joli site de l'ILE AUX PIES. De là, nous pourrons remonter l'AFF sur 8 km jusqu'à la GACILLY (voir page 84). Arrêt possible aux pontons de PAINFAUT et de la MACLAIS.

Poursuivant sur le canal, nous arrivons à la halte de PEILLAC qui offre les prestations essentielles. Puis nous arrivons au GUÉLIN, son ponton et son pont dont les arches marinières sont indiquées par les panneaux réglementaires.

FROM REDON TO RIEUX

THE TRIP

Leaving the grand Bassin at REDON, you get onto a 10.4 kms long reach that will take you up to the pretty site of the ILE AUX PIES (Magpie Island). From there, you have the option of going up the river Aff for 8 kms as far as GACILLY (see page 84). Possible stopping places are the pontoons at PAINFAUT and la MACLAIS.

Continuing on the canal, you reach the PEILLAC mooring station, which offers basic services. After that you get to GUÉLIN, with its pontoon and its bridge, the navigation arches of which are indicated by regulation panels.

VON REDON BIS RIEUX

STRECKENBESCHREIBUNG

An das Grand Bassin in REDON schließt eine lange Haltung von 10,4 km an, die den Wassertouristen bis an die ILE AUX PIES (Insel) führt. Von dort kann die AFF 8 km stromaufwärts bis La GACILLY befahren werden (s.S. 84). Liegemöglichkeiten an den Stegen von PAINFAUT und la MACLAIS.

Bei der Weiterfahrt auf dem Kanal erreicht der Wasserwanderer den Landungsplatz PEILLAC, der über die wesentlichsten Versorgungseinrichtungen verfügt. Anschließend erscheint GUÉLIN mit seinem Anlegesteg und seiner Brücke. Die Durchfahrtsöffnungen dieses Bauwerks werden durch die vorschriftsmäßigen Tafeln angezeigt.

A PEILLAC
- **Musée des traditions populaires** - Museum of popular traditions - ***Volkskundemuseum***
- **Camps romain** - Roman camp - ***Römisches Militärlager***

A SAINT-MARTIN SUR OUST
- **Église** - Church - ***Kirche***

Halte de Glenac - Ponton bois
Glenac mooring - Wooden pontoon
Landungsplatz Glenac - Hölzerner Steg

Halte de la Maclais
Ponton flottant
Maclais mooring
Floating pontoon
Landungsplatz Maclais
Anlegesteg

Halte de Painfaut - Ponton flottant
Location de canoës
Painfaut mooring - Floating pontoon
Canoe hire
Landungsplatz Painfaut - Anlegesteg
Kanu-Vermietung

RAPPEL
Pour une meilleure lecture, le tracé de la voie navigable a été élargi par rapport à sa longueur.
REMINDER
For greater legibility, the navigable waterway has been drawn wider, out of scale with its length.
Es wird nocheinmal darauf hingewiesen, daß die Kanalkarte nicht maßstabsgetreu ist, da die Breite des Fahrwassers im Verhältnis zur Länge größer dargestellt wurde, um für einen besseren Überblick zu sorgen.

Grue 6T
Port de Redon - Grand bassin payant
Société location
Redon port - Grand bassin (pay to use)
Boat hire company
Hafen Redon - Grand bassin (gebührenpflichtig)
Charterbootfirma

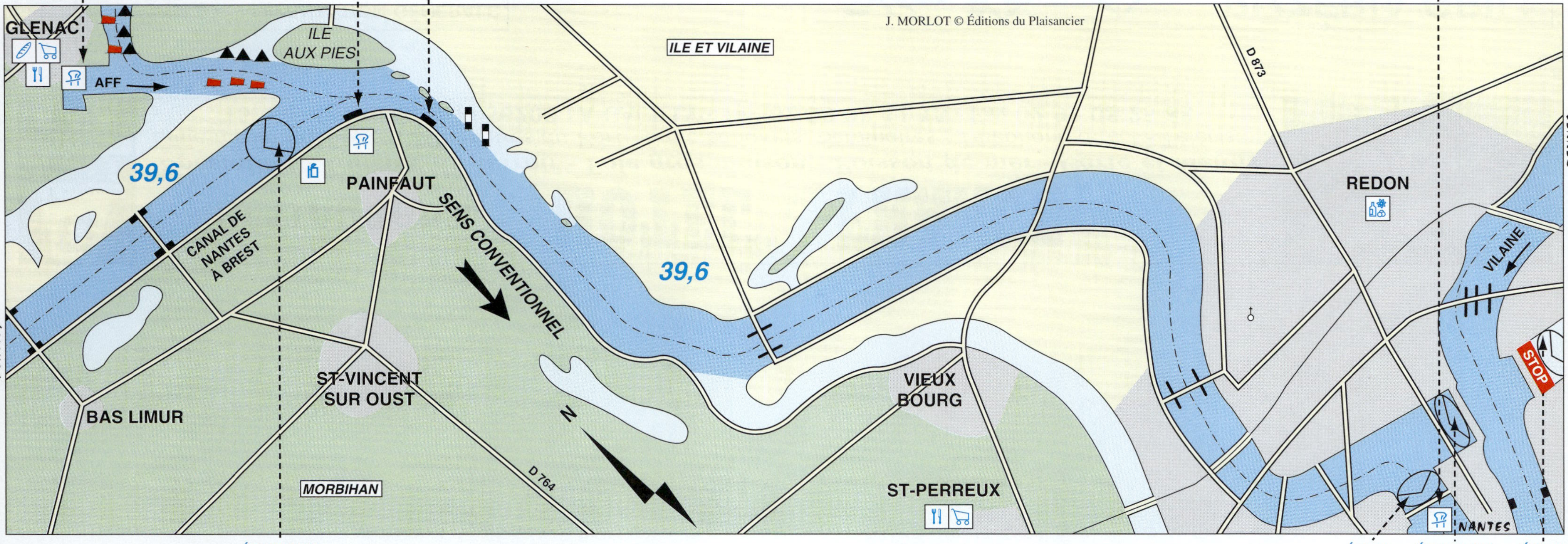

Ponton de Painfaut
Painfaut pontoon
Ponton Painfaut

Ponton de la Maclais
Maclais pontoon
Ponton Maclais

Écluse 19 de la Maclais
Lock N° 19, Maclais
Schleuse N° 19, Maclais

Confluent de l'Aff
Confluence with Aff
Einmündung der Aff

L'AFF

A l'amont de l'Ile aux Pies, vous pouvez remonter l'AFF. C'est une jolie mini-croisière. Le chenal est balisé par des perches.

Arrêt possible au ponton de GLÉNAC, puis au terminus de la navigation au port de la GACILLY.

L'AFF

Upstream from the ILE AUX PIES (Magpie Island), you can go up the river AFF. It makes a lovely mini-cruise. The channel is marked with poles. There is a possible stopping place at the pontoon at GLÉNAC and then at the terminus for navigation at the port of GACILLY.

L'AFF

Oberhalb der ILE AUX PIES kann der Sportschiffer in die AFF abzweigen, die ihm einen hübschen Minitörn anbietet. Das Fahrwasser wird durch Pricken gekennzeichnet.

Liegemöglichkeiten am Landungssteg von GLÉNAC und im Hafen von La GACILLY am Ende der schiffbaren Strecke.

- **Château de Sourdéac** - Château de Sourdéac - ***Schloß Sourdéac***

A LA GACILLY

- **Jardin botannique** - Botanical garden / **Musée** - Museum - ***Museum*** / **La Crocane (vannerie)** - La Crocane (basket making) - ***Korbflechter***/ **Laboratoires Yves Rocher** - Yves Rocher laboratories - ***Produktionsstätte für natürliche Kosmetika der Firma Yves Rocher*** / **Artisanat** - Crafts (iron, glass, leather, etc.) - ***Handwerk***

RAPPEL
Pour une meilleure lecture, le tracé de la voie navigable a été élargi par rapport à sa longueur.

REMINDER
For greater legibility, the navigable waterway has been drawn wider, out of scale with its length.

Es wird nocheinmal darauf hingewiesen, daß die Kanalkarte nicht maßstabsgetreu ist, da die Breite des Fahrwassers im Verhältnis zur Länge größer dargestellt wurde, um für einen besseren Überblick zu sorgen.

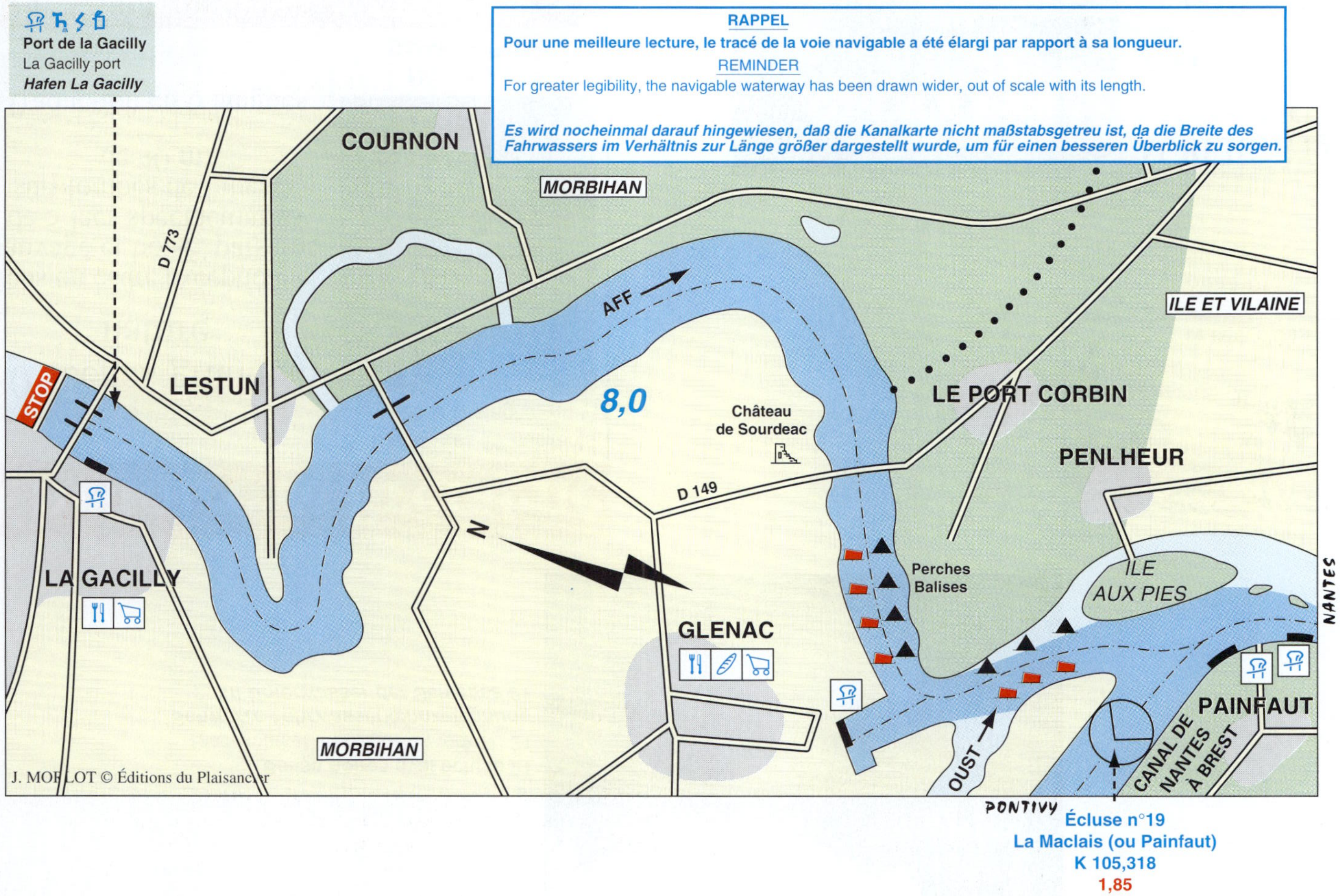

Amont de l'île aux Pies
Upstream from the Ile aux Pies
Oberhalb der Ile aux Pies

Ponton de Glénac
Glénac pontoon
Anlegesteg Glénac

Port de la Gacilly
La Gacilly port
Hafen La Gacilly

Limite de l'Aff navigable
Limit of the navigable portion of the Aff
Ende des Fahrwassere

Ponton et pont du Guesclin
Guesclin pontoon and bridge
Steg und Brücke Le Guesclin

Écluse 21 Le Guesclin
Lock N° 21, Le Guesclin
Schleuse 21, Le Guesclin

Balise noires aval écluse 21
Black marker stakes below lock N° 21
Schwarze Fahrwasserkennzeichnung im Unterwasser der Schleuse 21

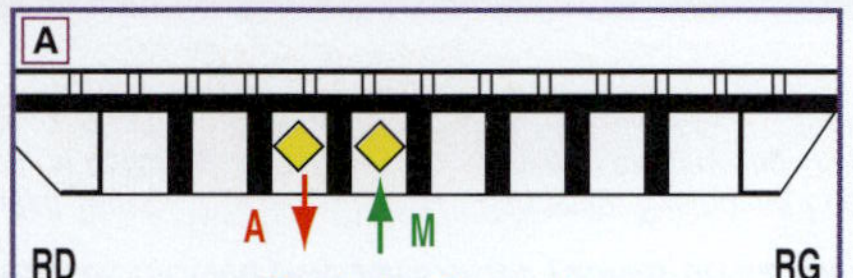

Pont du Guesclin

Halte du Guélin - Ponton flottant
Guélin mooring - Floating pontoon
Landungsplatz Guélin - Anlegesteg

Halte de Peillac
Peillac mooring
Langungsplatz Peillac

Pour une meilleure lecture, le tracé de la voie navigable a été élargi par rapport à sa longueur.

REMINDER

For greater legibility, the navigable waterway has been drawn wider, out of scale with its length.

Es wird nocheinmal darauf hingewiesen, daß die Kanalkarte nicht maßstabsgetreu ist, da die Breite des Fahrwassers im Verhältnis zur Länge größer dargestellt wurde, um für einen besseren Überblick zu sorgen.

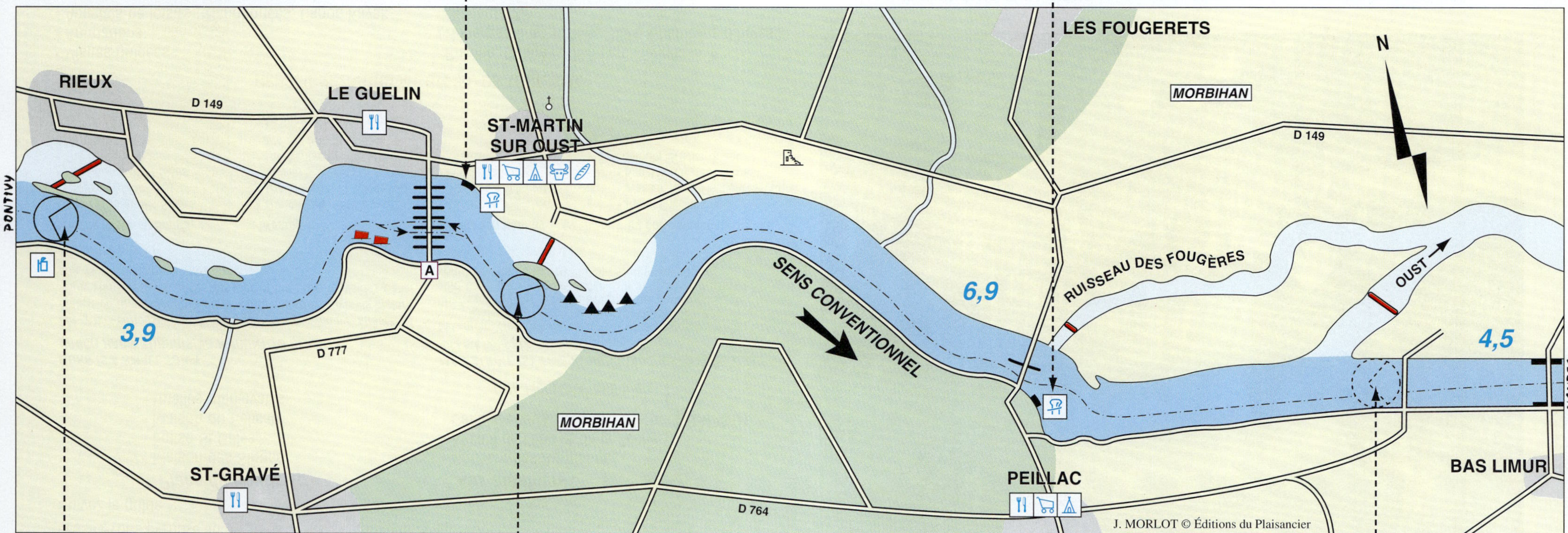

Écluse n°22
Rieux
K 120,440
1,40

Écluse n°21
Le Guesclin
K 116,568
2,29

Écluse n°20 (de garde)
Limur
K 109,794
0,25

Pont de Bas Limur
Bas Limur bridge
Brücke Bas Limur

MALESTROIT Perle de l'Oust

Petite Cité de Caractère nichée dans un écrin de verdure

Ile Notre-Dame

MALESTROIT : The pearl of the Oust
A small town of character nestling in luscious green pastures

MALESTROIT « OUSTPERLE »
Kleine, charaktervolle Stadt in grünem Schmuckkästchen

NOTRE NATURE EST DE S'ADAPTER A LA VOTRE !

LET US FIT IN WITH WHATEVER YOU WANT TO DO !

UNSERE NATUR IST GANZ AUF SIE ZUGESCHNITTEN !

PETITE CITE DE CARACTERE AUX MULTIPLES FACETTES

Nantis de votre curiosité, laissez-vous guider dans les ruelles de MALESTROIT à l'architecture et à l'histoire riches en surprises. Les pieds dans l'eau, le canal de NANTES à BREST vous grisera de son air vivifiant : laissez-vous prendre au piège de la nature qui vous revigorera !

Suivez le guide !

**** Place du Bouffay :***
- Maison des Singes
- Eglise St Gilles
- Maison du Pelican
- Ruelles médiévales

**** Aux alentours :***
- Couvent des Augustines
- Musée de l'Eau et de la Pêche
- Canal de NANTES à BREST (pont BRIAND)

** Cité Fleurie et Millénaire !*

OURS IS A SMALL TOWN WHICH HAS A SURPRISING AMOUNT TO OFFER

Let your curiousity guide you along the winding streets of Malestroit to wonder at its architecture and to discover its history. Allow yourself to fall under the spell of the Brest to Nantes Canal and its surrounding countryside !

Follow the guide !

****On the Place du Bouffay :***
- *The «Maison des Singes» (House of Monkeys)*
- *The Church of St Gilles*
- *The Pelican house*
- *Medieval Streets*

****Nearby :***
- *The Augustinian Couvent*
- *The Museum of Water and Fishing*
- *The Nantes to Brest Canal and the Briand Bridge*

**An ancient town in bloom !*

MALESTROIT IST EINE KLEINE STADT, CHARAKTERVOLLE MIT VIELEN FACETTE

Mit ihrem Wissendurst versehen, lassen Sie sich in den Gassen, von Malestroit bei der Architektur und der Geschichte überraschen ! Die Fübe im Wasser, des Kanal von Nantes à Brest wird Sie mit seiner belebenden Luft berauschen : Lassen Sie sich von der Natur verführen, die Sie Kräftigen wird.

Folgen Sie den leiter !

*** Platz von Bouffay :**
- Affenhaus
- St Gilles Kirche
- Pelikanhaus
- Mittelalterliche Gasse

*** Im der Umgebung :**
- Augustineskloster
- Wasser - und Fischenmuseum
- Kanal von Nantes à Brest mit der Brücke Briand

* Blühende und tausendjährige Stadt !

RENSEIGNEZ-VOUS A L'OFFICE DE TOURISME :

- Visites guidées
- Animations
- Activités de loisirs : Randonnées, Canoë Kayak, Piscine, Cinéma, Tir à l'arc, Tennis
- Hébergement : Hôtels, Gîtes, Chambres d'hôtes
- Restauration

FURTHER DETAILS ARE AVAILABLE AT THE TOURIST OFFICE ABOUT :
- *Guided Tours*
- *Cultural Activities*
- *Leisure Pursuits : Hunting, Canoeing, Swimming Pool, Cinema, Archery and Tennis*
- *Accommodation*

ERKUNDIGEN SIE SICH BEIM VEKEHRSBÜRO :
- Besichtigung mit Führung
- Festlichkeiten
- Aktivatäten : Wanderung, Kanu, Schwimmbad, Kino, Bogenschieben, Tennis
- Übermachtungsmöglichkeiten

• Place du Bouffay • *The Place du Bouffay* • Platz von Bouffay

Photos : Club Photo La Gacilly

UNE ECONOMIE DYNAMIQUE : Innovation, industries de pointe, 4 zones activités

Pour tous renseignements : Tél : 02 97 75 01 02 • Fax : 02 97 75 26 08

WE HAVE A FORWARD LOOKING ECONOMY :
Innovatiive, hightech industries, 4 industrial zoes.
For further information : Tél. 02 97 75 01 02 • Fax 02 97 75 26 08

EINE DYNAMISCHE WIRTSCHAFT :
Emeuerungen, Spitzenindustrien, 4 industriegebiete
Für mehr Auskünfte : Tél : 02 97 75 01 02 • Fax : 02 97 75 26 08

MANIFESTATIONS

- Festival Folklorique International
- Marchés de la nature - Jeudi matin
- Dimanche des courses
- Festival « au pont du rock »
- Festival Folklorique International
- Vendredis du canal
- Croisière

OVER EVENTS

- *International Folk Festival*
- *The natural Produce Market every Thursday Morning*
- *Sundays at the Races*
- *Fridays on the Canal*
- *Cruises*

FESTE

- Internationales Volkfestival
- Festival « Au Pont du Rock »
- Naturmarkt donnerstags früh
- Sonntags RennenFridays on the Canal
- Freitags Kanal
- Seefahrt

RENSEIGNEMENTS / DOCUMENTATION

OFFICE DU TOURISME DU PAYS DE MALESTROIT
Boulevard du pont neuf • 56140 MALESTROIT • Tél : 02 97 75 14 57 • Fax : 02 97 73 71 13

FOR FURTHER INFORMATION

CONTACT THE MALESTROIT TOURIST OFFICE :
Boulevard du pont neuf • 56140 MALESTROIT
Tél. 02 97 75 14 57 • Fax 02 97 73 71 13

AUSKÜNFTE / PROSPEKTE BEIM

VERKEHRSBÜRO VON MALESTROIT
Boulevard du pont neuf 56140 MALESTROIT
Tél : 02 97 75 14 57 Fax : 02 97 73 71 13

• Musée de la Résistance Malestroit St Marcel
• *The St Marcel museum to the Breton Resistance* • Museum des bretonischen Widerstands St Marcel

DUREE DE LA VISITE : 1 H 30
Du 16 Septembre au 14 Juin : 10 h - 12 h / 14 h - 18 h
Fermé le mardi
Du 15 Juin au 15 Septembre : 10 h - 19 h tous les jours
salle pour séminaires et conférence

Bourg • 56140 ST MARCEL
Tél. 02 97 75 16 90 Fax : 02 97 75 16 92
En direction de VANNES
A 3 km au sud ouest de MALESTROIT
30 km au nord de VANNES • 80 km au sud de RENNES

LENGTH OF VISIT : 1 1/2 HOURS
Fom 16 September to 14 June : 10 am to 12 noon; 2 pm to 6 pm - Closed Tuesday
From 15 June to 15 September : 10 am to 7 pm every day - Conference Room Available for Conferences and Seminars.
How to get ST MARCEL
56140 ST MARCEL • Tél. 02 97 75 16 90 • Fax 02 97 75 16 92
Takes the Vannes road. 3 Km South - West of MALESTROIT
30 Km North of VANNES • 80 Km South of RENNES

DAUER DER BESICHTIGUNG / 1 H 30
Vom 16.09 b.z. 14.06 : 10 H 12 H - 14 H 18 H - Dienstag Ruhetag
Vom 15.06 b.z. 15.09 : täglich v.10 h b. 19 h
Konferenz und Seminarzimmer stellen wir zur Verfügung
Bourg • 56140 ST MARCEL
Tél. 02 97 75 16 90 • Fax : 02 97 75 16 92
Richtung : Vannes
Um 3 km South - West-Südlich von MALESTROIT
30 km nördlich von VANNES • 80 km Südlich von Rennes

• «IKTUS» Musée de l'eau et de la pêche • *«IKTUS» The museum of Water and Fishing* • *«IKTUS» Wasser und Fischenmuseum*

DÉCOUVREZ NOS SAVEURS DU TERROIR :

- Cervoise
- Telenn Du (Bière de blé noir)
- Cidre
- Chouchen
- Terrine de Sanglier
- Jus de Pommes
- Miel

Discover our local delicacies :

- *Cervoise (Barley Beer)*
- *Telenn Du (Brown Ale)*
- *Cidre (Cider)*
- *Chouchen (Apple Spirit)*
- *Miel (Honey)*
- *Jus de Pommes (Apple Juice)*
- *Terrine de sangliers (Wild boar Pâté)*

Entdecken Sie unsere ländlichen Spezialitäten :

- Cervoise (bretonische Bier)
- Chouchen (bretonisches Schnaps)
- Telenn Du (Bier mit Buchweizen)
- Cidre
- Apfelsaft
- Wildschweinpastete

MUSEE DE LA RESISTANCE BRETONNE ST MARCEL

Situé à ST MARCEL, haut lieu de la résistance bretonne, le Musée vous fait découvrir sur 1400 m² des collections d'armes, d'uniformes et de documents liés à l'histoire de la Bretagne durant la 2e Guerre Mondiale, suivant un circuit chronologique. Nombreux audiovisuels et maquettes. Présentation dynamique : reconstitution d'une rue sous l'occupation... Depuis 1994, 200 m² d'exposition supplémentaire consacrée aux parachutistes de la France Libre (S.A.S).

6 ha de parc. Aire de jeux et de pique-nique. Parking ombragé. Boutique souvenirs. Bar crêperie. Salles de réunions. Chiens admis en laisse.

Juillet Août Tous les jours : Promenade en Half-Track de l'Armée Américaine. Visite commentée.

THE ST MARCEL : museum to the Breton Resistance

At St Marcel, the former headquarters of the Breton Resistance, this museum devotes 1400m² to a collection of weapons, uniforms and documents linked to the history of the Brittany during the Second World War.
There are contless audio-visual displays and models to be seen. Not to be missed is impressive reconstruction of a street under the occupation. Since 1994, 200m² has been added to house an exhibition to the SAS (The Free French Parachute Division).
A park of 6 hectares, is home to an adventure playground, a picnic area, a well-shaded carpark, a souvenir shop, a crêperie and conference rooms. Dogs are allowed, provited they are on a lead. Every day throughout July and August : rides in an American Army Halftrack and Guided Tours.

Museum des bretonischen Widerstands St Marcel

Das Museum befindet sich in St Marcel, ehemalige Zentrum des bretonischen Widerstands. Auf 1400 m² können zeitgemäbe Walfen-, Uniform-, Dokumentezusammenstellung von der bretonische Geschichte während dem 2. Weltkrieg entdecken.
Auch mehrere Videokassette und Entwürfe, die Wiederherstellung einer Strabe während der Besatzung... In 1994 wurde eine zusäzliche, 200 m² große Ausstellung über die Fallschirmjäger der « France Libre » (S.A.S.) eingerichtet.
6 ha Park : Spiel-, Picknickplatz, schattigen Parkplatz, Souvenirgeschäft, Bar, crêperie, Besprechungszimmer, Hunde mit sind erlaubt.
Im Juli und August : Täglicher Spaziergang in half Track von der amerikanische Armee. Kommentierende Basichtigung.

DE RIEUX A JOSSELIN

LE PARCOURS

Nous entrons dans une des plus belles sections du canal.

Les deux haltes de ST-CONGARD et de ST-LAURENT permettent des arrêts avec prestations essentielles et possibilités de ravitaillement.

Bientôt, nous arrivons dans le site splendide de MALESTROIT qui mérite une escale prolongée. Après avoir admiré les richesses de cette cité, nous continuerons jusqu'au pont à 11 arches du ROC ST-ANDRÉ.

MONTERTELOT, sa halte bien équipée, le site pittoresque du village et du clocher de son église, ne sont pas loin.

La dernière partie du parcours va nous conduire à JOSSELIN et son château, haut lieu touristique du canal et de l'histoire bretonne. Ici aussi, une escale prolongée s'impose.

FROM RIEUX TO JOSSELIN

THE TRIP

This is one of the most beautiful sections of the canal. The moorings at both ST-CONGARD and ST-LAURENT allow stops with the essential services and sources of supply.

You soon get to the splendid site of MALESTROIT, which deserves a prolonged stay. Having admired the riches of this city, you will continue on your way until you reach the 11 arched bridge of ROC ST-ANDRÉ.

Only a little farther is MONTERTELOT with its well equipped mooring station, the picturesque setting of the village and its church bell-tower.

The last part of the trip will take you to JOSSELIN and its castle, a major tourist attraction of the canal and an important element in Breton history. Here also a prolonged call is recommended.

VON RIEUX BIS JOSSELIN

STRECKENBESCHREIBUNG

Hier beginnt einer der reizvollsten Abschnitte des Kanals. Die zwei Landungsplätze ST. CONGARD und ST. LAURENT gestatten eine Fahrtunterbrechung mit den wesentlichsten Versorgungseinrichtungen und Einkaufsmöglichkeiten.

Kurz danach erreicht der Wasserwanderer das herrliche Malestroit, wo ein längerer Aufenthalt empfohlen wird. Nach Besichtigung der zahlreichen Baudenkmäler des Ortes, führt er seine Fahrt weiter bis zur elfbogigen Brücke von LE ROC ST. ANDRÉ.

MONTERTELOT mit seinem Kirchturm, einem gut ausgerüsteten Landungsplatz und einer hübsche Umgebung ist sehr schnell erreicht. Der letzte Streckenabschnitt bringt den Sportschiffer nach JOSSELIN, das ein interessantes Schloß besitzt und ein bedeutender Ort der bretonischen Geschichte und des Fremdenverkehrs auf diesem Kanal ist. Hier wird ebenfalls ein längerer Aufenthalt empfohlen.

A MALESTROIT

- **Site de l'île** - Island site - ***Insel*** / **Barrage** - Weir - ***Damm*** / **Maisons anciennes** - Gothic and Renaissance houses - ***Altstadthäuser*** / **Église Saint-Gilles 12e siècle** - Saint-Gilles church, 12 th century - ***Kirche Saint-Gilles, 12. Jh.*** / **Musée de la résistance bretonne** - Museum of Breton resistance - ***Museum der bretonischen Widerstandsbewegung***

A LE ROC ST-ANDRÉ

- **Vue sur le pont à 11 arches** - View over the bridge with 11 arches - ***Elfbogige Brücke***
- **Château de Crevy** - Château de Crevy - ***Schloß Crevy***

A JOSSELIN

- **Château des ducs de Rohan** - Castle of the Dukes of Rohan - ***Schloß der Herzöge von Rohan*** / **Maisons anciennes** - Old houses - ***Altstadthäuser*** / **Basilique Notre Dame du Roncier** - Notre Dame du Roncier (Our Lady of the Bramblebush) Basilica - ***Basilika Notre Dame du Roncier*** / **Chapelle Sainte-Croix** - Sainte-Croix Chapel - ***Kapelle Sainte-Croix*** / **Musée de poupées** - Doll museum - ***Puppenmuseum***

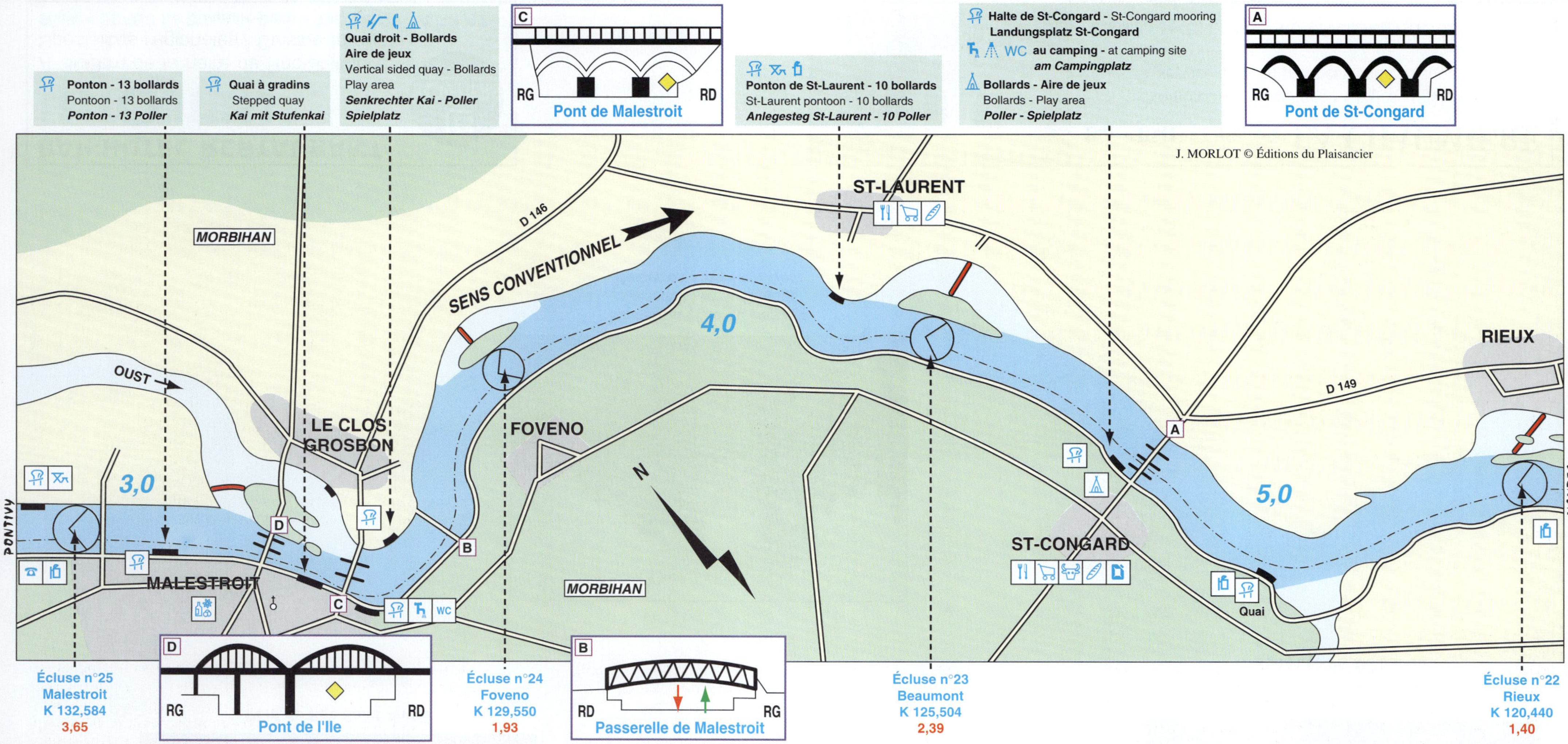

Le ponton de Malestroit
Malestroit pontoon
Anlegesteg in Malestroit

Quai droit de Malestroit
Malestroit vertical sided quay
Senkrechter Kai in Malestroit

Ponton de Saint-Laurent
Saint-Laurent bridge
Brücke Saint-Laurent

Ponton de Saint-Congard
Saint-Congard pontoon
Ponton Saint-Congard

Pont du Roc Saint André

Écluse 25 Malestroit
Lock N° 25, Malestroit
Schleuse 25, Malestroit

Malestroit : l'île du Barrage
Malestroit : Ile du Barrage
Malestroit : Insel am Wehr

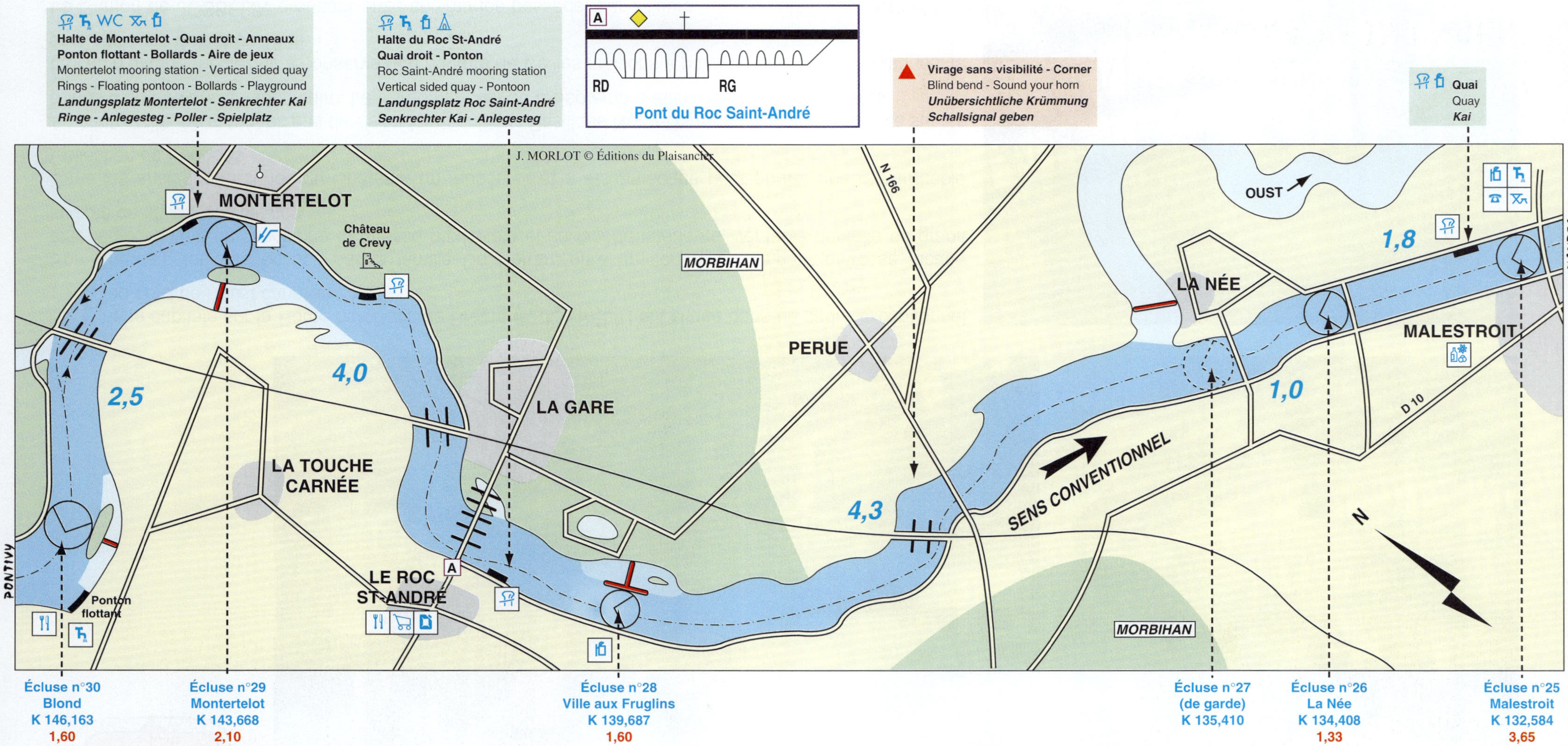

WC
Halte de Montertelot - Quai droit - Anneaux
Ponton flottant - Bollards - Aire de jeux
Montertelot mooring station - Vertical sided quay
Rings - Floating pontoon - Bollards - Playground
Landungsplatz Montertelot - Senkrechter Kai
Ringe - Anlegesteg - Poller - Spielplatz
Halte du Roc St-André
Quai droit - Ponton
Roc Saint-André mooring station
Vertical sided quay - Pontoon
Landungsplatz Roc Saint-André
Senkrechter Kai - Anlegesteg
A
RD
RG
Pont du Roc Saint-André
Virage sans visibilité - Corner
Blind bend - Sound your horn
Unübersichtliche Krümmung
Schallsignal geben
Quai
Quay
Kai
J. MORLOT © Éditions du Plaisancier
MONTERTELOT
Château de Crevy
MORBIHAN
N 166
OUST
1,8
NANTES
LA NÉE
PERUE
MALESTROIT
4,0
2,5
LA GARE
1,0
D 10
LA TOUCHE CARNÉE
SENS CONVENTIONNEL
4,3
N
LE ROC ST-ANDRÉ
Ponton flottant
PONTIVY
MORBIHAN
Écluse n°30
Blond
K 146,163
1,60
Écluse n°29
Montertelot
K 143,668
2,10
Écluse n°28
Ville aux Fruglins
K 139,687
1,60
Écluse n°27
(de garde)
K 135,410
Écluse n°26
La Née
K 134,408
1,33
Écluse n°25
Malestroit
K 132,584
3,65

JOSSELIN, Petite Cité de Caractère, Entre Forêts et Rivières

CHATEAU DE JOSSELIN

QUAI FLUVIAL, ECLUSE, GITE D'ETAPE

Etape capitale sur la Route des Ducs de Bretagne, JOSSELIN est située dans un cadre exceptionnel au bord de l'Oust canalisée.

Son Château, toujours occupé par la famille De Rohan, offre un contraste étonnant entre sa façade extérieure, témoin de l'ancienne forteresse médiévale et sa façade intérieure, véritable dentelle de granit sculpté de style Renaissance.

Dans les anciennes écuries du Château, un musée privé a été aménagé pour abriter une remarquable Collection de Poupées.

Au centre ville, ne manquez pas de visiter la magnifique Basilique Notre-Dame du Roncier construite sur les ruines d'un très ancien sanctuaire. Le Pardon annuel du 8 Septembre attire des milliers de fidèles.

La cité d'origine médiévale a conservé bon nombre de vieilles maisons à pans de bois et à colombages, la plus ancienne datant de 1538.

Le Canton de JOSSELIN groupant onze communes possède, par ailleurs, un très intéressant patrimoine d'Eglises et de Chapelles construites entre le 12ème et le 19ème siècle.

Riche d'histoire, le Pays de JOSSELIN l'est aussi par la variété de ses sites naturels (forêts, bois, vallée de l'Oust, ruisseaux, étangs).

BASILIQUE NOTRE-DAME DU RONCIER

RENSEIGNEZ-VOUS A L'OFFICE DE TOURISME POUR :

- Les visites guidées ou non (Château, Musée, Eglises, Chapelles...).
- Les animations : Festival Médiéval, Pardons, Courses Hippiques, Course à pied...
- Les activités de Loisirs : tourisme fluvial, pêche, canoë-kayak, circuits de randonnées, location de V.T.T., tennis, mini-golf, piscine à Guégon...
- L'hébergement : Gîte d'étape 18 places à l'écluse (pontons pour amarrage) avec possibilités de douches, sanitaires, point d'eau pour plaisanciers ; Hôtels, Chambres d'hôtes, Meublés saisonniers, Campings.
- La restauration rapide et traditionnelle.
- Vous pourrez également découvrir dans le canton une palette de produits du terroir tels que cidre, cervoise, bière de blé noir, crêpes, galettes...
- Marché au centre ville de JOSSELIN le samedi matin.

«LES FORGES» HALTE NAUTIQUE A 800 METRES DU CANAL PRINCIPAL

CHAPELLE-LEPROSERIE DE SAINT GOBRIEN - PONTON D'ACCOSTAGE A 500 M.

CHATEAU DES MAITRES DE FORGES

MINI-GOLF ENTRE CANAL (PONTON) ET CAMPING MUNICIPAL (2KMS DE JOSSELIN)

CHAPELLE DE POMELEUC (ECLUSE A 500 M.)

Photos : Office de Tourisme

OFFICE DE TOURISME DU PAYS DE JOSSELIN

PLACE DE LA CONGREGATION
56120 JOSSELIN
Tél. 02 97 22 36 43 - Fax 02 97 22 20 44

L'écluse 35 de Josselin
Josselin lock, N° 35
Schleuse 35 in Josselin

Josselin :
la halte nautique et le château
Mooring station and castle
Landungsplatz und Schloß

Halte de Josselin - Quai droit - Anneaux
Ponton flottant
Josselin mooring station - Vertical sided quay
Rings - Floating pontoon
Landungsplatz Josselin - Senkrechter Kai
Ringe - Anlegesteg

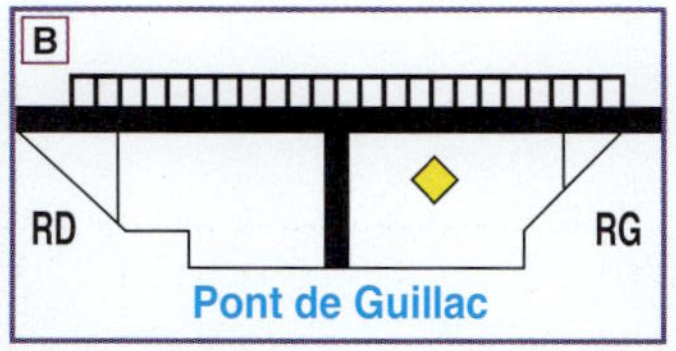

RAPPEL

Pour une meilleure lecture, le tracé de la voie navigable a été élargi par rapport à sa longueur.

REMINDER

For greater legibility, the navigable waterway has been drawn wider, out of scale with its length.

Es wird nocheinmal darauf hingewiesen, daß die Kanalkarte nicht maßstabsgetreu ist, da die Breite des Fahrwassers im Verhältnis zur Länge größer dargestellt wurde, um für einen besseren Überblick zu sorgen.

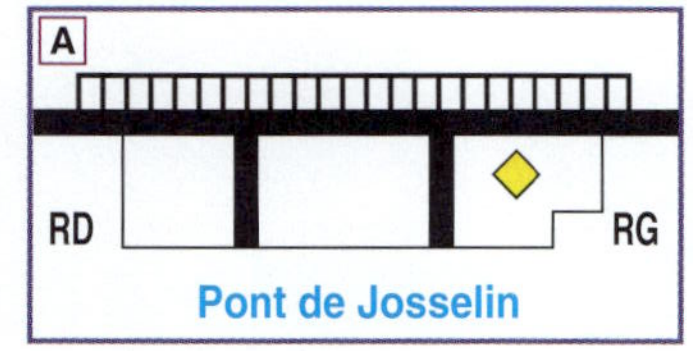

Halte de Blond - Ponton flottant
Blond mooring station - Floating pontoon
Landungsplatz Blond - Anlegesteg

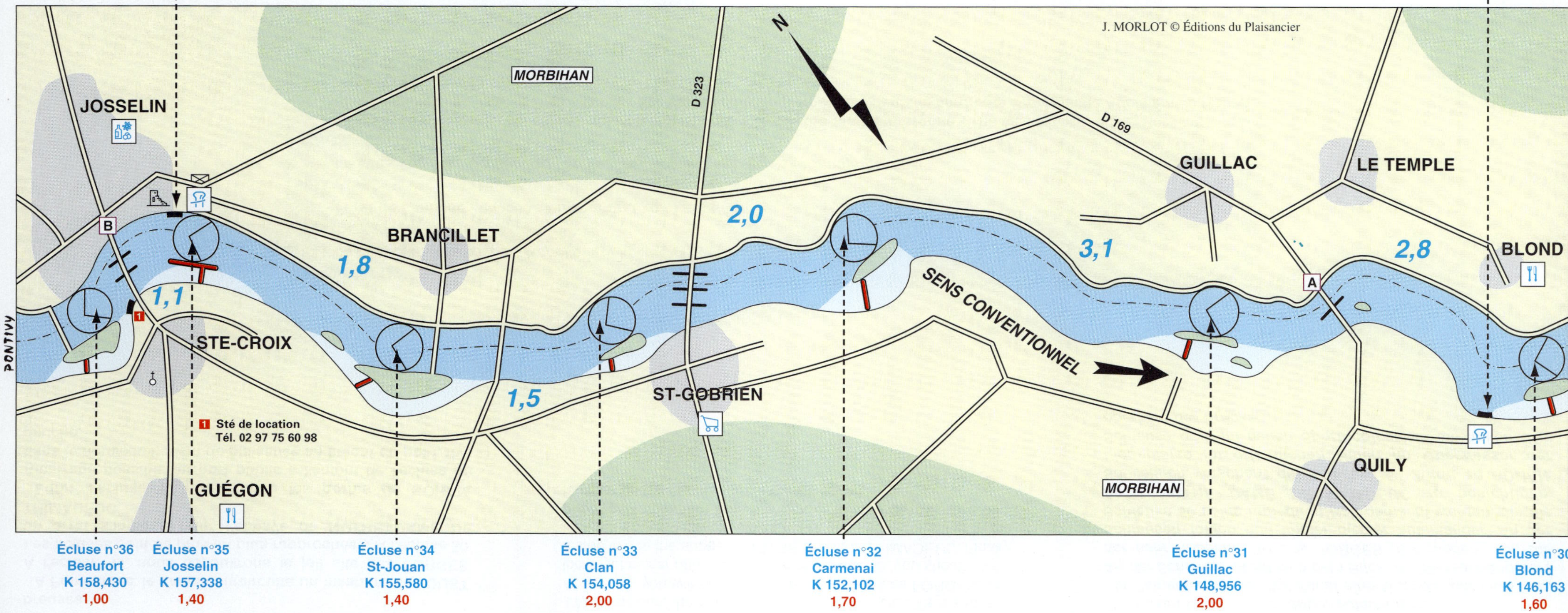

DE JOSSELIN À ROHAN

LE PARCOURS

Le parcours se fait sinueux et les écluses plus nombreuses.

A Pomenleuc, le canal courcircuite un méandre de l'OUST. A l'écluse 44, nous découvrons le joli site des FORGES. Les écluses sont de plus en plus rapprochées. A l'écluse 50, un arrêt s'impose pour l'abbaye de NOTRE DAME DE THIMADEUC.

Enfin, l'écluse 52 nous ouvre les portes de ROHAN. Amarrage possible au port public à l'amont de l'écluse ou dans le nouveau bassin de plaisance en amont du pont, rive gauche.

FROM JOSSELIN TO ROHAN

THE TRIP

The waterway becomes twisty and the locks more frequent.

At Pomeleuc, the canal cuts out one of the OUST's meanders. At lock 44, you will discover the pretty site of Les FORGES. The locks get closer and closer together. At lock 50, you should make a stop to see the abbey of NOTRE DAME DE TIMADEUC. Finally, lock 52 is your gateway into ROHAN. You can moor either in the public port upstream from the lock or in the new pleasure boat harbour above the bridge, on the left bank.

VON JOSSELIN BIS ROHAN

STRECKENBESCHREIBUNG

Die Fahrstrecke wird nun immer kurvenreicher und die Schleusen folgen immer enger aufeinander.

In Pomenlenc kürzt der Kanal eine Mäander der OUST ab. An der Schleuse 44 tut sich dem Blick des Wasserwanderers der sehr hübsche Ort Les FORGES (Schmieden) auf. Die Schleusen folgen nun immer dichter aufeinander. An der Schleuse 50 sollte unbedingt Halt gemacht werden, um die Abtei NOTRE DAME DE TIMADEUC zu besichtigen. Schließlich verschafft die Schleuse 52 Zutritt zu ROHAN. Liegeplätze im öffentlichen Hafen im Oberwasser der Schleuse oder im neuen Sportbootbecken am linken Ufer oberhalb der Brücke.

A POMELEUC

- **La chapelle** - The chapel - ***Kapelle***

A CADORET

- **Forêt de Lanouée** - Lanouée forest - ***Forst von Lanouée***

AUX FORGES

- **Le site** - The site - ***Umgebung*** / **Son canal** - Canal des Forges - ***Verbindungskanal***

A ROHAN

- **Le château bâti sur le "Roc'Han" qui donna son nom à la célèbre famille bretonne** - The castle built ont the "Roc'han" which gave its name to the famous Breton family - ***Schloß auf dem Berg Roc' Han, dem die berühmte Bretonische Adelsfamilie Rohan ihren Namen verdankt***
- **Hôtel de Ville** - Town hall - ***Rathaus***

RAPPEL
Pour une meilleure lecture, le tracé de la voie navigable a été élargi par rapport à sa longueur.
REMINDER
For greater legibility, the navigable waterway has been drawn wider, out of scale with its length.

Es wird nocheinmal darauf hingewiesen, daß die Kanalkarte nicht maßstabsgetreu ist, da die Breite des Fahrwassers im Verhältnis zur Länge größer dargestellt wurde, um für einen besseren Überblick zu sorgen.

Canal des Forges
Canal des Fiorges
Verbindungskanal Les Forges

Cadoret
Cadoret
Cadoret

Halte de Caradec
Caradec mooring station
Landungsplatz Caradec

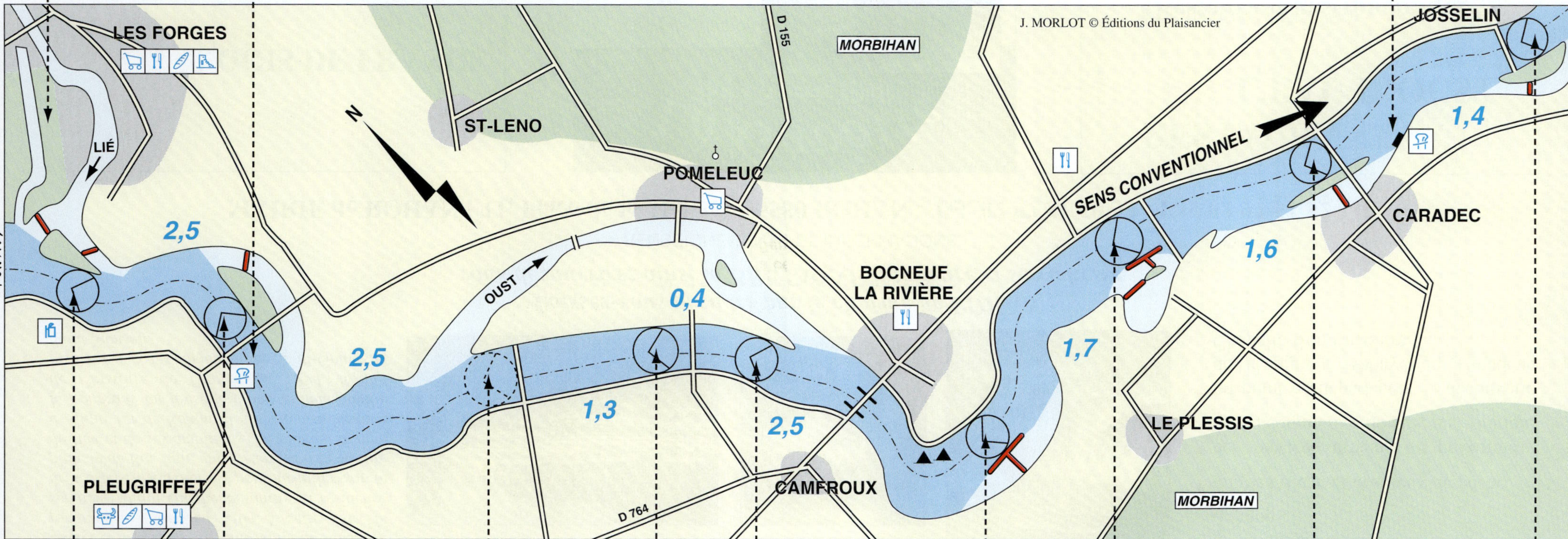

Écluse n°44
du Lié
K 170,945
1,61

Écluse n°43
Cadoret
K 169,750
2,00

Écluse n°42
(de garde)
La Tertraie
K 167,242

Écluse n°41
La Tertraie
K 165,942
2,20

Écluse n°40
Pomeleuc
K 165,580
2,20

Écluse n°39
Bocneuf
K 163,110
2,00

Écluse n°38
Rouvray
K 161,410
1,80

Écluse n°37
Caradec
K 159,840
2,00

Écluse n°36
Beaufort
K 158,430
1,00

Les Forges
Les Forges
Les Forges

Écluse 44 du Lié
Lock N° 44, du Lié
Lié-Schleuse (44)

Écluse 43 de Cadoret
Lock N° 43, de Cadonet
Cadonet-Schleuse (43)

Écluse 38 de Rouvray
Lock N° 38, de Rouvray
Rouvray-Schleuse (38)

HISTORIQUE

Un ancien gué au pied d'une éminence rocheuse appelée Roc'han - petit roc - constitue le cadre originel de Rohan. En ce lieu que les Vénètes avaient probablement déjà occupé, les Romains construisent, vers IIIe siècle, un pont permettant de relier par un axe nord-sud, les deux principales voies qui convergent vers Vorganium - Carhaix - pour rejoindre Gérocribat - Brest -. Afin d'en assurer le contrôle et la sécurité, un petit camp fortifié est également édifié en l'an 251, autour duquel apparaissent quelques habitations formant une bourgade. Le village se développe grâce à la proximité de voies de communication fluviales et terrestres, venant de la vallée du Blavet et de l'Oust. Le «tournant» de l'histoire rohannaise a lieu en 1104. A cette date, le seigneur Allain Guethenac quitte sa résidence de Castel-No'c (Bieuzé) pour installer sur le plateau de Roc'han, une forteresse à la mesure du lieu et de ses ambitions. En prenant le nom d'Allain 1er de Rohan, il associe durablement la bourgade au prestige d'une grande famille de l'histoire de France. En 1994, Rohan fusionne avec les communes de Saint-Gouvry et Saint-Samson.

AUJOURD'HUI

Rohan vous propose :

- des équipements d'accueil modernes pour les plaisanciers,
- un port ouvert toute l'année,
- des conditions avantageuses d'hivernage et de stationnement à flot de longue durée,
- des bornes à eau et électricité,
- un camping, véritable havre de paix et de repos,
- un plan d'eau et des lieux de pêche,
- des services urbains de proximité : santé, commerces, loisirs, restauration,
- un point de départ pour la découverte de la région, Abbaye de Timadeuc Chapelle Bon Encontre, ...

Laissez-vous prendre par le charme de ROHAN ;
vous découvrirez ainsi la BRETAGNE intérieure et sa richesse.

RENSEIGNEMENTS ET INFORMATIONS :

MAIRIE de ROHAN : 11, Place de la Mairie - 56580 ROHAN - Tél. 02 97 51 50 33 - Fax 02 97 51 52 11

Port public de Rohan
Quai droit - Anneaux
Rohan public port
Vertical sided quay - Rings
Öffentlicher Hafen Rohan
Senkrecheter Kai - Ringe

RAPPEL
Pour une meilleure lecture, le tracé de la voie navigable a été élargi par rapport à sa longueur.
REMINDER
For greater legibility, the navigable waterway has been drawn wider, out of scale with its length.

Es wird nocheinmal darauf hingewiesen, daß die Kanalkarte nicht maßstabsgetreu ist, da die Breite des Fahrwassers im Verhältnis zur Länge größer dargestellt wurde, um für einen besseren Überblick zu sorgen.

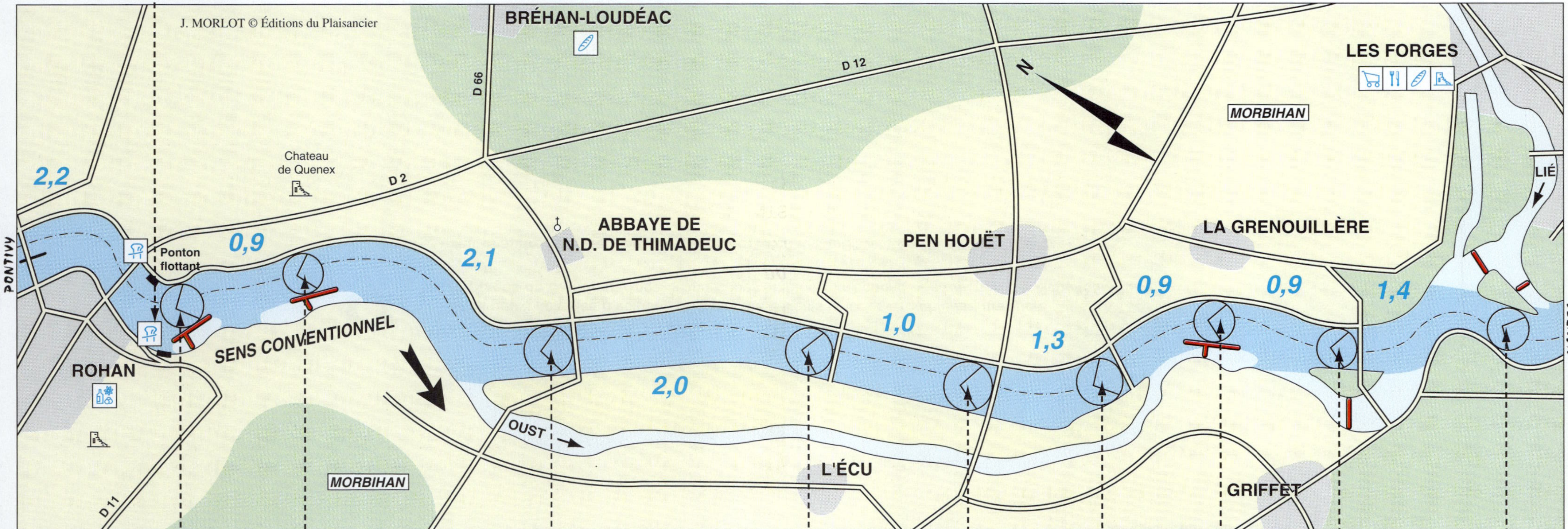

Écluse n°52 Rohan K 181,399 2,30

Écluse n°51 Quengo K 180,533 1,70

Écluse n°50 Thimadeuc K 178,438 2,00

Écluse n°49 Lille K 176,440 2,50

Écluse n°48 Pen Houët K 175,433 2,50

Écluse n°47 Trévérand K 174,178 2,50

Écluse n°46 La Grenouillère K 173,295 2,00

Écluse n°45 Griffet K 172,364 2,00

Écluse n°44 Lié K 170,945 1,61

DE ROHAN À PONTIVY

LE PARCOURS

Cette dernière section navigable du Canal de Nantes à Brest, va nous faire escalader successivement trois échelles d'écluses : Gueltras, les 9 écluses et les étangs du Ros. Soit 53 écluses. Le bief de partage entre les écluses 78 et 79 vous charmera par ses paysages mélancoliques.

A PONTIVY, à l'aval de l'écluse 107, nous rencontrons le début de la section, hélas, désaffectée.

L'écluse des RECOLLETS n°1 nous ouvre la voie du BLAVET canalisée.

FROM ROHAN TO PONTIVY

THE TRIP

On this last section of the Canal de Nantes à Brest, you will climb three successive flights of locks, with a cumulative total of 53 locks : Gueltras, the 9 Locks and Les Etangs du Ros. The summit pound between locks 78 and 79 will charm you with its melancholic landscapes.

At PONTIVY, downstream from lock 107, you meet the beginning of the section that is now, unfortunately, disused.

Lock N° 1, RECOLLETS, opens the way onto the canalized river BLAVET.

VON ROHAN BIS PONTIVY

STRECKENBESCHREIBUNG

Auf diesem letzten schiffbaren Abschnitt des Canal de Nantes à Brest klettert der Wasserwanderer drei aufeinanderfolgende Schleusenketten hinauf : Gueltas, die 9 Schleusen und die Etangs du Ros, insgesamt 53 Schleusen. Die Scheitelhaltung zwischen den Schleusen 78 und 79 und die stimmungsvolle Landschaft werden den Wassertouristen entzücken.

In PONTIVY geht die Fahrt unterhalb der Schleuse 107 an der Einfahrt des bedauererlicherweise stillgelegten Kanalabschnitts vorbei.

Die Schleuse 1, RECOLLETS, gibt den Weg in den kanalisierten BLAVET frei.

A ROHAN

- **Sites des 3 échelles d'écluses** - Sites of the 3 flights of locks - ***3 Schleusentreppen***,
- **Paysages du Bief de partage** - Landscapes of the summit pound - ***Landschaft der Scheitelhaltung***

A PONTIVY

- **Voir chapitre "Blavet"** - See the chapter devoted to the Blavet - ***Siehe Kapitel "Blavet"***

Pontivy, embranchement de la section désaffectée
Pontivy : junction with the disused section
Pontivy : Mündung des stillgelegten Kanalabschnitts

Port de plaisance de Rohan - La société de location
Rohan pleasure boat harbour - The boat hire company
Sporthafen Rohan - Charterbootfirma

Le Bief de Partage
The summit pound
Scheitelhaltung

Maison éclusière 76
Keeper's house, lock N° 76
Wärterhaus an der Schleuse 76

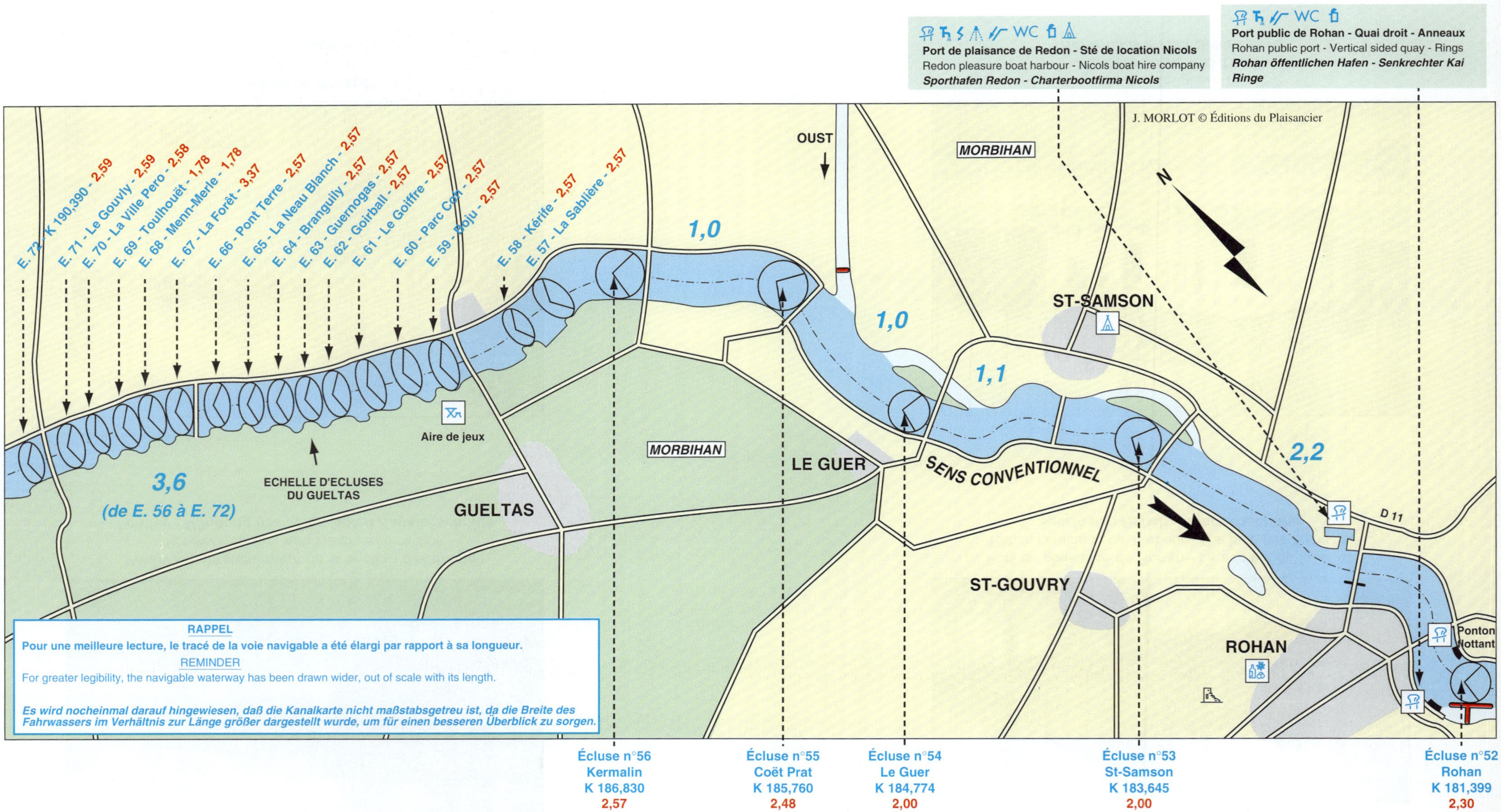
Port de plaisance de Redon - Sté de location Nicols
Redon pleasure boat harbour - Nicols boat hire company
Sporthafen Redon - Charterbootfirma Nicols
Port public de Rohan - Quai droit - Anneaux
Rohan public port - Vertical sided quay - Rings
Rohan öffentlichen Hafen - Senkrechter Kai Ringe
J. MORLOT © Éditions du Plaisancier
E. 72 - K 190,390 - 2,59
E. 71 - Le Gouvly - 2,59
E. 70 - La Ville Pero - 2,58
E. 69 - Toulhouët - 1,78
E. 68 - Menn-Merle - 1,78
E. 67 - La Forêt - 3,37
E. 66 - Pont Terre - 2,57
E. 65 - La Neau Blanch - 2,57
E. 64 - Branguily - 2,57
E. 63 - Guernogas - 2,57
E. 62 - Goirball - 2,57
E. 61 - Le Goiffre - 2,57
E. 60 - Parc Com - 2,57
E. 59 - Boju - 2,57
E. 58 - Kérife - 2,57
E. 57 - La Sablière - 2,57
1,0
OUST
MORBIHAN
N
1,0
ST-SAMSON
1,1
Aire de jeux
MORBIHAN
3,6
(de E. 56 à E. 72)
ECHELLE D'ECLUSES DU GUELTAS
GUELTAS
LE GUER
SENS CONVENTIONNEL
2,2
D 11
ST-GOUVRY
ROHAN
Ponton flottant
RAPPEL
Pour une meilleure lecture, le tracé de la voie navigable a été élargi par rapport à sa longueur.
REMINDER
For greater legibility, the navigable waterway has been drawn wider, out of scale with its length.
Es wird nocheinmal darauf hingewiesen, daß die Kanalkarte nicht maßstabsgetreu ist, da die Breite des Fahrwassers im Verhältnis zur Länge größer dargestellt wurde, um für einen besseren Überblick zu sorgen.
Écluse n°56 Kermalin K 186,830 2,57
Écluse n°55 Coët Prat K 185,760 2,48
Écluse n°54 Le Guer K 184,774 2,00
Écluse n°53 St-Samson K 183,645 2,00
Écluse n°52 Rohan K 181,399 2,30

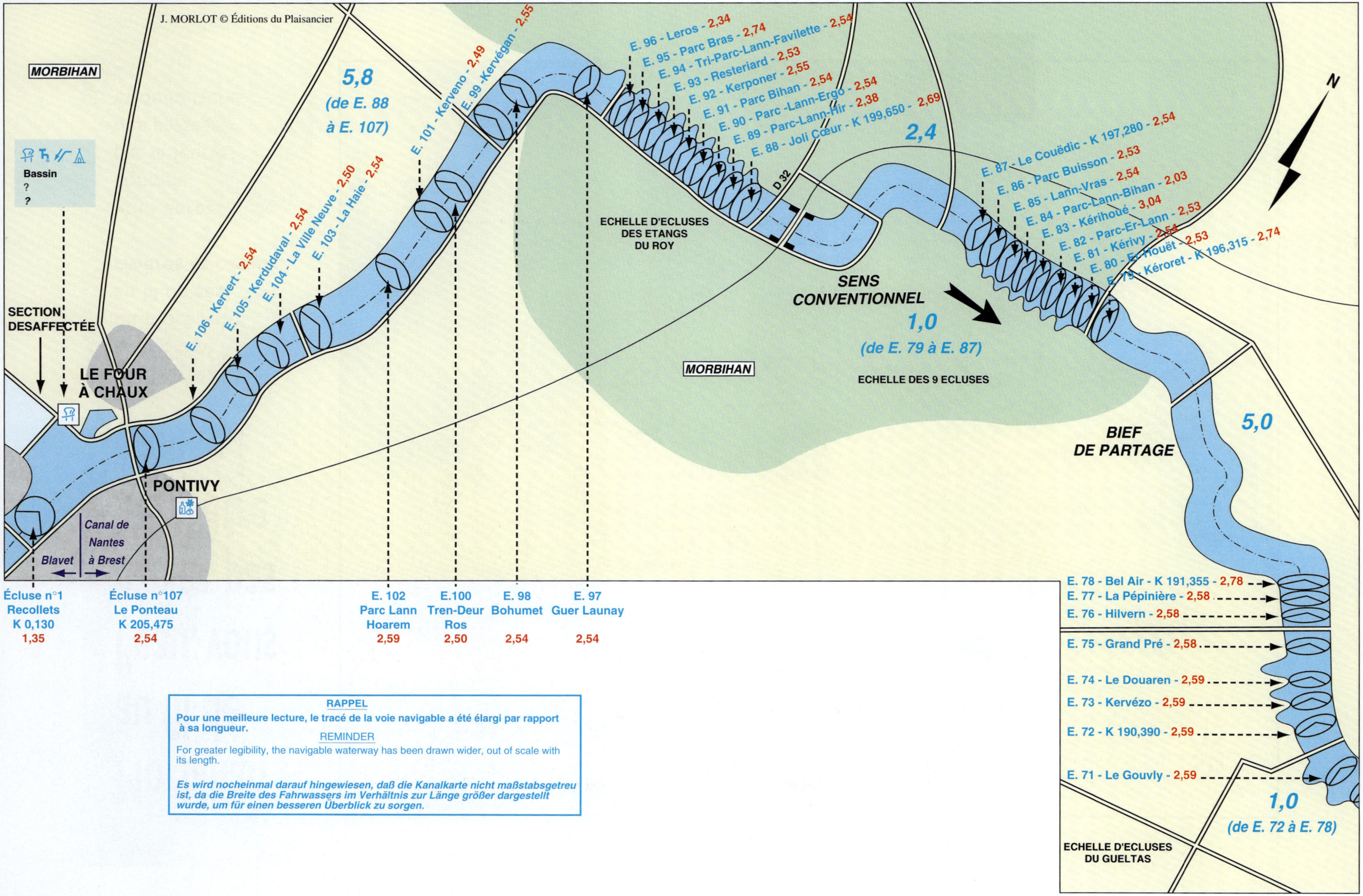

RAPPEL
Pour une meilleure lecture, le tracé de la voie navigable a été élargi par rapport à sa longueur.

REMINDER
For greater legibility, the navigable waterway has been drawn wider, out of scale with its length.

Es wird nocheinmal darauf hingewiesen, daß die Kanalkarte nicht maßstabsgetreu ist, da die Breite des Fahrwassers im Verhältnis zur Länge größer dargestellt wurde, um für einen besseren Überblick zu sorgen.

Morbihan au fil de l'eau, vous n'avez pas fini d'être étonné !

Découvrez
la diversité
du Morbihan
au fil de ses
rivières et canaux.

Vous serez
conquis
par la féerie
des paysages
et de la faune.

CONSEIL
GÉNÉRAL
DUMORBIHAN

Au gré
de vos escales,
une myriade
de découvertes
vous attendent
témoignant
de la richesse
du patrimoine
et de la vivacité
des traditions.

Déjà les produits
du terroir
et la qualité
de nombreuses
tables réputées,
vous révèleront
mille et une saveurs
inoubliables.

Renseignements :
For further information please contact :
Auskünfte erhältlich beim ...

Comité Départemental du Tourisme
Hôtel du Département
BP 400
56009 Vannes cedex
Tél. : 02 97 54 06 56
Fax. : 02 97 42 71 02

Féerie de la nature

Paysages verdoyants de bocage, forêts et marais se succèdent au fil de l'eau, offrant tour à tour à l'esprit curieux le plaisir d'observer la nature dans toute sa diversité.

Richesse du patrimoine et des traditions

Aux détours de votre promenade fluviale, prenez le temps de découvrir la richesse des Petites Cités de caractère et Villes d'histoire traversées, la qualité du patrimoine religieux, les musées ...

Si vous vous attardez, festivals, fêtes et pardons vous révèleront la vivacité des traditions.

Mille et une saveurs

pour vous faire connaître l'art de vivre en Morbihan.

- Les produits du terroir (andouille de Guémené), crêpes et galettes accompagnées d'une bolée de cidre vous feront revivre la tradition culinaire.
- L'accueil à la ferme (hébergement, restauration, goûter à la ferme ou encore vente de produits) sera l'occasion de rencontres inoubliables.

Autour de tables réputées, vous dégusterez les produits de la mer et de la terre, les spécialités de poisson d'eau douce.

Assurément, vous reviendrez en Morbihan.

Morbihan by water, there's still more to surprise you!

Discover the diversity of Morbihan along its rivers and canals.

The enchantment of its landscape and wildlife will captivate you .

At every port of call, myriad discoveries await you, evidence of the richness of its heritage and the liveliness of its traditions.

Not to mention the thousand and one flavours revealed by the local produce and the quality of its many renowned restaurants.

You will certainly come back to Morbihan.

Das Morbihan mit seinen Wasserläufen hält unzählige Überraschungen für Sie bereit.

Entdecken Sie die Verschiedenheit des Morbihan mit seinen Flüssen und Kanälen.

Die Zauberwelt der Landschaften und der Fauna wird Sie für sich gewinnen. Wo immer Sie haltmachen, erwartet Sie eine Unzahl von Entdeckungen, Zeugnisse des reichen Kulturerbes und der langlebigen Traditionen.

Ohne die tausendundeinen Aromen zu vergessen, die Ihnen die regionalen Produkte und die Qualität der vielen berühmten Gasttaffeln enthüllen werden.

Sie kehren gewiß ins Morbihan zurück.

Chemin faisant...

Depuis 1993, le département du Morbihan dispose d'un plan départemental des itinéraires de promenade et de randonnée élaboré par le conseil Général et actualisé au fur et à mesure de l'ouverture de nouveaux chemins.

Les raisons de partir à la découverte de la Campagne Morbihannaise et de ses habitants ne manquent pas ; à vous de choisir le moyen qui vous conviendra le mieux : vélo, cheval, canoë-kayak, ou tout simplement la marche. Vous ferez à coup sûr une belle provision de souvenirs !

LE BLAVET

(de Pontivy à Lorient)

70 km — **Blavet canalisé (Pontivy-Hennebont) = 59,760 km** / The canalized river Blavet (Pontivy-Hennebont) = 59.760 kms / ***Canal Blavet (Pontivy - Hennebont) = 59,760 km*** **Blavet maritime = 10,24 km /** Blavet maritime = 10.24 kms / ***maritime Blavet = 10,24 km*** **28 Écluses /** 28 locks / ***28 Schleusen*** **Dimensions autorisées : 26 m x 4,60 m /** Max dimensions of boats accepted : 26m x 4.60m / ***zugelassene Fahrzeugabmessungen: 26 x 4,6 m*** **Vitesse autorisée : 6 km/h /** Maximum speed allowed : 6 KPH / ***Fahrgeschwindigkeit: 6 km/Std.***	• 1,40 m • 2,60 m **Sens conventionnel : vers Lorient** Conventional direction : towards Lorient ***konventionelle Talfahrt: Richtung Lorient***	**ADRESSES UTILES** **Services Navigations** **1 rue Henri Dunant** **56306 Pontivy - Tél. 02 97 25 55 21** **2 bd Adolphe Pierre - 56300 Lorient** **Tél. 02 97 64 85 95** **BP 2137 - 56321 Lorient Cedex** **BP 133 - Rue du Port Hennebont** **56700 Lorient - Tél. 02 97 85 15 15** **Affaires maritimes** **88 avenue de la Perrière - BP 2143** **56321 Lorient Cedex - Tél. 02 97 37 16 22**

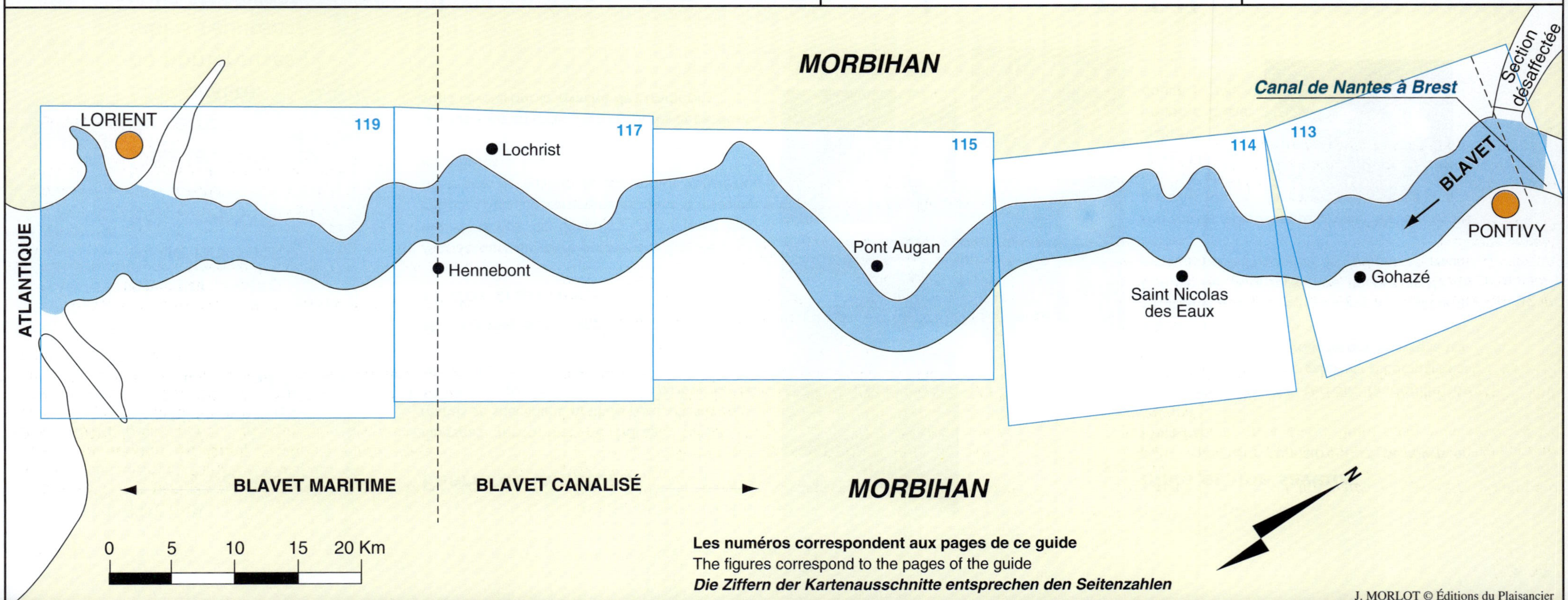

CONDITIONS DE NAVIGATION

Le BLAVET est navigable par des bateaux ayant un faible tirant d'eau (voir page 108).

Dans la section du BLAVET canalisé (de Pontivy à POLHVERN), le chenal est à distance de 10 mètres environ de la rive gauche (côté halage).

De l'écluse de POLHVERN à LORIENT, se conformer aux indications mentionnées dans les pages suivantes correspondant à cette section.

TOURISME

La canalisation du BLAVET fut entreprise sous le Consulat et achevée seulement en 1825.

Cette voie navigable traverse des paysages naturels pleins de douceur. Certains sites, comme la courbe de SAINT NICOLAS DES EAUX, ne manqueront pas de vous laisser d'agréables souvenirs (ou jolies photos pour les amateurs).

Enfin, Le BLAVET maritime vous ouvre l'Océan et les croisières en mer, si votre bateau vous le permet.

ADRESSES UTILES

Voir page 108.

NAVIGATION CONDITIONS

The BLAVET is navigable for shallow draughted boats (see page 108).

In the canalized section of the BLAVET (from Pontivy to POLHVERN), the channel is approximately 10 metres from the left bank (tow-path side).

From the POLHVERN lock to LORIENT, you should comply with the indications given for this section in the pages that follow.

TOURISM

The canalization of the BLAVET was started during Napoleon's Consulate but was not finished until 1825. This waterway crosses unspoilt, gentle countryside. Several sites, such as the curve at SAINT NICOLAS DES EAUX, will not fail to leave you with pleasant memories (or pretty photographs for those who are enthusiasts).

Lastly, the BLAVET Maritime gives you access to the ocean and opportunities for sea cruises, if your boat is suitable.

USEFULL ADDRESSES

See page 108.

SCHIFFAHRTSBEDINGUNGEN

Die BLAVET ist für Fahrzeuge mit geringer Tauchtiefe schiffbar (s.S. 108)

Im Canal du BLAVET (von Pontivy bis POLHVERN) verläuft die Fahrrinne in etwa 10 m Entfernung vom linken Ufer (Treidelufer).

Auf dem Abschnitt zwischen der Schleuse POLVUERN und der Stadt LORIENT die Hinweise auf den nachfolgenden Seiten beachten.

TOURISTISCHE HINWEISE

Der Ausbau der BLAVET wurde unter dem Konsulat (1799-1804) in Angriff genommen, aber erst 1825 abgeschlossen.

dieser Wasserweg durchquert liebliche Naturlandschaften. Von einigen Stätten wird man unvergängliche Erinnerungen mitnehmen, so z.B. von den Flußschleifen in SAINT NICOLAS DES EAUX (Fotomateure, an die Apparate).

Schließlich geleitet die maritime BLAVET den Wasserwanderer in die See, wo er interessante Törns unternehmen kann, wenn sich sein Fahrzeug dazu eignet.

NÜTZLICHE ANSCHRIFTEN

Siehe Seite 108.

Très Blavet

LES QUATRES SAISONS...

Pays d'eau et de bois, le Pays d'accueil de la Vallée du Blavet doit se vivre aux quatre saisons. Ce Pays saura vous surprendre aux détours des petites routes qui le sillonnent.

Au printemps, le Pays s'éveille et se colore de teintes fraîches et claires pour une invitation à parcourir les sentiers de randonnées ou se glisser au fil de l'eau.

En été, le calme de nos rivières et de nos campagnes vous invite à la découverte de notre patrimoine et au partage des moments festifs nombreux dans la vallée.

En automne, la vallée toute entière déploie ses couleurs chaudes pour vous combler et vous rapprocher de la chaleur de l'âtre.

En hiver, la vallée s'endort et se repose pour mieux vous offrir le même spectacle dès le printemps.

Une voie privilégiée pour partir à la découverte de la Bretagne intérieure. Laisser vous glisser au fil de l'eau et remonter l'histoire de cette vallée marquée par l'emprunte des hommes.

Arrêtez-vous pour visiter Hennebont et ses remparts, sa basilique ou son Haras qui perpétue la tradition de l'élevage du trait breton (02 97 36 20 27).

A Inzinzac Lochrist, les forges se sont éteintes en 1966. Revivez cette époque industrielle de la vallée en parcourant l'Ecomusée des Forges (02 97 36 98 21).

Replongez-vous dans la préhistoire en parcourant les alignements de St Cornely sur la commune de Languidic . A Lauvandan, l'architecture traditionnelle de la vallée vous fera découvrir le particularisme de ces habitants qui bâtissaient des niches en granit pour leur chien et sculptaient le granit en ornement sur les façades.

A Quistinic, ce patrimoine a poussé la commune dans la sauvegarde d'un village entier du XVI siècle, appelé Poul Fetan. (02 97 39 72 82). Pays de la pierre, Bubry concentre une richesse architecturale rurale extraordinaire qui leur a donné l'idée d'organiser des classes patrimoines sur ce thème.

Pays de bois, les communes de La Chapelle Neuve et de Camors vous ouvrent leurs forêts pour de paisibles balades ombragées. Et si l'on ne voit plus en forêt, de huttes de sabotier, M. Simon vous fera découvrir ce métier qu'il perpétue en débitant d'énormes billes de bois pour la fabrication de sabots (02 97 39 28 64).

Retrouvez ce temps qui passe en vous plongeant dans l'imaginaire de l'histoire de la carte postale, en parcourant le Cartopole à Baud (02 97 51 15 14).

La chapelle St Adrien, en St Barthelemy, des XV et XVI siècles présente des détails curieux, inventés dit on par l'ordre des Templiers. Des contreforts à pinacle consolident l'édifice bâti sur deux sources attestées par deux fontaines.

Dès qu'on s'éloigne un peu des rives du Blavet, le paysage s'active, se meut en monticules arides et dépressions verdoyantes. Ainsi en est - il du paysage de Guenin, de part et d'autre de l'Evel où le Manéguen domine à 155 mètres le bourg .

Le pôle d'attraction de Pluméliau est sans conteste, le village de St Nicolas des eaux qui vous accueillera pour une halte nautique chaleureuse.

Son terroir est semé de monuments intéressants: manoirs, puits, tumulus. Mais c'est sans nul doute, le Centre archéologique de Melrand qui vous replongera le plus dans la vie de nos ancêtres et de la vie pastorale de l'an mil.

A Bieuzy, les Arts ont voulu d'une rencontre insolite entre le contemporain et nos chapelles rurales. De la chapelle de Castennec, vous pouvez découvrir une exposition unique dans plus de seize chapelles de la Vallée du Blavet (02 97 39 55 76).

Mais surtout, prenez le temps d'une rencontre avec les éclusières du Blavet ou auprès des propriétaires de chambres d'hôtes, de gîtes ou hôtels de la vallée. Retrouvez-vous autour d'une bonne table, le temps d'une dégustation dans les nombreuses crêperies et petits restaurants de la vallée, ou à la ferme auberge de Lann Menhir. Ici les produits du terroir et de la mer se marient si bien.

Rien ne manque sur le Pays d'accueil de la Vallée du Blavet, le charme d'une nature authentique, les rencontres étonnantes au détour d'un chemin et le chaleureux accueil des ses habitants.

Land of woods and water, the tourist area of the Valley of the Blavet can be enjoyed at any season of the year. The region will surprise you as you trace its byways.
In the Spring the countryside awakes and takes on clear, fresh colours inviting you to follow the rambling footpaths or to glide downstream.
In Summer, the calm of the rivers and countryside invites you to discover our heritage, and to share the valley's numerous festive moments.
In autumn, warm colours explode along the entire valley, filling you with well-being and reminding you of the warmth of the hearth.
In Winter the valley sleeps and rests, preparing to offer you the same delights next spring.
Avery special way for you to discover inland Brittany - let yourself go with the current and look back along the valley's history, so marked with the imprint of man.

But above all, take time for a meeting with the lock keepers of the Blavet or with the owners of the Bed & Breakfasts, the Gites or Hotels of the valley. Find yourself enjoying a splendid meal at your hosts table, and then the time for a tasting at one of the many creperies and small restaurants of the valley; or perhaps at the farm inn of Lann Menhir where the produce of land and sea go so well together.

There is nothing missing in the tourist area of the Valley of the Blavet, the charm of nature, the surprise meetings at the next bend and the warm welcome of its people.

Als Land des Wassers und der Wälder ist es sich das Gastland des Blavet-Tals schuldig, im Rhythmus der vier Jahreszeiten zu leben. Dieses Land versteht es, Sie an jeder Biegung der kleinen Straßen, die es durchziehen, zu überraschen.

Im Frühling erwacht das Land aus dem Winterschlaf und nimmt frische, helle Farbtöne an, um zum Wandern oder Bootfahren einzuladen. Im Sommer fordert Sie die Stille unserer Flüsse und Landschaften zur Entdeckung unseres Kulturerbes und der zahlreichen Feste auf. Im Herbst entfaltet das ganze Tal die Pracht seiner warmen Farben, um Sie zu erfreuen und die Wärme seiner Kamine verlockend zu machen.

Der beste Weg, um das Binnenland der Bretagne zu entdecken. Folgen Sie dem Lauf des Wassers und erforschen Sie die Geschichte dieses Tals, das von den Menschen geprägt ist.

Aber nehmen Sie sich vor allem Zeit zum Plaudern mit den Schleusenwärtern des Blavet oder den Eigentümern von Fremdenzimmern, ländlichen Unterkünften oder Hotels und zum Essen in einer der zahlreichen Crêperien und kleinen Restaurants des Tals oder auf dem Bauerngasthof von Lann Menhir. Hier verbinden sich die Produkte der Erde und des Meers auf köstliche Weise.

Nichts fehlt im Gastland des Blavet-Tals: der Charme einer unverfälschten Natur, die erstaunlichen Begegnungen an einer Wegbiegung und die Gastfreundschaft seiner Bewohner.

POUR TOUS RENSEIGNEMENTS CONTACTEZ
For further information please contact :
Wenden Sie sich zwecks Auskunft an:
Pays d'accueil Touristique de la Vallée du Blavet
B.P.43. 56150 BAUD
Tél. : 02.97.51.09.37. - Fax : 02.97.39.07.23.

DE PONTIVY A POLHVERN

LE PARCOURS

Le BLAVET canalisé ne présente pas de difficultés particulières de navigation. Rester à une dizaine de mètres de la rive gauche (côté halage).

Au sortir de PONTIVY, une escale s'impose à GOHAZÉ pour visiter la Chapelle et le four à pain. Le fleuve serpente fortement jusqu'à l'écluse N° 7 d'où vous pourrez aller visiter la Chapelle SAINT NICODÈME. Et c'est l'arrivée dans le site splendide de SAINT NICOLAS DES EAUX-CASTENNEC. Une halte s'impose : photographes à vos appareils. Puis le fleuve devient moins sinueux. Bien respecter les passes des ponts de SAINT ADRIEN et SAINT AUGAN.

Et nous arrivons à LOCHRIST et à la dernière écluse du BLAVET canalisé : POLHVERN (voir consignes de franchissement page 118). A partir de là nous sommes en BLAVET maritime, soumis aux effets de marées.

FROM PONTIVY TO POLHVERN

THE TRIP

The canalized section of the BLAVET does not present any particular navigational difficulties. Stay approximately 10 metres from the left bank (tow-path side).

On leaving PONTIVY, it is worth stopping at GOHAZÉ to visit the chapel and the bread oven. The river writhes about as far as lock N° 7, from where you can go to visit the SAINT NICODÈME Chapel. After that, you arrive at the splendid site of SAINT NICOLAS DE EAUX-CASTENNEC. You must definitely make a stop here : photographers should get busy ! Then the river becomes less convoluted. Be sure to pass correctly under the SAINT ADRIEN and SAINT AUGAN bridges.

You arrive next at LOCHRIST and at the last lock of the canalized part of the BLAVET, POLHVERN (see the instructions for working through it on page 118). From there on, you are on the BLAVET Maritime, which is subject to the effects of the tides.

VON PONTIVY BIS POLHVERN

STRECKENBESCHREIBUNG

Der Canal du BLAVET wirft keine besonderen schiffsführerischen Probleme auf. Bei der Befahrung dieser Wasserstraße Kurs etwa 10 m vom linken Ufer halten (Leinpfadufer).

Kurz hinter PONTIVY sollte in GOHAZÉ angelegt werden, um die Kapelle und den Backofen zu besuchen. Die Schleuse 7, die auf einem sehr kurvenreichen Abschnitt erreicht wird, ist Ausgangspunkt für eine Besichtigung der Kapelle SAINT NICODÈME.

Der nächste Ort ist das in eine entzückende Umgebung gebettete SAINT NICOLAS DES EAUX-CASTENNEC. Fotoamateure sollten hier unbedingt einen Zwischenhalt einlegen.

Der Fluß nimmt nun einen geraderen Lauf an. Die bezeichneten Durchfahrtöffnungen der Brücke SAINT ADRIEN und SAINT AUGAN beachten.

In LOCHRIST befindet sich die letzte Flußschleuse (Polhvern) der ausgebauten BLAVET (Schleusungshinweise s.S. 118), deren Unterwasser unter Gezeiteneinfluß steht.

A PONTIVY (ANCIENNEMENT NAPOLEONVILLE)
- **Château de Rohan** - Rohan castle - ***Schloß Rohan*** / **Maisons anciennes** - Old houses - ***Alte Häuser*** / **Église Notre Dame de la Joie** - Notre Dame de la Joie Church - ***Kirche Notre Dame de la Joie***

A GOHAZÉ
- **Chapelle** - Chapel - ***Kapelle*** / **Four à pain** - Bread oven - ***Backofen***

A ST-NICOLAS DES EAUX
- **Site de la boucle Castennec** - Site of the Castennec loop - ***Flußmäander Castennec***

A BREUZY
- **Église** - Church - ***Kirche***

A LOCHRIST
- **Éco-musée** - Ecology museum - ***Umweltmuseum*** / **Musée des Forges** - Forges museum - ***Schmiedemuseum*** / **Exposition sur le canal** - Exhibition on the canal - ***Kanalausstellung***

A HENNEVONT
- **Église Notre Dame du Paradis 16e siècle** - Notre Dame du Paradis Church, 16th century - ***Kirche Notre Dame du Paradis, 16. Jh.*** / **Puits ferré** - Iron bound well - ***Mit Eisen gefüllter Brunnen*** / **Ville close** - Fortified town - ***Stadt mit Mauerring*** / **Chemin de ronde** - Rampart sentry-walk - ***Wehrgang*** / **Tours St-Nicolas et des Carmes** - Saint-Nicolas and Carmes Towers - ***Türme Saint Nicolas und Les Carmes*** / **Porte des Tours du Bro Erec'h 16e siècle** - Bro Erec'h Gateway, 16th century - ***Tor Bro Erec'h, 16. Jh.*** / **Abbaye Notre Dame de la Joie** - Notre Dame de la Joie Abbey - ***Abtei Notre Dame de la Joie*** / **Haras National** - National Stud - ***Staatliches Gestüt*** / **Parc de Kerbihan** - Kerbihan Park - ***Park von Kerbihan*** / **Musée de l'héritage breton**

Pont aval du Lestitut

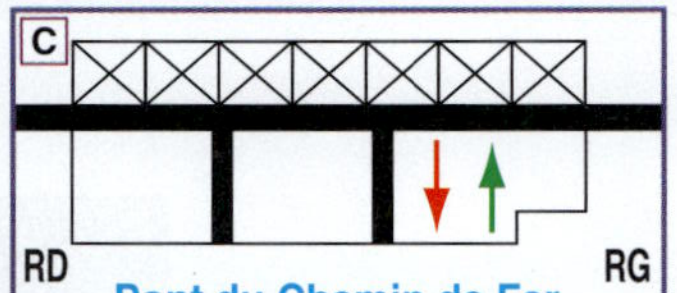

Pont du Chemin de Fer

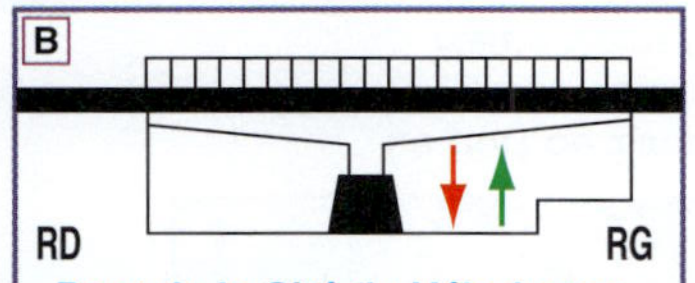

Pont de la Cité du Vélodrome

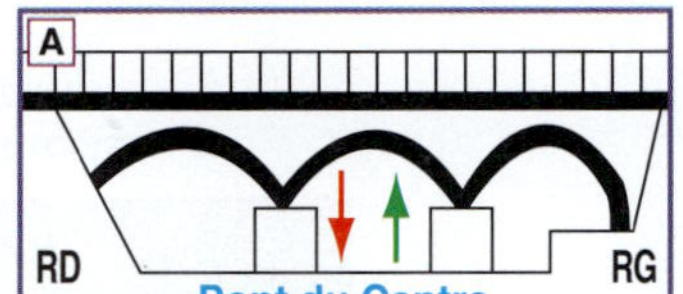

Pont du Centre

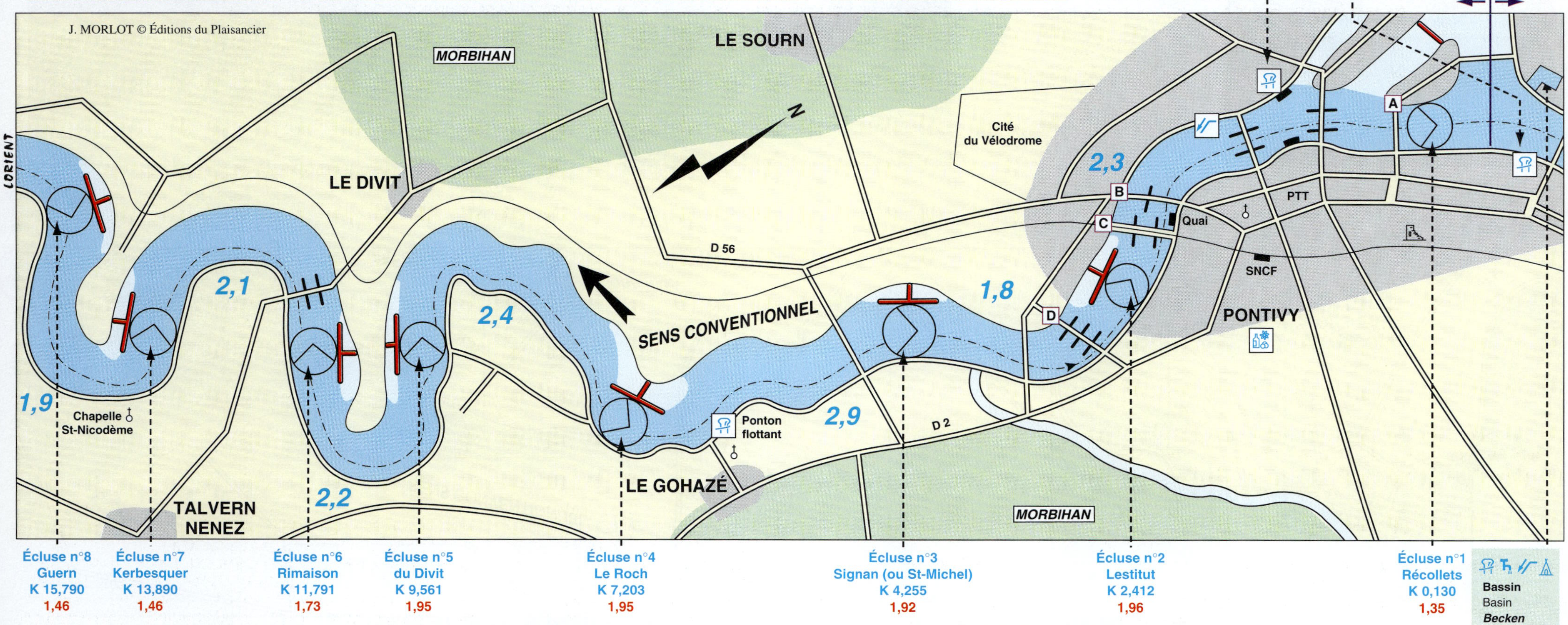

Écluse 2 de Lestitut
Lestitut lock, N° 2
Schleuse Lestitut (2)

Le pont central
The Central Bridge
Pont Central (Brücke)

Pont Rails aval

Pont route de St-Nicolas des Eaux

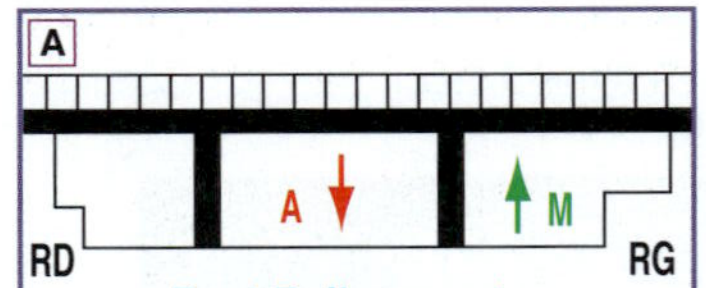

Pont Rails amont

Port de Saint-Nicolas des Eaux
Quai droit - Ponton flottant
Saint-Nicolas des Eaux port
Vertical sided quay - Floating pontoon
Hafen Saint-Nicolas des Eaux
Senkrechter Kai - Anlegesteg

Petit quai - Escaliers
Ponton flottant
Small quay - Stairs
Floating pontoons
Kleiner Kai - Treppe
Schwimmsteg

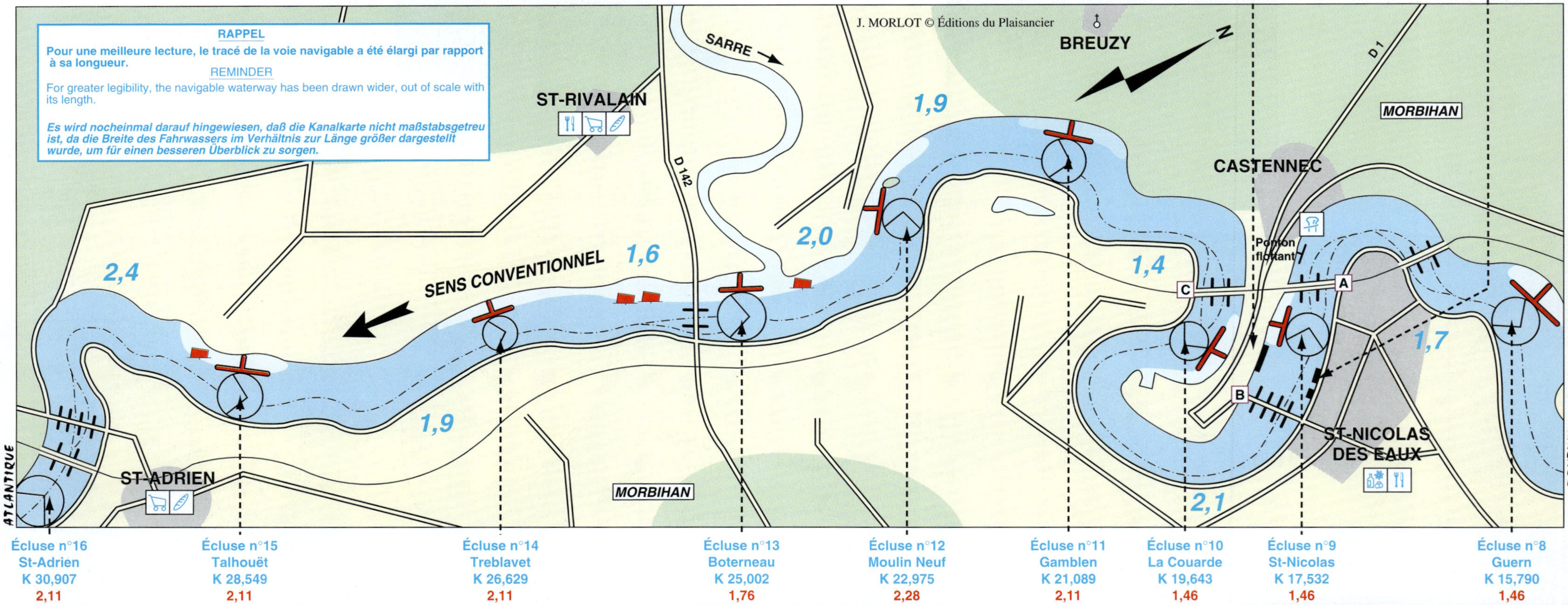

Barrage et écluse 10
Weir and lock 10
Wehr und Schleuse 10

Le port de Saint-Nicolas
Saint-Nicolas port
Hafen Saint-Nicolas

Barrage et écluse 9 de Saint-Nicolas
Saint-Nicolas : weir and lock 9
Saint-Nicolas mit Wehr und Schleuse 9

RAPPEL

Pour une meilleure lecture, le tracé de la voie navigable a été élargi par rapport à sa longueur.

REMINDER

For greater legibility, the navigable waterway has been drawn wider, out of scale with its length.

Es wird nocheinmal darauf hingewiesen, daß die Kanalkarte nicht maßstabsgetreu ist, da die Breite des Fahrwassers im Verhältnis zur Länge größer dargestellt wurde, um für einen besseren Überblick zu sorgen.

Pont-rails de St-Adrien

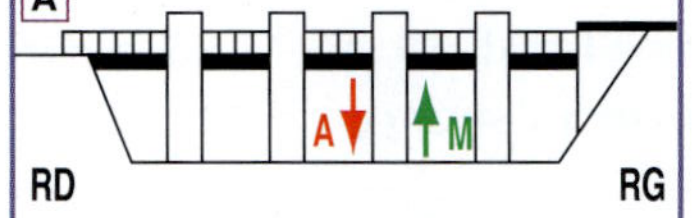

Pont route de St-Adrien

Pont Augan - Confluent de l'Evel
Quai droit - 4 bollards
Pont Augan - Confluence with the Evel
Vertical sided quay - 4 bollards
Pont Augan - Einmündung der Evel
Senkrechter Kai - 4 Poller

St-Adrien - Quai droit
2 bollards
Saint-Adrien - Vertical
sided quay - 2 bollards
Saint-Adrien - Senkrechter
Kai - 2 Poller

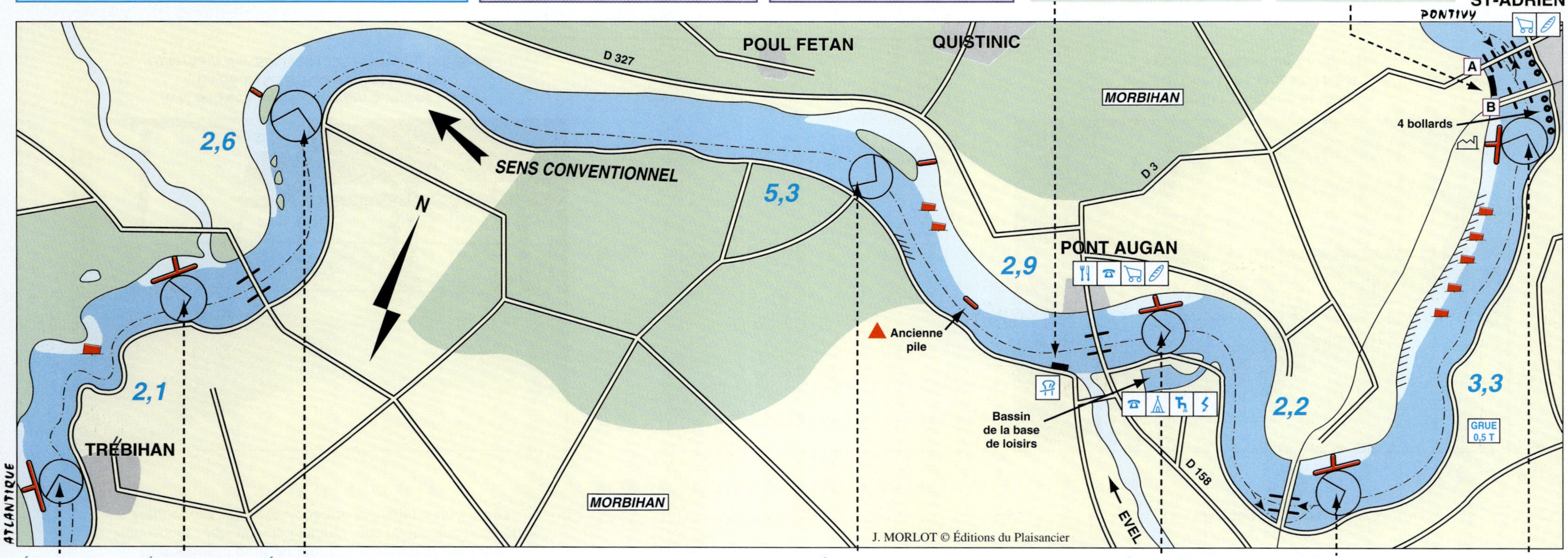

Écluse n°22
Trebihan
K 49,341
2,05

Écluse n°21
Rudet
K 47,249
1,91

Écluse n°20
Maneruen
K 44,641
2,27

Écluse n°19
Minazen
K 39,355
2,44

Écluse n°18
Ste-Barbe
K 36,411
1,95

Écluse n°17
Trémorin
K 34,174
2,27

Écluse n°16
St-Adrien
K 30,907
2,11

Pont Augan
Augan bridge
Brücke Augan

Ponton flottant au confluent de l'Evel
Floating pontoon at the confluence with the Evel
Schwimmsteg an der Evel-Einmündung

Écluse 18 et entrée de la base de loisirs
Lock 18 and the entrance to the Leisure Activities Centre
Schleuse 18 und Einfahrt in das Freizeitzentrum

Barrage, écluse et usine de Saint-Adrien
Saint-Adrien barrage, lock and plant
Damm, Schleuse und Kraftwerk Saint-Adrien

Hennebont : pont Johanne la Flamme et pontons
Hennebont : Johanne de Flamme road bridge and pontoons
Hennebont : Brücke Johanne la Flamme und Stege

Le ponton de Lochrist
Lochrist pontoon
Ponton Lochrist

Aval de l'écluse 28 Polhvern à marée basse
Below loxk 28, Polhvern, at low tide
Unterhalb der Schleuse 28, Polhvern, bei Ebbe

Lochrist : barrage et usine
Lochrist : barrage and plant
Lochrist : Damm und Kraftwerk

Double amarrage sur bouées RD et RG entre viaduc SNCF et Pont Johanne la Flamme
Twin moorings on buoys on the right and left banks between the railway bridge and the Johanne de Flamme road bridge
Zwei Liegeplätze an Bojen am linken u. rechten Ufer zw. Eisenbahnbrücke und Brücke Johanne la Famme

2 pontons d'attente RG - Pontons RD
2 pontoons for waiting, left bank
Pontoons, right bank
Am linken Ufer 2 Pontons
Schwimmstege am rechten Ufer

WC
Port de Lochrist - 2 pontons
Base canoës
Lochrist port - 2 pontoons
Canoe
Hafen Lochrist - 2 Stege
Kanu

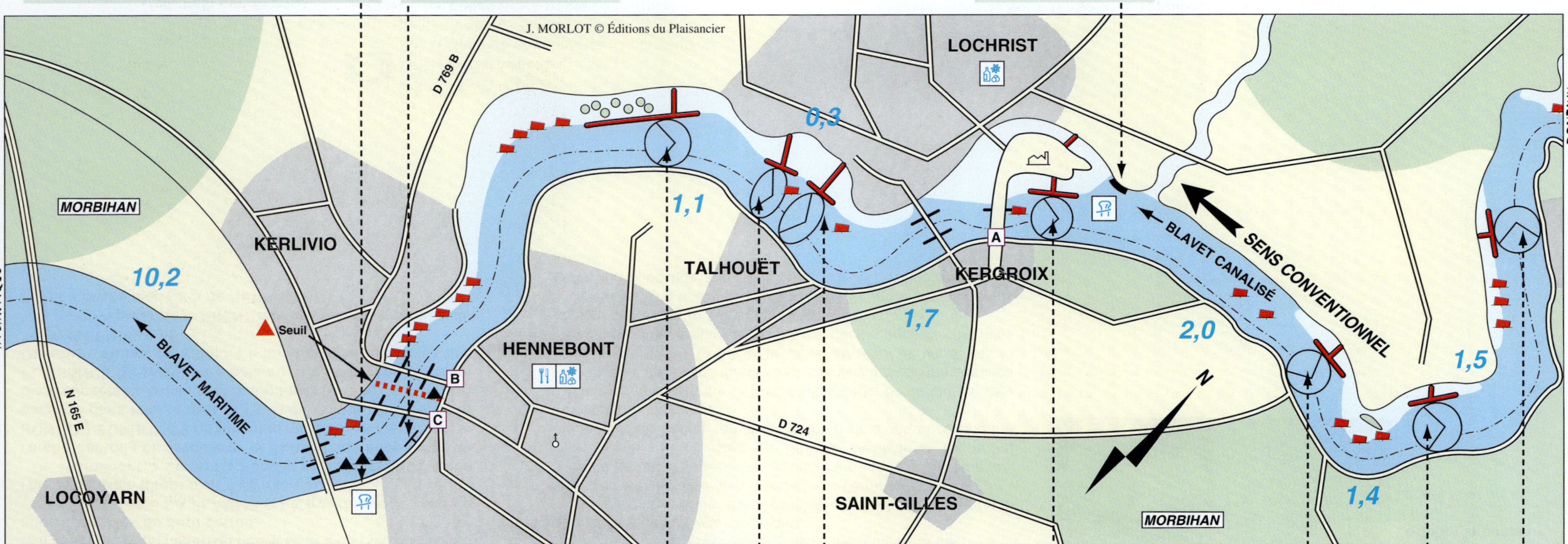

Écluse n°28 Polhvern K 57,398 1,40	E. 27 Gorets K 56,252 1,92	E. 26 Grand barrage K 56,991 1,79	Écluse n°25 Lochrist K 54,321 1,79	Écluse n°24 Quelennec K 52,302 2,52	Écluse n°23 Kérousse K 50,904 2,43	Écluse n°22 Trebihan K 49,431 2,05

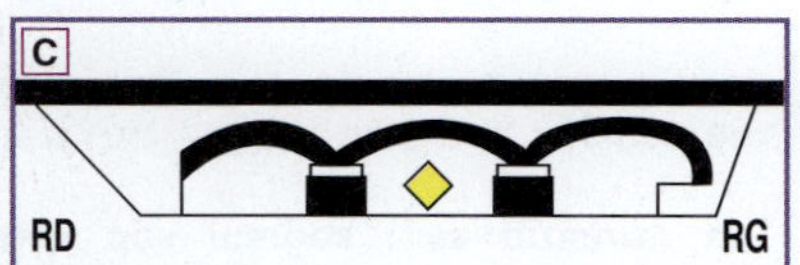

Pont Johanne la Flamme

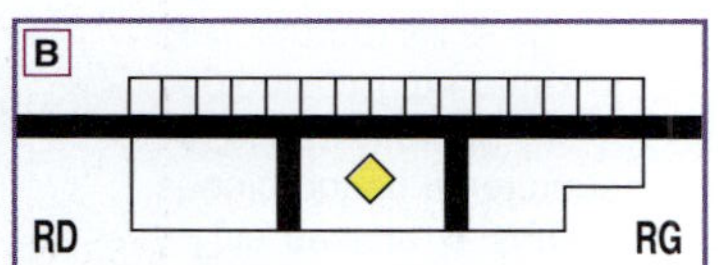

Pont des Forges

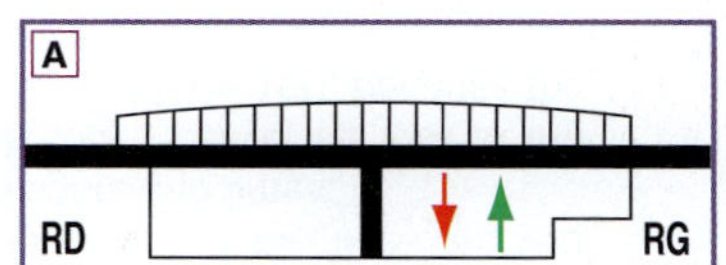

Pont de Kergroix

RAPPEL

Pour une meilleure lecture, le tracé de la voie navigable a été élargi par rapport à sa longueur.

REMINDER

For greater legibility, the navigable waterway has been drawn wider, out of scale with its length.

Es wird nocheinmal darauf hingewiesen, daß die Kanalkarte nicht maßstabsgetreu ist, da die Breite des Fahrwassers im Verhältnis zur Länge größer dargestellt wurde, um für einen besseren Überblick zu sorgen.

DE POLHVERN A LORIENT

LE PARCOURS

Il est soumis à l'action des marées : se procurer un annuaire des marées.

Passage de l'écluse de POLHVERN **: sortir de l'écluse au début du JUSANT (Pleine mer + 1 h) car le radier aval assèche à basse marée.**

De Polhvern à Hennebont **: suivre le milieu du chenal et le balisage dans l'axe du fleuve jusqu'au pont SNCF des Forges de HENNEBONT (B) que l'on passe sous l'arche centrale (tirant d'air 3,70 mètres).**

A 10 mètres de l'aval de ce port : SEUIL (2 mètres) à franchir exactement au milieu du fleuve pour éviter les restes des anciennes piles du pont détruit.

PONT JOHANNE LA FLAMME (c) à franchir dans l'axe de l'arche centrale (tirant d'air 4,65 mètres).

De Hennebont à Lorient **: franchir le viaduc SNCF sous l'arche centrale et descendre le BLAVET maritime jusqu'au PONT DU BONHOMME en tenant le milieu et en respectant le balisage dans les courbes. A l'aval du Pont du BONHOMME bien respecter le balisage et embouquer l'entrée du PORT DE PLAISANCE DE LORIENT située au Sud de la zone militaire. Ouverture du bassin à flot : 1 h 30 avant Pleine mer jusqu'à 1 h après Pleine mer.**

Montants **: partir de LORIENT à basse mer pour profiter du flot et à basse mer + 2 h de HENNEBONT.**

FROM POLHVERN TO LORIENT

THE TRIP

This section is subject to the movement of the tides, so you should obtain an almanac of tide heights and times.

Working through the POLHVERN lock : Leave the lock at the beginning of the reflux of the tide (high water + 1hr), because the downstream sill is above water at low tide.

From Polhvern to Hennebont : keep to the middle of the channel and follow the marker stakes in the axis of the river as far as the Forges railway bridge at HENNEBONT (B), where you pass under the centre span (headroom 3.70m). 10 metres downstream from this bridge, there is a sill (2m), which you must cross over exactly in the centre of the river so as to avoid the remains of the piers of the old bridge that was destroyed.

You must pass under the JOHANNE LA FLAMME bridge (c) in the axis of the centre arch (headroom 4.65m).

From Hennebont to Lorient : go under the centre span of the railway bridge and sail down the BLAVET Maritime as far as the BONHOMME bridge, remaining in the middle and observing the markers on the bends.

Downstream from the BONHOMME bridge, be careful to obey the marker stakes and then thread your way through the entrance into the LORIENT PLEASURE BOAT HARBOUR, which lies to the South of the military zone. The wet dock is open from 90 mins before high water to 1 hour after high water.

Boats heading upstream : leave LORIENT at low mer to benefit from the flood tide and leave HENNEBONT 2 hours after low water.

Lorient : le bassin à flot
Lorient : wet dock

A LORIENT

- **Port de pêche** - Fishing port
- **Base de sous-marins** - Submarine base
- **Arsenal** - Arsenal
- **Église Notre Dame de la Victoire** - Notre Dame de la Victoire Church - ***Kirche Notre Dame de la Victoire***
- **Musée de la Compagnie des Indes** - Museum of the Compagnie des Indes
- **Musée de la mer** - Museum of the Sea

Port de plaisance de Lorient (voir plan ci-contre)
Lorient pleasure boat harbour (see plan opposite)
Sporthafen Lorient

RAPPEL

Pour une meilleure lecture, le tracé de la voie navigable a été élargi par rapport à sa longueur.

REMINDER

For greater legibility, the navigable waterway has been drawn wider, out of scale with its length.

Es wird nocheinmal darauf hingewiesen, daß die Kanalkarte nicht maßstabsgetreu ist, da die Breite des Fahrwassers im Verhältnis zur Länge größer dargestellt wurde, um für einen besseren Überblick zu sorgen.

Attention : cette carte n'est pas une carte marine. Utiliser la carte SHOM 6470.
Warning : this map is not a sea chart.
Use SHOM 6470 chart.
Achtung : Diese Karte darf nicht für Zwecke der Nautik benutzen, für die ie Karte SHOM 6470 zu verwenden ist.

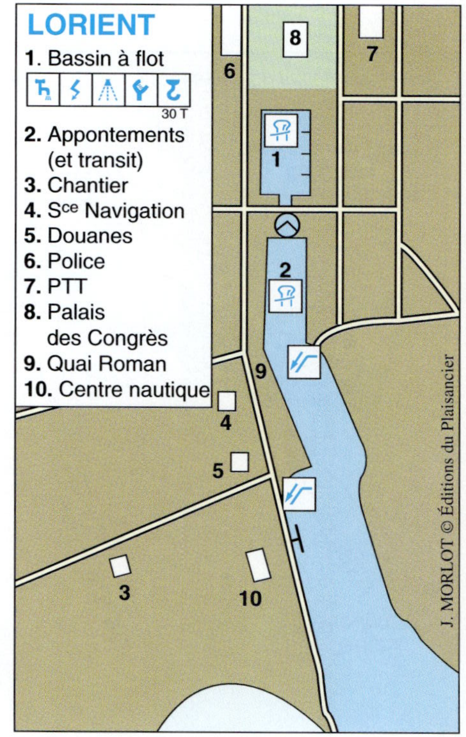

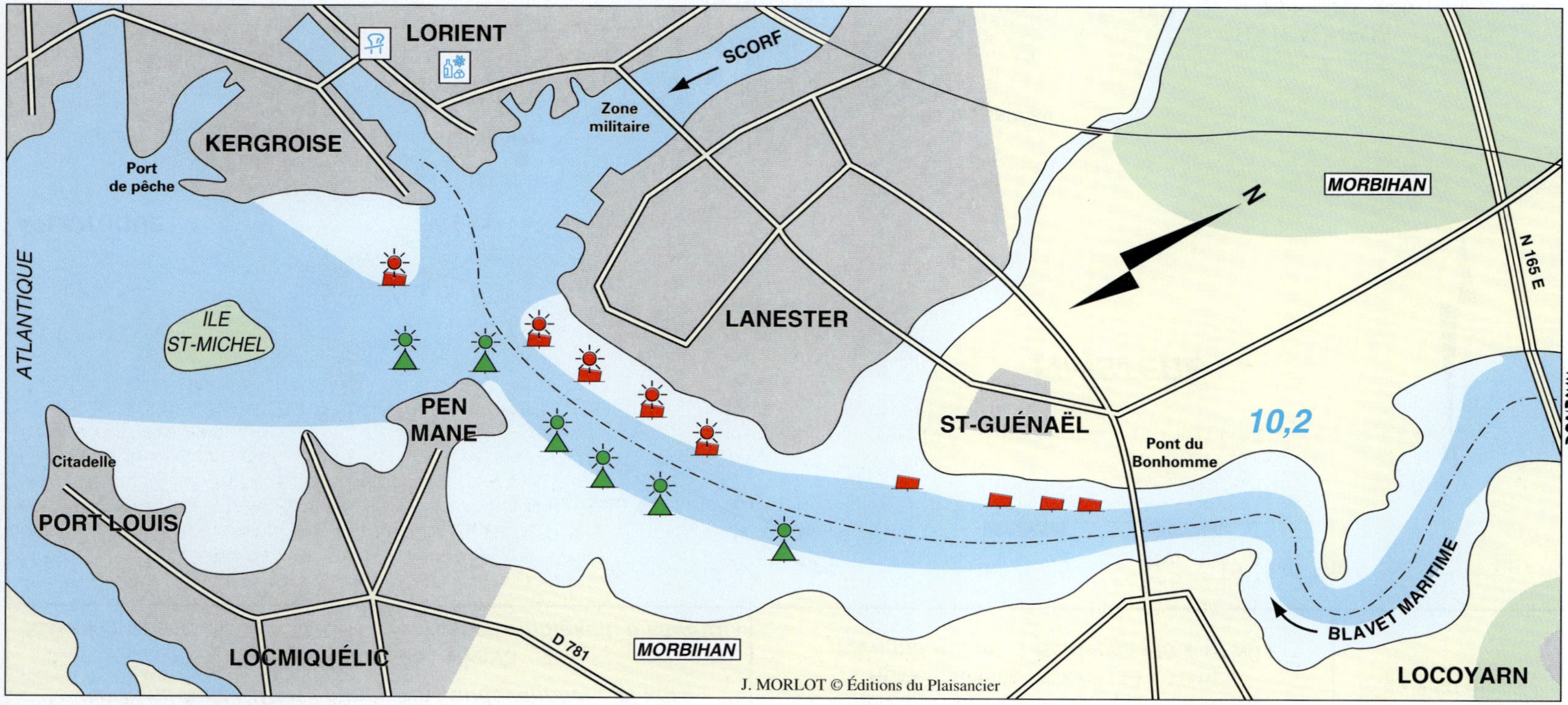

Hennebont : le viaduc SNCF et l'amarrage sur bouées
Hennebont : the railway bridge and the mooring to buoys

HYERES ET AULNE

(dernière section du Canal de Nantes à Brest)

Hyères canalisée = 12 km The canalized river Hyères = 12 kms / ***Canal Hyères = 12 km*** **Aulne canalisée (Pont Triffen à Port Launay) = 62 km** The canalized river Aulne (Pont Triffen to Port Launay) = 62 kms ***Canal Aulne (Pont Triffen bis Port Launay) = 62 km*** **Aulne maritime (Port Launay à Landevennec) = 30 km** Aulne Maritime (Port Launay to Landevennec) : 30 kms / ***maritime Aulne (Port Launay bis Landevennec) : 30 km*** **Vitesse autorisée : 6 km/h** Maximum speed allowed : 6 KPH / ***Fahrgeschwindigkeit: 6 km/Std.***	**Hyères canalisée - 6 écluses (25,70 m x 4,65 m)** The canalized river Hyères - 6 locks (25.70 x 4.65m) ***Canal Hyères - 6 Schleusen (25,70 x 4,65 m)*** **Aulne canalisée - 27 écluses (25,70 m x 4,70 m)** The canalized river Aulne - 27 locks (25.70 x 4.70m) ***Canal Aulne - 27 Schleusen (25,70 x 4,70 m)*** **Aulne maritime - 1 écluse (40 m x 10 m)** Aulne maritime - 1 lock (40 x 10m) ***maritime Aulne - 1 Schleuse (40 x 10 m)***	**• 1,10 m en amont de Châteaulin** **• 3 m en aval de Châteaulin** **• 2,50 m**	Adresse utile : **Service Navigation** **1 rue du Stade** **29520 Châteauneuf du Faou** **Tél. 02 98 81 76 45**

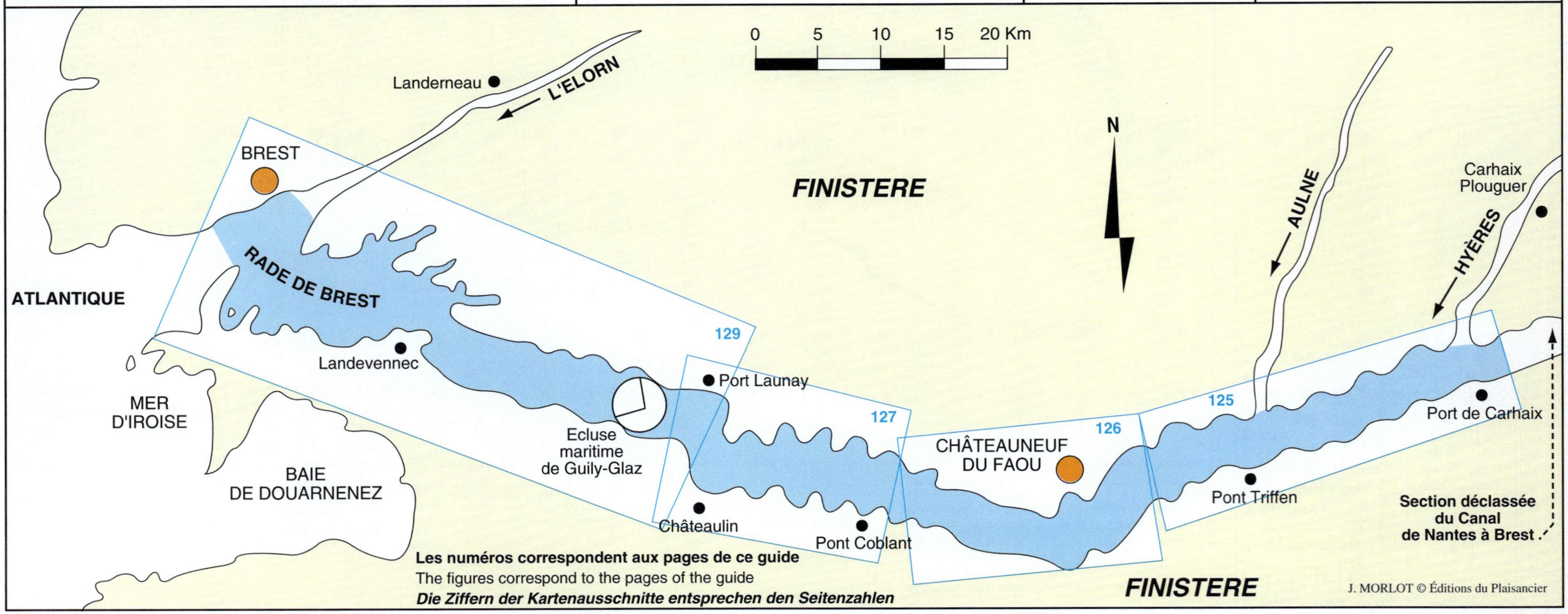

Les numéros correspondent aux pages de ce guide
The figures correspond to the pages of the guide
Die Ziffern der Kartenausschnitte entsprechen den Seitenzahlen

CONDITIONS DE NAVIGATION

Il n'y a plus de navigation commerciale sur ces voies d'eau. Sur l'HYÈRES et l'AULNE canalisée les usagers doivent s'écluser eux-mêmes. Pour les manœuvres : demander une manivelle (sous caution) au Service Navigation de CHÂTEAUNEUF DU FAOU (8 h à 12 h et 14 h à 17 h du lundi au vendredi) ou à l'écluse de GUILY-GLAZ (heure de la pleine mer).

Il est interdit de laisser l'écluse pleine après éclusage.

Bien suivre le CHENAL situé entre 5 et 10 mètres de la rive côté halage.

Passage de l'écluse de Guily-Glaz : il est assuré par les éclusiers 2 heures avant la pleine mer et 1 h 30 après la pleine mer.

TOURISME

Une bien jolie croisière que cette descente (ou remontée) de l'HYÈRES et de l'AULNE ! Vous y découvrirez des forêts magnifiques, les chapelles et calvaires de la Bretagne profonde, tout en naviguant en pleine tranquillité.

A PORT LAUNAY vous déboucherez dans l'univers maritime, l'écluse de GUILY-GLAZ vous ouvrant les 30 km d'estuaire, passant ainsi d'un monde à l'autre.

Avitaillement possible dans les villages et villes traversées (voir les indications précisées pages suivantes).

ADRESSES UTILES

Voir page 120.

NAVIGATION CONDITIONS

There is no longer any commercial traffic on these waterways. On the HYÈRES and the canalized section of the AULNE, users must work the locks themselves. To operate the locks, you need to obtain a windlass (against a deposit) from the Service Navigation at CHÂTEAUNEUF DU FAOU (8.00 to 12.00 and 14.00 to 17.00 hours from Monday to Friday) or else at the GUILY-GLAZ lock (during the period around low water).

It is forbidden to leave the lock full after use.

Carefully follow the channel situated between 5 and 10 metres from the tow-path bank.

Going through the GUILY-GLAZ lock : Lock keepers effect operations 2 hours before low water and 90 mins after low water.

TOURISM

This is a particularly pretty cruise down (or up) the HYÈRES and the AULNE ! You will discover along the way magnificent forests and the chapels and calvaries typical of the depths of Brittany, while enjoying totally untroubled sailing conditions.

At PORT LAUNAY, you will emerge into a maritime universe, thus passing from one world to another. It is possible to stock up in the villages and towns that you cross (see the precise indications on the following pages).

USEFULL ADDRESSES

See page 120.

SCHIFFAHRTSBEDINGUNGEN

Auf diesen Wasserwegen gibt es keinerlei gewerbliche Schiffahrt mehr.

Auf den ausgebauten Abschnitten von HYÈRES und AULNE müssen die Kanalbenutzer die Schleusen selbst betätigen. Hierfür ist bei der Kanalbehörde in CHÂTEAUNEUF DU FAOU (von 08.00 bis 12.00 Uhr) oder an der Schleuse GUILY-GLAZ (bei seichte See), eine Kurbel gegen Pfand auszuleihen.

Nach der Schleusung ist die Kammer zu entleeren.

Die Fahrrinne liegt in 5 bis 10 m Entfernung vom Treidelpfadufer.

Die Schleuse GUILY-GLAZ wird von Wärtern bedient. Schlesungen 2 Stunden vor und 1 1/2 Stunden nach seichte See.

TOURISTISCHE HINWEISE

Die Fahrt flußauf- oder abwärts auf HYÈRES und AULNE ist bezaubernd. Die Ufer sind von herrlichen Wäldern gesäumt. Typisch bretonische Kapellen und Kalvarien begleiten den Skipper auf einer ruhigen Fahrt.

In PORT LAUNAY wechselt der Sportschiffer in die unverkennbare Atmosphäre eines Seehafens über. Die durchquerten Städte und Dörfer verfügen über die notwendigen Einkaufsmöglichkeiten (nähere Hinweise siehe Ortsbeschreibungen auf den nachfolgenden Seiten).

NÜTZLICHE ANSCHRIFTEN

Siehe Seite 120.

BIENVENUE ENTRE MERS ET MONTS, A LA DECOUVERTE DE L'AULNE MARITIME ET DE LA RIVIERE DU FAOU

Au fil du courant, vos étapes rythmeront la découverte de ce site naturel magnifique qui conduit de l'une des plus belles rades du monde au canal de Nantes à Brest. "Ici, c'est la poésie..., c'est le rêve, c'est la légende" (G. Toudouze)... Loin du bruit et de la fureur, notre pays vous enchantera pour mieux vous retenir.

De nombreuses haltes sont envisageables, offrant de multiples possibilités d'activités, d'excursions, d'étapes gastronomiques, au cœur du Parc Naturel Régional d'Armorique

Blottie au cœur de la rivière qui porte son nom, la ***Petite Cité de Caractère du Faou***, ancien relais de poste, fut le second port maritime de la Rade de Brest. Promenez-vous dans ses petites rues, le long des maisons à encorbellement du XVIe siècle.
A découvrir : la cidrerie Goarimic où vous dégusterez le cidre d'appellation A.O.C."Cidre de Cornouaille". Restaurants et crêperies, commerces divers. A 3 km, l'église Notre-Dame de ***Rumengol***, monument classé du XVe siècle, est, le dimanche de la Trinité, le lieu d'un des plus importants Pardons de la région.

A ***Landévennec***, surnommé " le petit Nice " en raison des palmiers et des mimosas qui embaument à la fin de l'hiver, la sérénité baigne les ruines de l'ancienne Abbaye de Saint Guénolé, un des plus anciens sanctuaires bretons.
A découvrir :
- vaste chantier de fouilles archéologiques et remarquable musée (le monastère actuel reçoit tous ceux qui désirent vivre quelques jours de recueillement).
- cimetière de bateaux de la Marine nationale,depuis le belvédère de Penforn à terre ou par la mer en remontant l'Aulne.
- dans la forêt domaniale, découverte de la Chapelle du Folgoat (XVIIe s.) et d'un ancien moulin à mer.

Sur l'autre rive, le territoire de la commune de ***Rosnoën*** vous domine (accès par mer : Térénez)
A découvrir :
- la ferme-auberge du Seillou qui vous offrira une halte gourmande au bon goût du terroir, les viviers de Térénez (élevage de coquillages et poissons - dégustation) - possibilité de mouillage.
- Ecomusée de l'Abeille

L' AULNE A LANDÉVENNEC

LE FAOU

TRÉGARVAN

L' AULNE A TÉRÉNEZ

Photos © A.P. SANDFORD

Pour tous renseignements, contactez :
PAYS DU MENEZ-HOM ATLANTIQUE - BP 45 - 29160 CROZON - Tél. (33) 02 98 26 17 18 - Fax. (33) 02 98 26 21 63

Après le passage du Pont de Térénez, face au belvédère de Rosnoën : escale incontournable à ***Trégarvan***.
<u>A découvrir</u> : le Musée de l'Ecole Rurale qui vous offre une plongée dans la France de Jules Ferry avec la reconstitution d'une ancienne salle de classe (environ 2 km).

A ***Dinéault*** : halte-détente au lieu dit "le passage".
Le Ménez-Hom, ultime sommet des Montagnes Noires (plus accessible à l'escale de Trégarvan) vous offre un fantastique panorama sur la Rade de Brest et une grande partie du Finistère. Pour les amateurs de sensations fortes, si les vents le permettent, un baptême en parapente s'impose.
<u>A découvrir</u> : Eglise Sainte Madeleine (XVIIe s) et Chapelle Saint Exuper (XVIe s) (environ 7 km).

L'AULNE A DINÉAULT

PORT LAUNAY

En aval de Châteaulin, s'étire le long du canal, le village de ***Port Launay*** qui fut un "port de mer" à la limite de la navigation maritime de l'Aulne. Restaurants.

L'écluse de Guily-Glaz, inaugurée par Napoléon III, marque le point de jonction entre l'Aulne et le Canal de Nantes à Brest.

Près de l'écluse, une route conduit à ***Saint Ségal***, en passant à côté de la Chapelle St Sébastien (environ 2 km), édifiée au XVe s. pour conjurer une épidémie de peste.

<u>A découvrir</u> : le Musée des Champs (environ 4 km).

Châteaulin est construite de part et d'autre des boucles canalisées de l'Aulne. Pour avoir une vue d'ensemble de la cité, montez à la Chapelle Notre-Dame (XIIIe s.) entourée de chaumières aux toits de chaume (XVIIe s.)
<u>A découvrir</u> : la passe à poissons et la salle de visualisation qui permet de découvrir les poissons dans leur milieu naturel, et, bien sûr le saumon, prince de l'Aulne et emblème de Châteaulin. Restaurants - Crêperies - Commerces.
<u>A proximité</u> : Saint Coulitz , église du XVIe s., Chapelle Saint Laurent, fontaine monumentale (environ 4 km).

CHATEAULIN

WELCOME TO THE LAND BETWIXT SEA AND MOUNTS...
DISCOVERING THE MARITIME STRETCH OF THE AULNE AND LE FAOU RIVERS

Following the stream, each stage of your journey setting the pace, as you explore a magnificent natural setting, leading you from one of the world's loveliest bays to the Nantes-Brest canal. "It is pure poetry, here... a place of dreams and legends" (G. Toudouze)... Far from the madding crowd, you will fall under the spell of our countryside, and want to stay on forever.

There are many interesting halting-places, offering a wide range of activities, outings and gastronomic stops. *in the heart of the Armorique Natural Regional Park.*

Nestled in the hollow of the river bearing its name, the Small City with Character of ***Le Faou***, a former French posting house, was Brest Road's second-most important port. Stroll through its narrow streets, past 16th century corbelled houses.

Discover: the Goarimic cider factory, where you'll enjoy tasting the AOC guaranteed vintage Cidre de Cornouaille. There are restaurants, crêpe restaurants and various shops.
3 km away is Notre-Dame de ***Rumengol*** church, classified as a 15th century historical monument. On Trinity Sunday one of the largest Pardon celebrations in the region takes place here.

At ***Landévennec***, called "Little Nice" because of the palm trees and mimosa whose scents waft through the air in late winter, serenity reigns in the ruins of the ancient Abbey of St. Guénolé, one of the oldest Breton sanctuaries.

Discover: vast archaeological dig site and an outstanding museum (today the monastery welcomes those who wish to retreat for a few days of contemplation)
- the French Navy ships' graveyard, viewed from the Penforn belvedere on land, or by sea sailing up the Aulne river.
- in the state forest, discover Folgoat Chapel (17th century) and an old tidal mill.

On the opposite bank is the towering territory of ***Rosnoën*** parish (access by sea at Térénez)
Discover: the farm-inn du Seillou, the perfect stop to enjoy regional flavours, the Térénez pools (farmed shellfish and finfish - tasting sessions), moorings possible.
The Bee Museum

After crossing the Térénez bridge, facing the Rosnoën belvedere, an unforgettable stop at ***Trégarvan*** awaits you.
Discover : the Country School museum, which will plunge you into the France of Jules Ferry, a legislator who did much for public education. An old classroom has been recreated. (about 2 km away)

At ***Dinéault*** : a relaxing pause at the place called "Le Passage"
The Ménez-Hom is the highest peak of Brittany's Black mountains (access is easier at the Trégarvan stop). Here you'll enjoy a fantastic panoramic view of the Brest Roads and a great deal of the Finistere region. For the hardy, wind permitting, an initiation to hang-gliding is the best way of getting a bird's eye view.
Discover: St. Madeleine church (17th century) and St Exuper Chapel (16th century) (about 7 km away).

Downstream from Chateaulin, stretching along the canal is the village of ***Port-Launay***, once a "sea-port" at the border of the Aulne river's maritime section. Restaurants.
The Guily-Glaz locks, inaugurated by Napoleon III form the junction between the Aulne river and the Nantes-Brest canal. Near the locks a road leads to ***St Ségal***, going past the St Sébastien Chapel (about 2 km away) built in the 15th century to ward off the plague sweeping the land.
Discover: The Field Museum (about 4 km away)

Chateaulin was built on either side of the channelled bends of the Aulne river. For an overall view of the town, go up to Notre-Dame Chapel (13th century) surrounded by thatch-roofed cottages (17th century).
Discover: the fish passage and the display room, where you will see fish in their natural environment, including of course the Salmon, Prince of the Aulne and emblem of Chateaulin. Restaurants, crêpe restaurants, shops
Nearby: St. Coulitz, a 16th century church, Saint Laurent Chapel, a monumental fountain (about 4 km away).

WILLKOMMEN ZWISCHEN MEER UND BERGEN.
EINE ENTDECKUNGSREISE AN DER AULNE UND AM FLUSS VON LE FAOU

In dieser wunderschönen Landschaft zwischen einer der schönsten Reeden der Welt und dem Kanal von Nantes nach Brest bestimmen Ebbe und Flut den Rhythmus. "Alles ist hier Poesie ... Traum, Legende" (G. Toudouze)... Weit ab von Lärm und Betrieb wird unsere Gegend Sie bezaubern und festhalten. Hier, inmitten des *Naturparks Parc Naturel Régional d'Armorique* bekommen Ihre Ferien tausend Facetten, dank unzähliger Freizeitbeschäftigungen, Ausflügsmöglichkeiten, gastronomischer Etappen.

Das Städtchen ***Le Faou*** am Fluss gleichen Namens ist eine ehemalige Post-Station, und früher befand sich hier der zweitgrösste Hafen der Reede von Brest. Die Häuser aus dem XVI. Jahrhundert mit Fachwerk und Auskragungen sind besonders sehenswert.

Sehenswert: die Cidre-Fabrik Goarimic, in der Sie einen A.O.C. "Cidre de Cornouaille" kosten können, Restaurants, Crêperien, veschiedene Geschäfte.
3 km entfernt, die Kirche Notre-Dame-de-***Rumengol*** aus dem XV. Jahrhundert, unter Denkmalschutz. Am Dreifaltigkeitssonntag findet hier eine der grössten Wallfahrten (Pardon) der Region statt.

Landévennec wird auch "das kleine Nizza" genannt: hier wachsen Palmen und Mimosen, die mit ihrem Duft das Ende des Winters ankünden. Die ehemalige Abtei Saint Guénolé (Denkmalschutz) mit ihrer ganz egenen besonnenen Atmosphäre ist eine der ältesten religiösen Stätten der Bretagne.

Sehenswert: die archäologischen Ausgrabungen und das Museum (im heutigen Kloster können Sie für einige besinnliche tage Unterkunft finden).
- Schiffsfriedhof der Marine Ausblick vom Belvedere in Penforn auf Land oder über das Wasse, die Aulne aufwärts)
- im Staatswald, die Kapelle von Folgoat (XVII. Jhdt.) und eine ehemalige Gezeitenmühle

Am anderen Ufer liegt hoch über Ihnen die Gemeinde Rosnoën (Zugang vom Meer her: Térénez).

Sehenswert: der Gästehof (Ferme-Auberge) von Seillou, wo Sie die guten ländlichen Produkte wieder schmecken können,
die grossen Seewasserbecken (Viviers) von Térénez (Fisch- und Muschelzucht, Verkostung),
Anlegestellen,
das Ökomuseum der Biene (Ecomusée de l'Abeille).

Nach der Brücke von Térénez gegenüber dem Belvedere von Rosnoën dürfen Sie ***Trégarvan*** nicht verpassen.
Sehenswert: das Museum der Landschule, wo Sie auf alten Schulbänken in die Zeit von Jules Ferry zurückversetzt werden (ca. 2 km).

In ***Dinéault*** können Sie sich in "Le Passage" ausruhen und entspannen. Vom Ménez Hom, dem letzten Gipfel der "Schwarzen Berge" (Montagnes Noires), von Trégarvan aus ist er leichter zu befahren, haben Sie einen herrlichen Rundblick über die Brester Reede und einen Grossteil des Finistère.

Abenteuerlustige können sich beim richtigen Wind in die Geheimnisse des Hang-Gliding einführen lassen.
Sehenswert: die Kirche Sainte Madeleine (XVI. Jhdt.), die Kapelle Saint Exuper (XVI. Jhdt.), ca. 7 km.

Flussabwärts hinter Châteaulin liegt ***Port Launay***, ein ehemaliger "Meerhafen" an der Grenze zwischen der Süsswasser-Aulne und dem Teil des Flusses, in welchen bei Flut das Meerwasser steigt. Restaurants.
Die Schleuse Guily-Glaz wurde von Napoléon III. eingeweiht, hier ist die Grenze zwischen der Aulne und dem Kanal von Nantes nach Brest. In der Nähe der Schleuse biegt eine Strasse nach ***Saint Ségal*** ab; sie führt an der Kapelle Saint Sébastien vorbei (ca. 2 km); diese Kapelle entstand im XV. Jhdt., um die Pest zu bannen.
Sehenswert: das Landmuseum Musée des Champs (ca. 4 km).

Châteaulin ist auf beiden Seiten einer Biegung der Aulne errichtet worden. Die Kapelle Notre-Dame (XII. Jhdt.) liegt zwischen malerischen alten Reethäusern (XVII. Jhdt.); von hier haben Sie einen herrlichen Ausblick auf die ganze Stadt.
Sehenswert: die Fischleiter mit Sichtungsraum; hier können Sie sehen, wie die Fische in ihrer natürlich Umgebung leben, insbesondere der Lachs, Prinz von Châteaulin und Wappentier der Stadt. Restaurants, Crêperien, Geschäfte.
In der Nähe: Saint Coulitz, Kirche aus dem XVI. Jhdt., Kapelle Saint Laurent, Brunnen mit Denkmal (ca. 4 km).

DE PORT DE CARHAIX A CHÂTEAULIN

LE PARCOURS

Nous descendons d'abord l'Hyères canalisée. Jolis biefs boisés. Bien suivre le chenal à une dizaine de mètres de la rive droite (côté halage).

En arrivant au confluent de l'Aulne, ne pas manquer l'exposition sur le canal dans la maison éclusière N° 209.

Puis c'est l'Aulne canalisée, très sinueuse. Les écluses sont toutes en self-service. Châteauneuf du Faou nous offre un port bien équipé et une vue splendide sur son vieux pont et son bourg dominant le fleuve.

Les méandres se succèdent, parfois très serrés, et nous arrivons à Châteaulin, ses quais, sa ville pittoresque haut perchée qui mérite une longue escale.

Ici se termine (ou commence pour les montants) la vraie navigation fluviale.

FROM PORT DE CARHAIX TO CHÂTEAULIN

THE TRIP

You start off on the canalized river Hyères, with pretty reaches in the midst of woodlands. Carefully follow the channel situated about 10 metres from the right bank.

When you get to the confluence with the Aulne, do not miss the exhibition on the canal, arranged in the keeper's house of lock N° 209.

Then you find yourselves on the canalized section of the river Aulne, which is extremely twisty. The locks are all worked by boat crews. Châteauneuf du Faou offers a well equipped port and a splendid view over the old bridge and the town dominating the river.

The meanders follow one another, some of them being very tight, and take you to Châteaulin, with its quays and picturesque township perched up on high ; it calls for a long visit.

The true river sailing ends here (or starts, for boats heading inland).

VON PORT DE CARHAIX BIS CHÂTEAULIN

STRECKENBESCHREIBUNG

Zunächst geht die Fahrt die ausgebaute Hyères hinunter. Die reizenden Haltungen durchqueren Waldgebiete. Die betonnte Fahrrinne einhalten, die in etwa 10 m Abstand vom rechten Ufer liegt.

Eine Fahrtunterbrechung wird am Zusammenfluß mit der Aulne empfohlen, um eine Kanal-Ausstellung im Wärterhaus der Schleusen 209 zu besuchen.

Dann folgt die ausgebaute, aber windungsreiche Aulne. Alle Schleusen sind selbst zu bedienen. Châteauneuf du Faou besitzt einen gut ausgerüsteten neuen Hafen, eine herrliche alte Brücke und ein entzückendes Ortszentrum hoch über dem Fluß.

In einer Folge enger Windungen nähert sich der Fluß Châteaulin mit seinen Kais und seiner malerischen, hochgelegenen Innenstadt, die einen längeren Aufenthalt rechtfertigt.

Hier endet (oder beginnt für die Bergfahrer) die Fahrt auf dem Binnengewässer.

A CAHAIX
- **Église 12e siècle** - 12th century church - ***Kirche, 12. Jh.*** / **Maison du Sénechal** - Sénéchal's house - ***Haus Sénéchal*** / **Pont gaulois** - Gallic bridge - ***Gallischer Hafen*** / **Vestige aqueduc romain** - Remains of Roman aquaduct - ***Reste eines römischen Aquädukts*** / **Ancienne collégiale** - Old collegiate church - ***Altes Stift*** / **Chapelle du couvent** - Convent chapel - ***Klosterkapelle*** / **Maisons anciennes** - Old houses - ***Alte Häuser***

A ST-HERNIN
- **Anciennes ardoisières** - Old slate quarries - ***Alte Schieferbrücke***

A CLEDEN-POHER
- **Enclos paroissial** - Parish enclosure - ***Pfarrhof***

A SPEZET
- **Chapelle Notre Dame de Crann** - Notre Dame de Crann Chapel - ***Kapelle Notre Dame de Crann***

A ST-GOAZEC
- **Parc botannique** - Botanical park - ***Botanischer Garten***

A CHÂTEAUNEUF DU FAOU
- **Église 18e siècle** - 18th century church - ***Kirche, 18. Jh.*** / **Chapelle Notre Dame des Portes** - Notre Dame des Portes Chapel - ***Kapelle Notre Dame des Portes*** / **Site du port** - Site of the port - ***Hafen***

A LENNON
- **Chapelle** - Chapel - ***Kapelle*** / **Calvaires** - Calvaries - ***Kalvarien***

A PONT COBLAN
- **Ancienne ardoisière** - Old slate quarry - ***Alter Schieferbruch***

A GOUEZEC
- **Église** - Church - ***Kirche*** / **Chapelle** - Chapel - ***Kapelle***

A LOTHEY
- **Église** - Chruch - ***Kirche*** / **Église St-Idunet** - Saint-Idunet church - ***Kirche Saint-Idunet***

A CHÂTEAULIN
- **Point de vue sur l'Aulne** - View-point over the Aulne - ***Aulne-Panorama*** / **Chapelle Notre Dame** - Notre Dame Chapel - ***Kapelle Notre Dame*** / **Enclos Paroissial** - Parish enclosure - ***Pfarrhof***

RAPPEL

Pour une meilleure lecture, le tracé de la voie navigable a été élargi par rapport à sa longueur.

REMINDER

For greater legibility, the navigable waterway has been drawn wider, out of scale with its length.

Es wird nocheinmal darauf hingewiesen, daß die Kanalkarte nicht maßstabsgetreu ist, da die Breite des Fahrwassers im Verhältnis zur Länge größer dargestellt wurde, um für einen besseren Überblick zu sorgen.

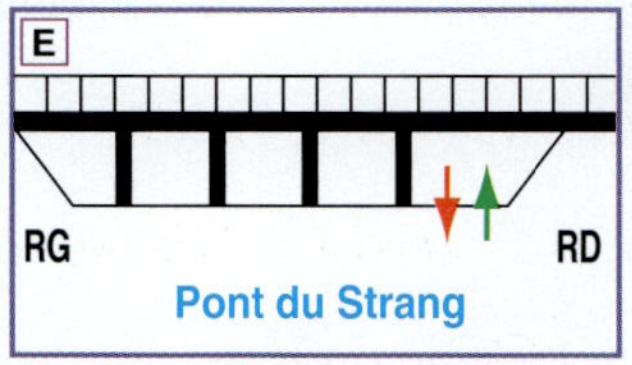

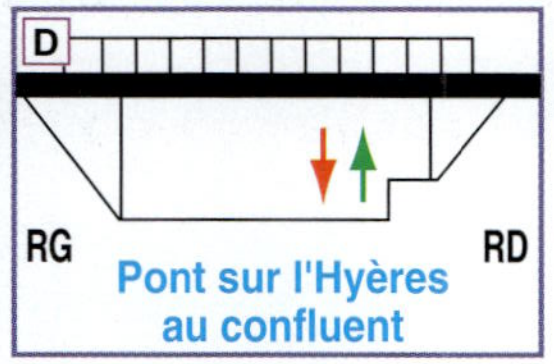

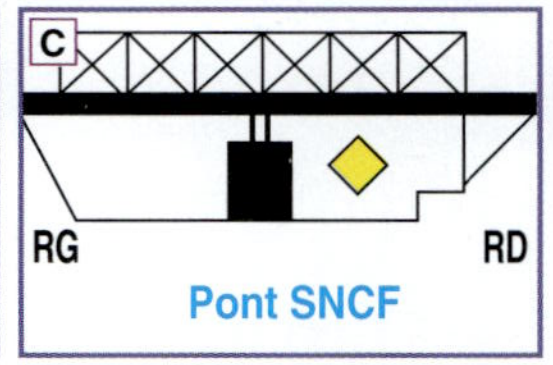

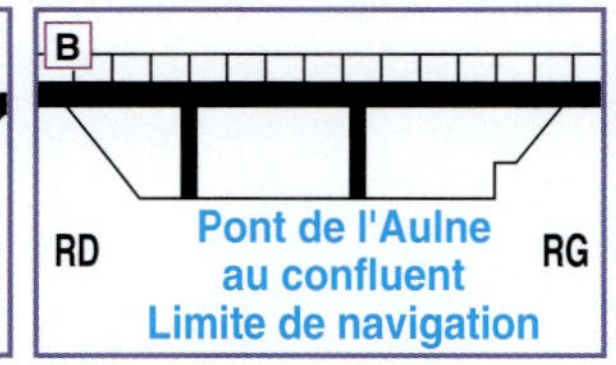

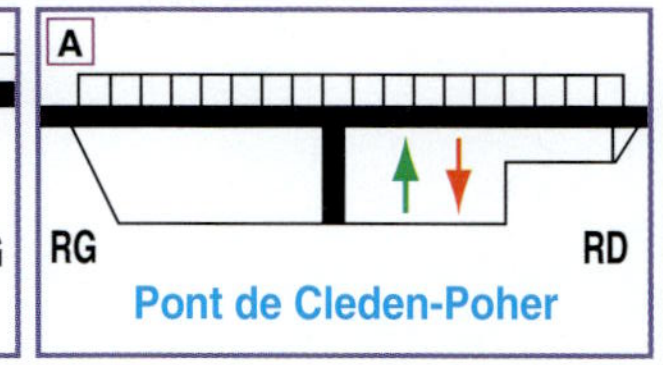

Quai droit
Bollards
Vertical sided quay
Bollards
Senkrechter Kai
Poller

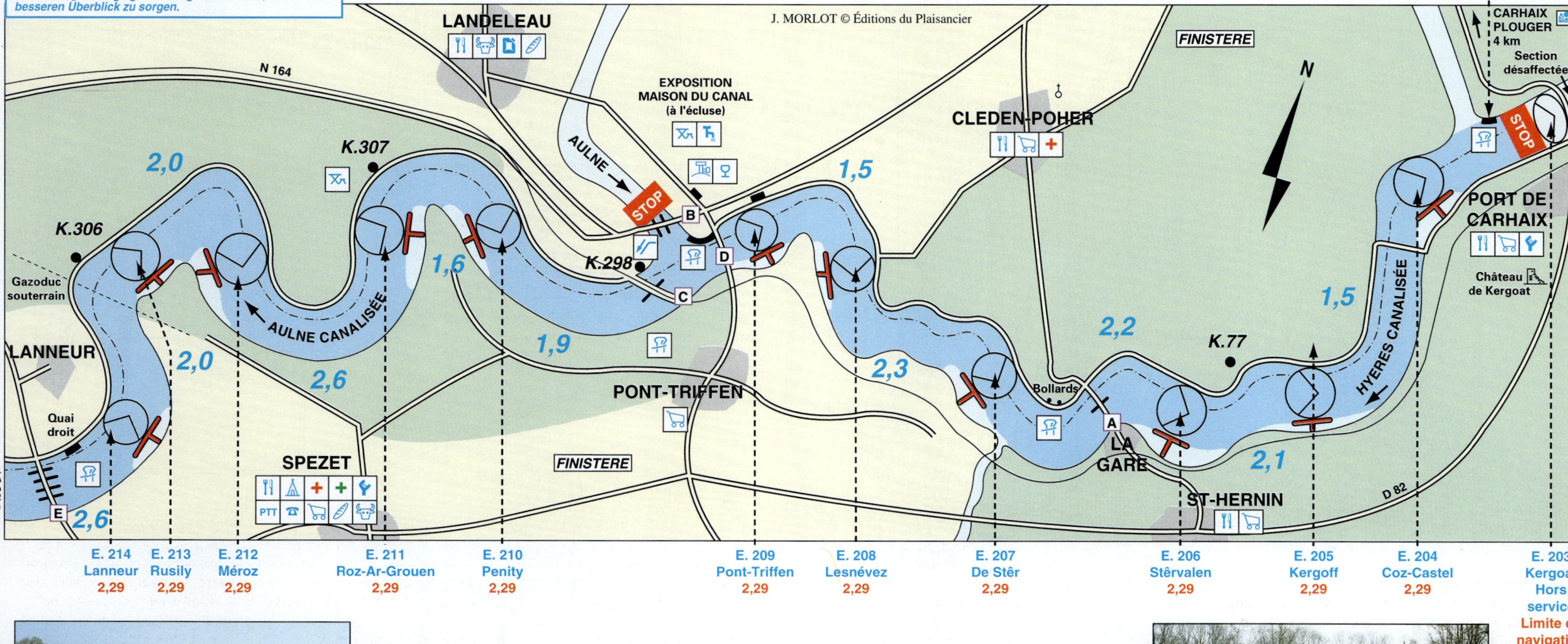

L'Hyères au confluent avec l'Aulne
The Hyères at the confluence withe the Aulne
Zusammenfluß von Hyères und Aulne

Écluse 203 : limite de navigation
Lock N° 203 : navigation limit
Schleuse 203, Ende des schiffbaren Abschnitts

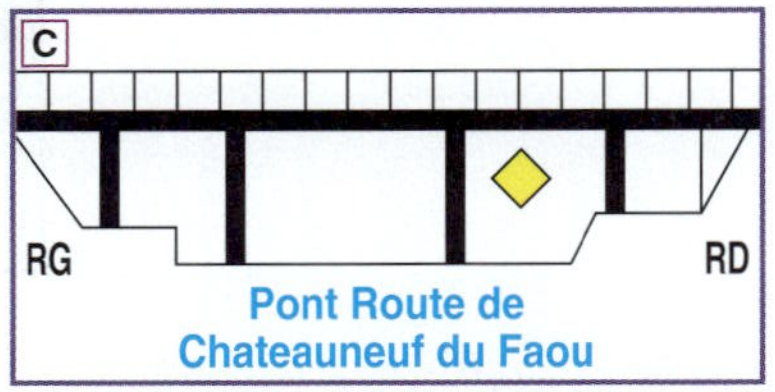

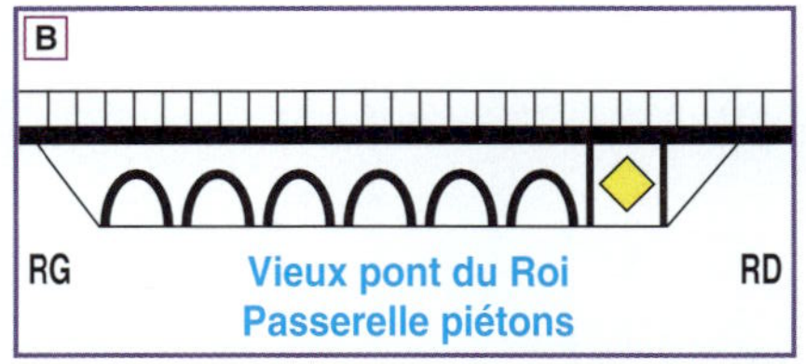

WC
Port de Chateauneuf du Faou
Quai droit - Bollards
Chateauneuf du Faou port
Vertical sided quay - Bollards
Hafen Chateauneuf
Senkrechter Kai - Poller

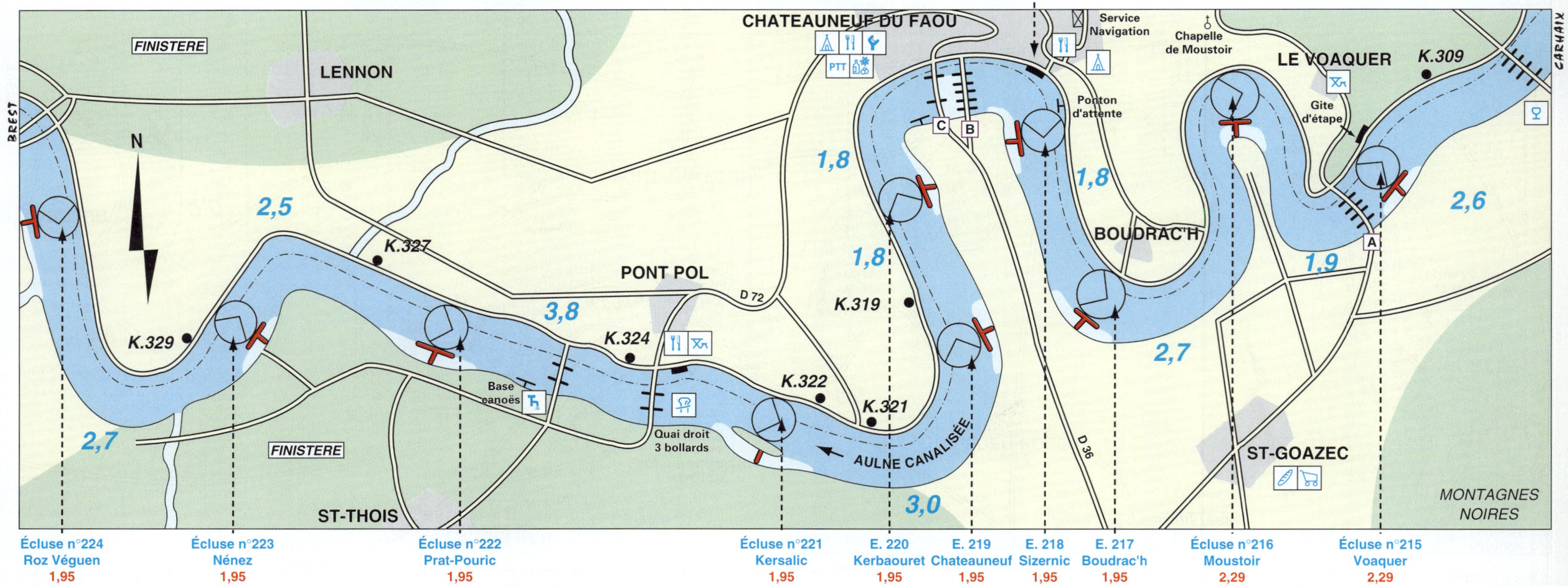

Port de Châteaulin
Châteaulin port
Hafen Châteaulin

Amont de Guily-Glaz
Quai droit - Bollards
Upstream from Guily-Glaz
Vertical sided quay - Bollards
Oberhalb Guily-Glaz
Senkrechter Kai - Poller

2 pontons flottants
SM = super marché
2 floating pontoons
SM = Supermarket
2 Schwimmstege
SM = Supermarkt

Port Launay - Quai droit
Bollards - Sanitaires
Port Launay - Vertical sided quay
Bollards - Sanitation building
Port Launay - Senkrechter Kai
Bollards - Sanitäranlagen

Quai droit - 3 Bollards
Vertical sided quay - 3 bollards
Senkrechter Kai - 3 Poller

RAPPEL
Pour une meilleure lecture, le tracé de la voie navigable a été élargi par rapport à sa longueur.
REMINDER
For greater legibility, the navigable waterway has been drawn wider, out of scale with its length.
Es wird nocheinmal darauf hingewiesen, daß die Kanalkarte nicht maßstabsgetreu ist, da die Breite des Fahrwassers im Verhältnis zur Länge größer dargestellt wurde, um für einen besseren Überblick zu sorgen.

Halte nautique de Pont Coblant
Bollards - Sanitaires
Pont Coblant mooring station
Bollards - Sanitation building
Landungsplatz Pont Coblant
Bollards - Sanitäranlagen

Halte - Quai - 3 Bollards
Mooring - Quay - 3 bollards
Landungsplatz - Kai - 3 Poller

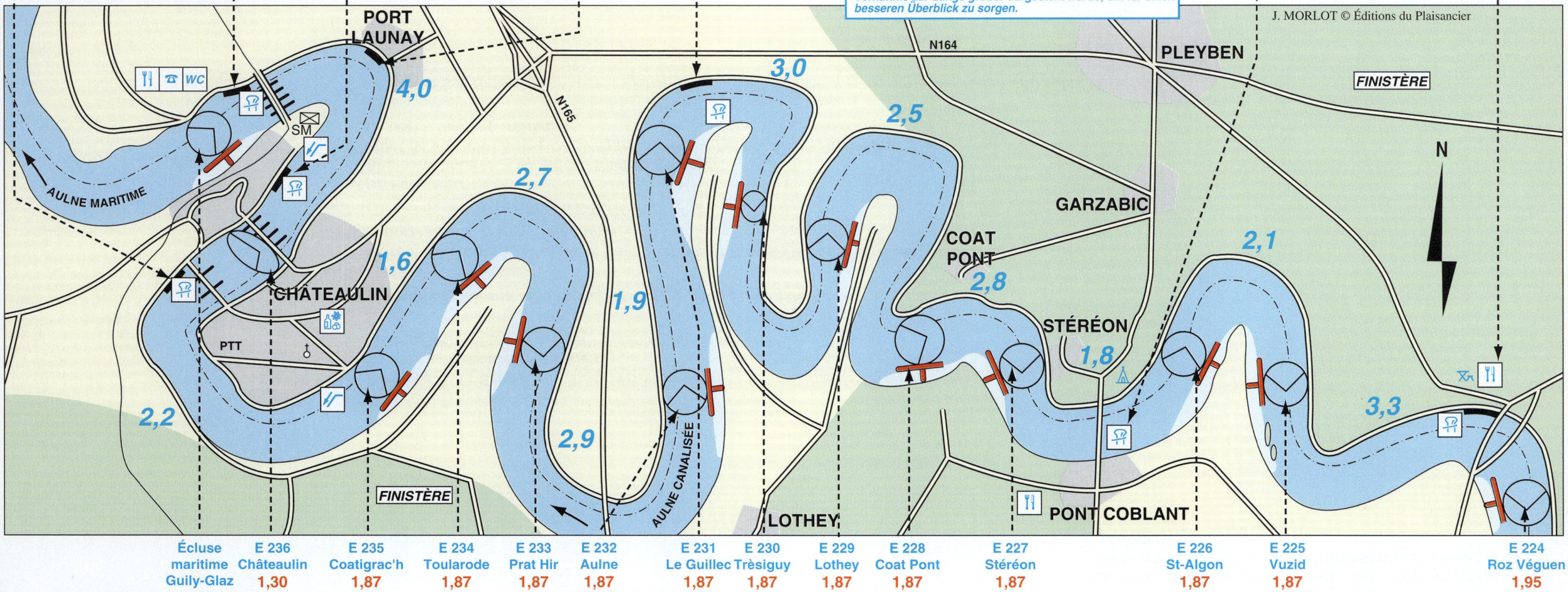

Châteaulin : pont aval et écluse 236
Châteaulin : downstream bridge and lock 236
Châteaulin : Untere Brücke und Schleuse 236

DE CHÂTEAULIN A BREST

LE PARCOURS

Sortant de CHÂTEAULIN, nous trouvons bientôt les quais de PORT LAUNAY. Ici l'ambiance est franchement maritime. Puis c'est l'écluse maritime de GUILY-GLAZ (voir consignes de franchissement page 121).

Jusqu'à LANDEVENNEC vous naviguez sur l'AULNE maritime. Puis il vous restera 14 MILLES en rade de BREST pour atteindre le port de plaisance du MOULIN BLANC à BREST.

Bien entendu vous munir de la carte marine et des documents et équipements exigés pour cette navigation maritime.

FROM CHATEAULIN TO BREST

THE TRIP

Soon after leaving CHÂTEAULIN, you will come upon the quays of PORT LAUNAY. Here the atmosphere is characteristically maritime. Next, you reach the GUILY-GLAZ sea lock (see instructions for going through on page 121).

As far as LANDEVENNEC, you sail on the AULNE Maritime. Then you still have to cover a further 14 MILES in the roadstead of BREST to get to the MOULIN BLANC pleasure boat harbour in BREST.

Naturally, you must arm yourself with the marine chart and the documents and equipment necessary for this sea navigation.

VON CHATEAULIN BIS BREST

STRECKENBESCHREIBUNG

Nach der Ausfahrt aus CHÂTEAULIN erscheinen sehr rasch die Kais von PORT LAUNAY vor dem Bug. Dieser Hafen besitzt bereits eine ausgesprochen maritime Atmosphäre. An PORT LAUNAY schließt die Seeschleuse GUILY-GLAZ an (siehe Hinweise zur Schleusung auf Seite 121).

Bis LANDEVENNEC folgt das Fahrwasser der maritimen AULNE. Dann bleiben nur noch 14 SEEMEILEN bis zur Reede von Brest, um den Sporthafen MOULIN BLANC in BREST zu erreichen.

Selbstverständlich muß der Skipper für die Navigation auf diesem maritimen Abschnitt über die entsprechende Seekarte und die vorschriftsmäßigen Ausrüstungen verfügen.

A PORT LAUNAY
- **Chapelle Saint-Sébastien** - Saint-Sébastian Chapel - ***Saint-Sébastien Kapelle***
- **Calvaires** - Calvaries - ***Kalvarien***
- **Viaduc SNCF** - Railway viaduct - ***Eisenbahnbrücke***

A GUILY-GLAZ
- **Ancienne poudrerie** - Old explosives factory - ***Alte Sprengstoffabrik***

A TREGARVAN
- **Musée rural breton** - Museum of Rural Brittany - ***Bretonisches Landwirtschaftsmuseum***
- **Panorama** - Panorama - ***Panorama***

AU SITE DU PONT SUSPENDU DE TERENEZ

A LANDEVENNEC
- **Ancienne abbaye** - Old abbey - ***Ehemalige Abtei***
- **Point de vue sur l'Aulne** - Viewing point over the Aulne - ***Aulne-Panorama***
- **Le port** - The port - ***Hafen***

A BREST
- **Le port et ses richesses** - The rich sources of interest connected with the port - ***Der Hafen und seine Kuriositäten***

Carte schématique du parcours en Aulne maritime et Rade de Brest

Brest
Port de plaisance du Moulin Blanc
Brest
Moulin Blanc pleasure boat harbour
Brest
Sporthafen Moulin Blanc

Attention : cette carte n'est pas une carte marine.
Utiliser la carte SHOM 4233.
Warning : this map is not a sea chart.
Use SHOM 4233 chart.
Achtung : Diese Karte darf nicht für Zwecke der Nautik benutzen, für die ie Karte SHOM 4233 zu verwenden ist.

Guily-Glaz
Quai droit - Bollards
Guily-Glaz
Vertical sided quay - Bollards
Guily-Glaz
Senkrechter Kai - Poller

Port Launay - Quai droit - Sanitaires
Port Launay - Vertical sided quay
Sanitation building
Port Launay - Senkrechter Kai
Sanitäranlagen

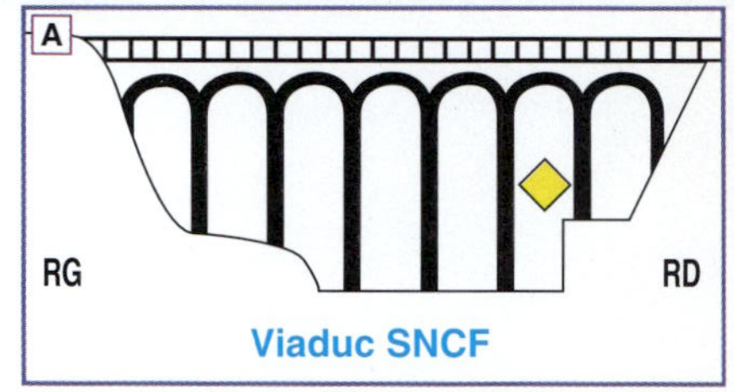

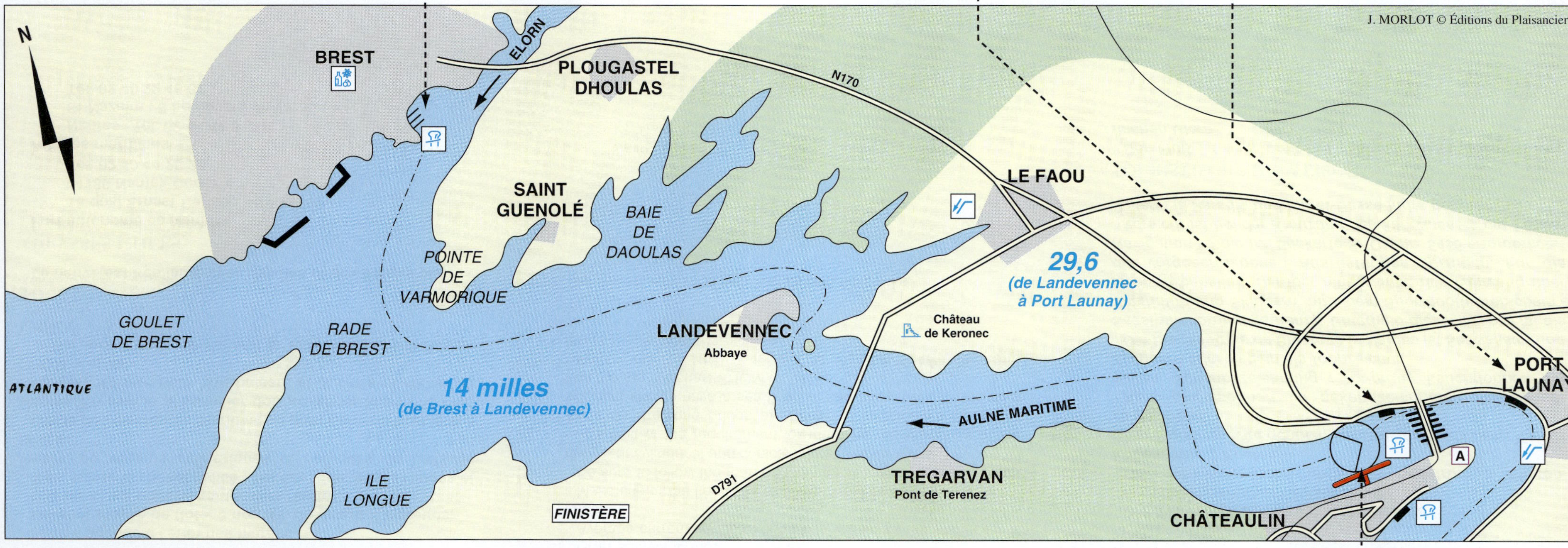

Port du Faou - Faou port - ***Hafen Faou***

Port Launay - Port Launay - ***Port Launay***

LA LOIRE MARITIME

La Loire Maritime permettant au navigateur de joindre l'Atlantique depuis Nantes aux Canaux Bretons, nous avons rajouté à ce guide, en supplément, une description schématique de cette section.

Le plaisancier désirant parcourir l'ensemble de la Loire et de ses affluents navigables devra se procurer notre guide n° 11 "Pays de Loire et Cher" du même auteur.

CONDITIONS DE NAVIGATION

252,5 km de Nantes à Saint Nazaire.

Fleuve soumis à l'effet des marées.

Courant moyen de flot = 3 nœuds. De jusant = 2 nœuds.

Utiliser le flot pour remonter vers Nantes.

Bien suivre le chenal balisé : bouées lumineuses rouges et vertes, ou voyants cylindriques et coniques de balisage latéral.

Limite de l'inscription maritime au pont Anne de Bretagne à Nantes. En aval le plaisancier doit posséder le permis mer, l'équipement mer pour son bateau, et la carte maritime du SHOM n° 5456.

Veiller aux 2 bacs de Pellerin le Paradis et Indret-Basse-Indre.

TOURISME

Le fleuve est très large avec des îles et des berges plates.

ADRESSES UTILES

Port autonome de Nantes
18 quai Ernest Renaud - BP 18609
44186 Nantes Cedex 4
Tél. 02 40 44 20 20
Affaires maritimes
Nantes : Tél. 02 40 44 81 10
St-Nazaire : 9 boulevard de Verdun
Tél. 02 40 22 46 32

As the Loire Maritime enables the yachtsman to get onto the Atlantic from Nantes and the Brittany canals, we have added as a supplement to this guide a schematic desciption of this section.

Those wishing to cruise on the whole of the Loire and its navigable tributaries should obtain our Guide N° 11, "Pays de Loire et Cher" by the same author.

NAVIGATION CONDITIONS

252.5 kms from Nantes to Saint Nazaire.

River subject to the effects of the tides.

Average current speed of flood tide = 3 knots : of ebb tide = 2 knots

Make use of the flood tide to go up river towards Nantes.

Be sure to follow the marked channel : luminous red and green buoys, or cylindrical and conical lateral marker lights.

The limit of the requirement for maritime registration is at the Anne de Bretagne bridge at Nantes. Downstream from there, skippers should have a sea licence, sea equipment for the boat and the marine chart SHOM n° 5456.

Watch out for the 2 ferries at Pellerin le Paradis and Indret-Basse-Indre.

TOURISM

The river is very wide with islands and flat banks.

Die maritime Loire stellt in Nantes die Verbindung zwischen dem Atlantik und den bretonischen Binnenwasserstraßen her. Daher wird das vorliegende Handbuch mit einer schematischen Darstellung dieser Verbindung vervollständigt.

Sportschiffer, die die gesamte Loire und ihre schiffbaren Nebenflüsse befahren möchten, verwenden das Vagnon-Handbuch Nr. 11, «Loire- und Cher-Reviere» vom gleichen Autor.

SCHIFFAHRTSBEDINGUNGEN

252,5 km von Nantes nach Saint Nazaire

Gezeitenabhängiger Flußabschnitt

Gezeitenstromgeschwindigkeit : Flutstrom 3 Knoten, Ebbenstrom 2 Knoten

Der Flutstrom wird genutzt, um stromaufwärts nach Nantes zu gelangen.

Kurs gewissenhaft im gekennzeichneten Fahrwasser halten. Seitenbezeichnung : rot-grüne Leuchttonnen mit Zylindern oder Kegeln als Toppzeichen.

Die Brücke Anne de Bretagne in Nantes ist Seewasser- und Seestraßenordnungsgrenze. Unterhalb dieser Grenze ist die Schiffsführung Skippern mit einem Sportbootführerschein - Meer vorbehalten. Darüber hinaus muß das Fahrzeug über die vorgeschriebenen Ausrüstungen verfügen. Für die Navigation ist die frz. Seekarte SHOM no. 5456 erforderlich.

Vorsicht ist bei der Kreuzung des Fahrwassers der Fähren Pellerin le Paradis und Indret-Basse-Indre geboten.

TOURISTISCHE HINWEISE

Der Fluß ist sehr breit mit zahlreichen Sandbänken und flachen Ufern.

- **Le petit port de Paimboeuf** - The small port of Paimbœuf - ***Der kleine Hafen von Paimboeuf***
- **Les ouvrages de Buzay** - The Buzay sluice gates - ***Wehr Buzay***
- **L'ancienne écluse de la Martinière** - The former La Martinière lock - ***Alte Schleuse La Martinière***
- **Port de la Télindière** - La Télindière port - ***Hafen La Télindière***

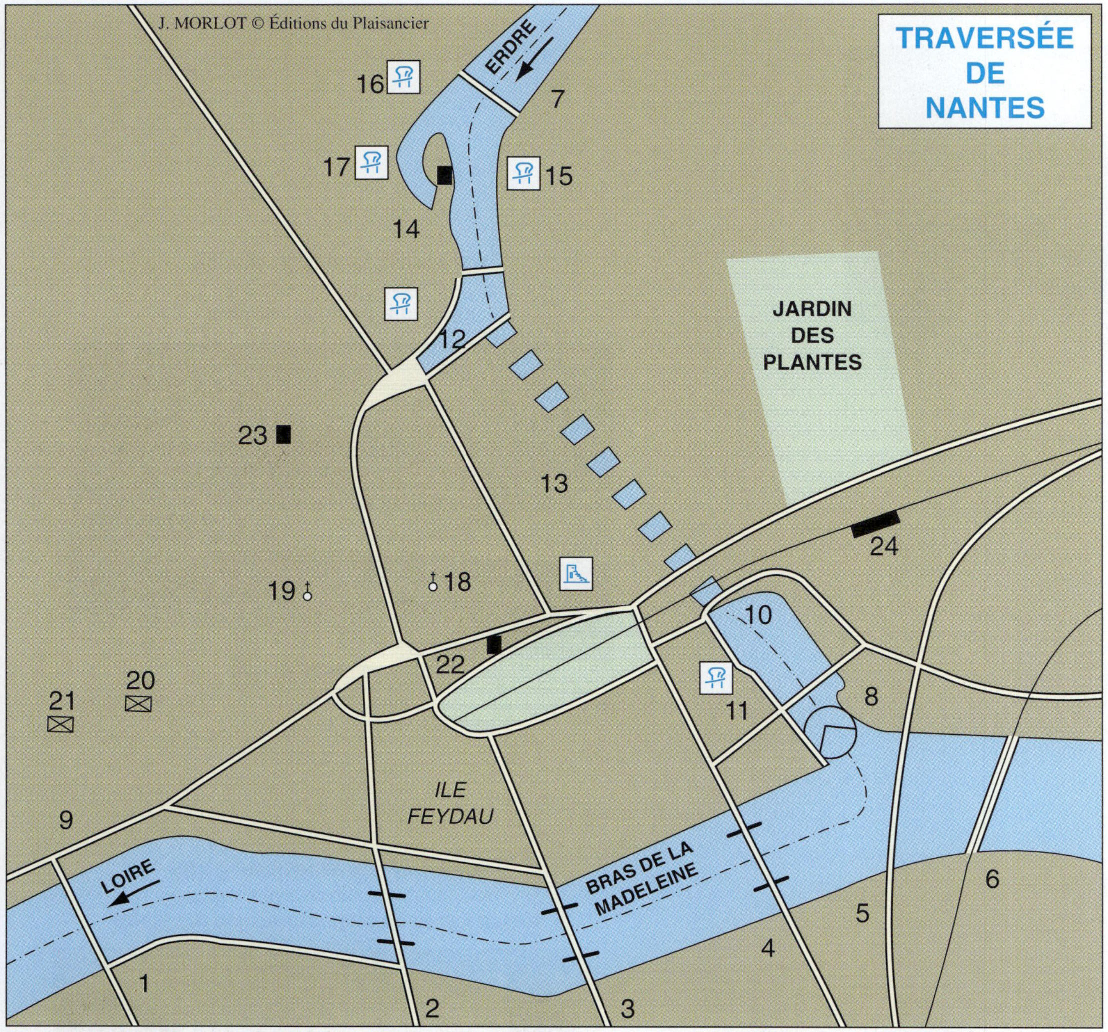

1. **Pont Anne de Bretagne -** Anne de Bretagne bridge - ***Brücke Anne de Bretagne***
2. **Pont Haudaudine -** Haudaudine bridge - ***Brücke Haudaudine***
3. **Pont Général Audibert -** Général Audibert bridge - ***Brücke Général Audibert***
4. **Pont Aristide Briand -** Aristide Briand bridge - ***Brücke Aristide Briand***
5. **Pont Willy Brandt -** Willy Brandt bridge - ***Brücke Willy Brandt***
6. **Pont SNCF -** Railway bridge - ***Eisenbahnbrücke***
7. **Pont de la Motte Rouge -** La Motte Rouge bridge - ***Brücke La Motte Rouge***
8. **Écluse Saint Félix (48m x 7m) tél. 02 40 47 71 62 -** Saint Félix lock (48 x 7m) tel. 02 40 47 71 62 - ***Schleuse Saint Félix (48 x 7 m), Telefon 02 40 47 71 62***
9. **Quai de la Fosse -** La Fosse quay - ***Kai La Fosse***
10. **Bassin Malakoff (pontons publics) -** Malakoff harbour (public pontoons) - ***Hafen Malakoff (öffentliche Anlegestege)***
11. **Palais des Congrès -** Palais des Congrès (Conference centre) - ***Kongreßpalast***
12. **Bassin Ceineray (escales courtes) -** Ceineray basin (short stops) - ***Hafen Ceineray (Kurzaufenthalte)***
13. **Tunnel 800m éclairé -** Lit 800m tunnel - ***Tunnel, 800 m, m. Innenbeleuchtung***
14. **Capitainerie - Île Versailles -** Harbour Master's Office - Ile Versailles - ***Hafenamt - Ile Versailles***
15. **Escale Henri Barbuse -** Henri Barbusse mooring - ***Liegeplätze Henri Barbusse***
16. **Location bateaux - Ruban vert -** Boat hire - Ruban vert - ***Charterbootfirma Ruban Vert***
17. **Hivernage -** Winter storage - ***Winterliegeplätze***
18. **Sainte Crois -** Sainte Crois - ***Sainte Crois***
19. **Saint Nicolas -** Saint Nicolas - ***Saint Nicolas***
20. **Muséum histoire naturelle -** Museum of Natural History - ***Naturgeschichtliches Museum***
21. **Palais Dobrée -** Dobrée Palace - ***Palast Dobrée***

22-23. **PTT -** Post Office - ***PTT (Postamt)***

24. **SNCF -** Railway station - ***SNCF (Bahnhof)***

ADRESSES UTILES

- **Sercice Navigation (voir page 130)**
- **Affaires Maritimes (voir page 130)**
- **Port autonome de Nantes (voir page 58)**
- **Port de l'Erdre de Nantes**
  Ile de Versailles-Nantes
  Tél. 02 40 37 04 62

Ancienne écluse maritime de la Martinière
Former La Martinière maritime lock
Alte Seeschleuse La Martinière

Confluent de l'Erdre et de la Loire
Confluence of the Erdre and of the Loire
Zusammenfluß von Erdre und Loire

Nantes : écluse Saint-Félix
Nantes : Saint-Félix lock
Nantes : Schleuse Saint-Félix

Bassin Ceineray
Ceineray basin
Hafen Ceineray

Le quai de la Fosse (Loire)
La Fosse quay (Loire)
Kai La Fosse (Loire)

Carte schématique du parcours de Nantes à Saint-Nazaire

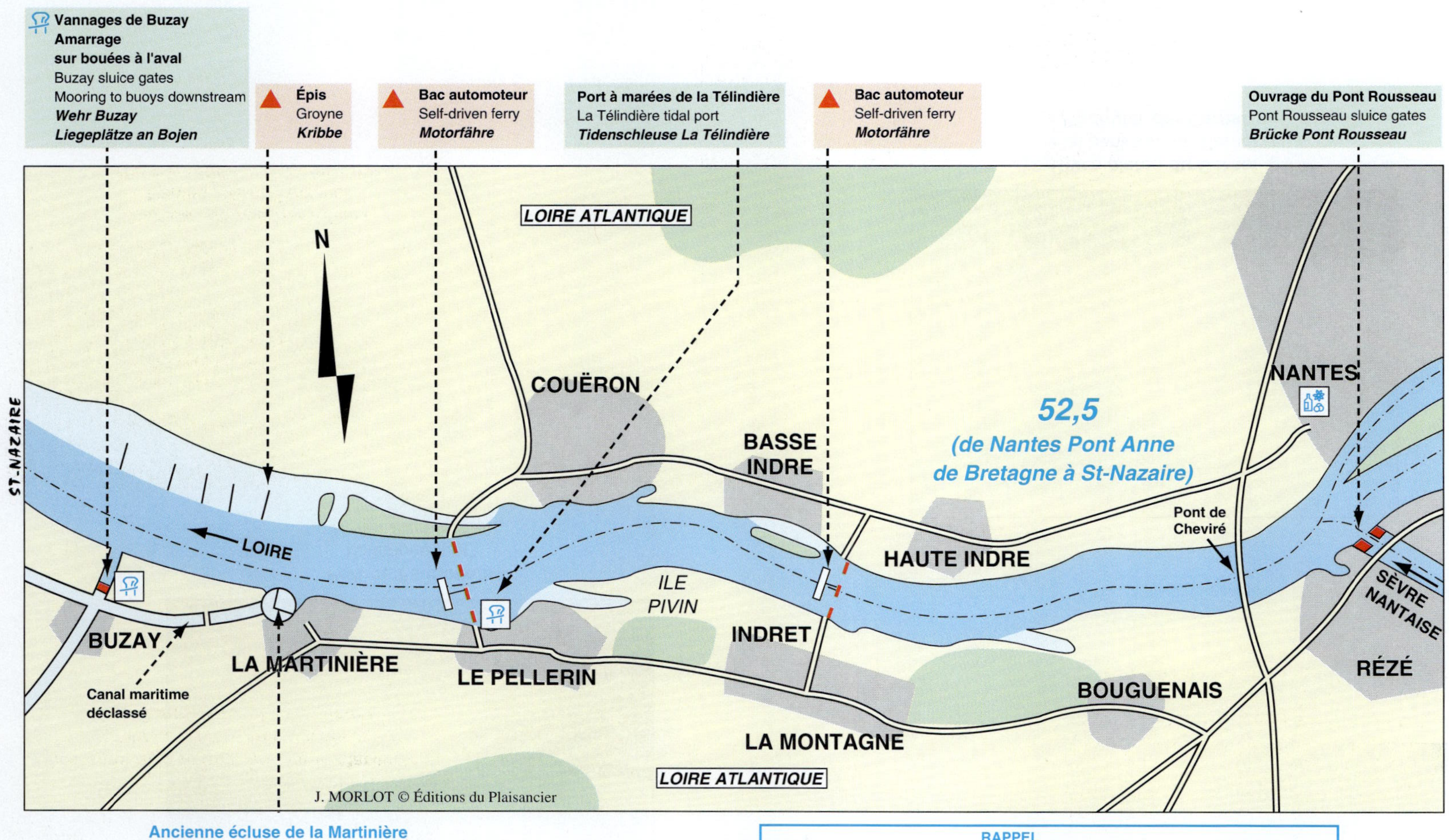

Attention : cette carte n'est pas une carte marine.
Utiliser la carte SHOM 4233.
Warning : this map is not a sea chart.
Use SHOM 4233 chart.
Achtung : Diese Karte darf nicht für Zwecke der Nautik benutzen, für die ie Karte SHOM 4233 zu verwenden ist.

RAPPEL

Pour une meilleure lecture, le tracé de la voie navigable a été élargi par rapport à sa longueur.

REMINDER

For greater legibility, the navigable waterway has been drawn wider, out of scale with its length.

Es wird nocheinmal darauf hingewiesen, daß die Kanalkarte nicht maßstabsgetreu ist, da die Breite des Fahrwassers im Verhältnis zur Länge größer dargestellt wurde, um für einen besseren Überblick zu sorgen.

Port de Paimboeuf
Paimboeuf port
Hafen Paimboeuf

Rives plates du Carnet
Flat banks of the Carnet
Flachufer der Carnet

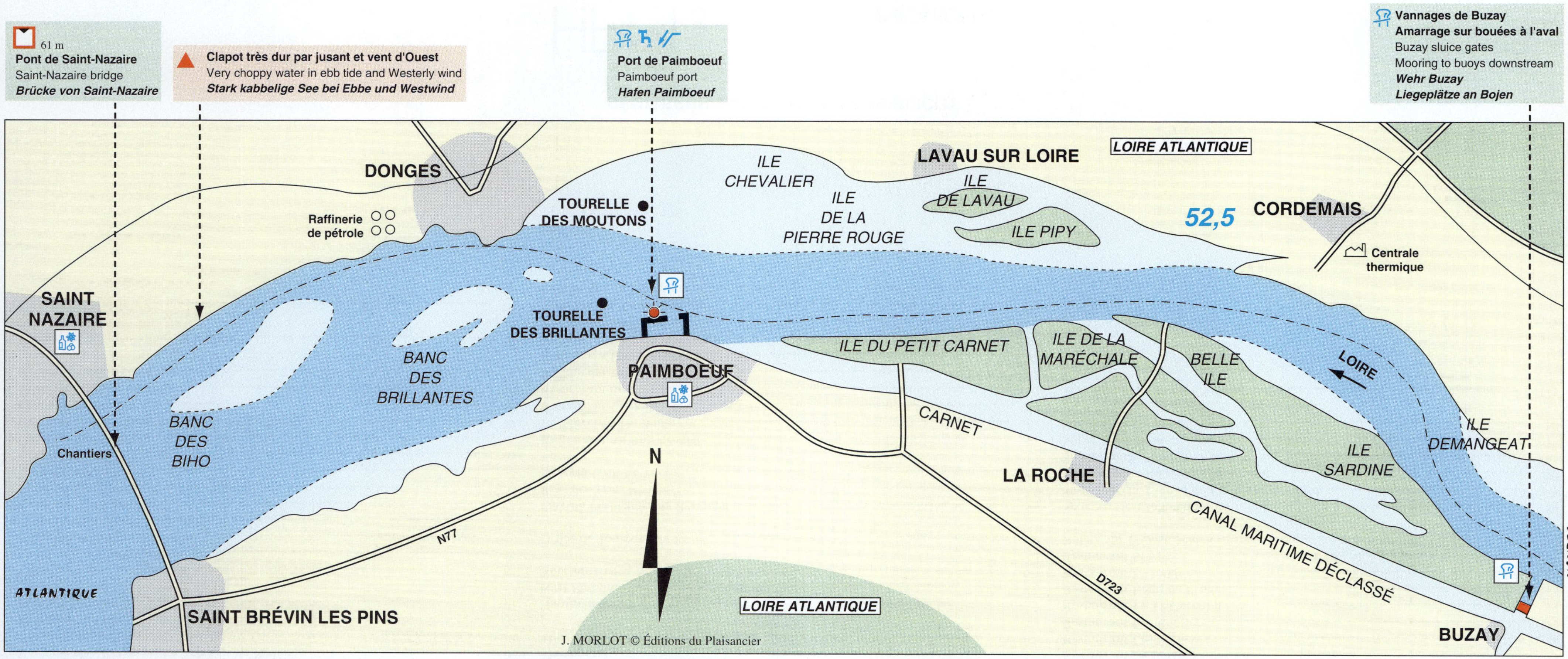

J. MORLOT © Éditions du Plaisancier

TABLE DES ANNONCEURS